Montaña

Montaña

Luz y oscuridad de camino a la cumbre

OSCAR GOGORZA

DEBATE

Papel certificado por el Forest Stewardship Council®

Primera edición: marzo de 2025
Tercera reimpresión: diciembre de 2025

© 2025, Oscar Gogorza de Carlos
© 2025, Penguin Random House Grupo Editorial, S.A.U.
Travessera de Gràcia, 47-49. 08021 Barcelona

Printed in Spain – Impreso en España

ISBN: 978-84-19642-65-3
Depósito legal: B-714-2025

Compuesto en Promograff - Promo 2016 Distribucions

Impreso en QP Print

C 6 4 2 6 5 3

Para Gorka, Iñigo e Iñaki, siempre, siempre presentes

Índice

Hasta la cima del Mont Blanc

Grandes paredes de roca

La belleza de lo inesperado

Prólogo

La aristocracia inventó el alpinismo

La compañía de guías de Chamonix, localidad de referencia a los pies del Mont Blanc, se puso de gala en el verano de 2021 para celebrar sus doscientos años de existencia, lo que viene a ser también, pero solo en cierta manera, la fiesta del alpinismo. Se asume que el gesto de escalar montañas por el puro placer de conquistarlas, de medirse con sus caprichos, trampas y desafíos, nació exactamente el 8 de agosto de 1786, cuando Jacques Balmat, en el papel de guía, y el médico Michel-Gabriel Paccard, en el de instigador, lograron la primera ascensión al Mont Blanc. Pero fue una tragedia, la muerte en un mismo accidente de los guías Auguste Tairraz, Pierre Balmat y Pierre Carrier, en 1821, la que aceleró la creación de la compañía para ayudar a sus viudas e hijos y repartir el incipiente trabajo de forma equitativa. Escalar montañas se convirtió rápidamente en un negocio. Sin embargo, todo había empezado siendo un juego, un entretenimiento inventado por la aristocracia.

Las montañas siempre han estado ahí fuera, y estando ahí cabía escalarlas, tal y como dijo George Mallory cuando se le preguntó, a principios del siglo xx, por qué deseaba ser el primero en alcanzar la cima del Everest. Las montañas siempre han estado para asustar al ser humano, para estimular su imaginación, para dar fe de su indiferencia. Sin embargo, escalarlas, someterlas, entenderlas o desafiarlas es una cuestión sumamente reciente, el resultado de la combinación de varios factores que tardaron siglos en darse. Pastores, cazadores, iluminados o curiosos ya se habían encaramado desde la prehistoria a muchas montañas, las sencillas, las que solo exigían caminar sobre la hierba, la tierra o las piedras para alcanzar su punto más alto, pero su impulso se detenía indefectiblemente ante las grandes dificultades, especialmente en aquellas que presentaban glaciares y nieves perpetuas. Los más osados llegaron a asomarse a la alta montaña a la caza de algún tesoro desconocido. Ninguno perseguía la gloria de la cima: ascender a lo más alto sencillamente carecía de sentido, no tenía valor alguno. Eso vendría mucho más tarde, hace bien poco, en realidad. Los primeros mapas dejaban un espacio en blanco allá donde se ubicaban las montañas, como desiertos que el ser humano no explora si no es para pasar de un punto a otro. Con esto, pisar las nieves perpetuas asustaba: nadie sabía lo que puede ocurrir en el espacio blanco, nadie necesitaba exponerse, a nadie se le había perdido nada allá arriba… Así que, con el siglo XVIII a punto de morir, las grandes montañas seguían vírgenes, incluso en el corazón de Europa.

Entre los primeros visitantes extranjeros del valle de Chamonix hubo algunos ingleses que viajaban armados hasta los dientes, convencidos como estaban de que el lugar se hallaba infestado de ladrones. Seducidos por unos exuberantes glaciares que se derramaban ladera abajo, los ingleses hicieron tan buena publicidad que enseguida llamaron la atención de aristócratas y burgueses, quienes supieron encontrar una razón para adentrarse allí donde nadie había ido. Los científicos de la época también vieron la excusa ineludible para asomarse a las montañas y poner en cuestión o confirmar la sabiduría heredada explorando por sí mismos los territorios desconocidos. Entusiasta como pocos, el aristócrata suizo, físico, geólogo y naturalista Horace-Bénédict de Saussure se obsesionó con el Mont Blanc y en 1760 ofreció una recompensa a los que lograsen su primera ascensión. Los *chamoniards* Paccard y Balmat fueron los primeros, dieciséis años después, pero Saussure (y los dieciocho guías que lo acompañaban) alcanzaría la cima un año más tarde para coronarse como padre del alpinismo. Los representantes de las clases altas tiraban de guías no por falta de actitud, sino porque extendieron a la montaña su costumbre de viajar y vivir con criados. Cazadores, buscadores de cristales, pastores o agricultores abrían el camino, ofrecían su experiencia en terrenos quebrados, sus trucos que los hacían imprescindibles: piezas de metal en las suelas, bastones largos y firmes, un hacha en la mano para tallar peldaños en la nieve dura... También llevaban la mochila, los alimentos y lo que hiciese falta para que el que les pagaba caminase sin peso. De la noche a la mañana, los burgueses habían fabricado una razón para acudir a la montaña: descubrir sus cimas en nombre de la ciencia, las mediciones de cualquier tipo, la cartografía... Pero en el fondo se enmascaraba el deseo de hacerlo porque sí. Y los que acompañaban a la burguesía lo hacían convencidos por la promesa de una paga generosa.

En 1904, el marqués Pedro Pidal se ató con su exclusiva cuerda comprada en Londres al pastor Gregorio Pérez Demaría, conocido como el Cainejo, para firmar una alucinante primera ascensión al Naranjo de Bulnes o Picu Urriellu, coloso de los Picos de Europa. Mucho antes, en el Pirineo, en 1802, el barón Louis Ramond de Carbonnières descubrió el Monte Perdido y se convirtió en el padre del pirineísmo.

En 1979, el profesor de Historia Antigua Paul Veyne publicó en la revista *L'Histoire* un texto que recorre los primeros pasos del alpinismo a instancias de la burguesía: «En 1920 los burgueses se dan cuenta de que podían haber prescindido mucho antes de los guías: arranca el gran alpinismo contemporáneo, el que prescinde de ellos. ¿Es que faltan lacayos? En absoluto: bajo el nombre de "deporte", la actividad física se considera, de pronto, honorable. Enseguida, la técnica mejora y llegan tanto los crampones como el sexto grado en escalada». Si el alpinismo obliga a cierta actividad física, no nace como un deporte al uso sino como un acto donde se admira no tanto la destreza como la valentía; es una actividad de exploración de un mundo desconocido que, con el paso del tiempo, a muchos servirá como reto psicológico o ejercicio de introspección.

El alpinismo arrancó como un juego de intelectuales que poseían tiempo, imaginación y el derecho a inventar, tal y como expone Veyne en su texto, pero en el siglo xx también el público abrazó una actividad cuyos ecos fascinantes ya habían alimentado pinturas, fotografías y páginas de literatura. Entre los años sesenta y finales de los ochenta se lograron avances gigantescos en el mundo del alpinismo y de la escalada traídos por individuos de todas las clases sociales. Muchos de ellos compartían dos pasiones: las montañas y las drogas.

Todos cayeron bajo el hechizo de un entretenimiento en el que ni las penurias ni los peligros mortales menoscababan el placer extraído, el encanto de osar, de descubrir, de sentirse en comunión con el medio natural. Democratizada la pasión por la montaña, alcanzadas las cimas más altas, logrados los objetivos más descabellados, el reto más atractivo pasa, al parecer, por seguir explicando de forma convincente (nunca definitiva) qué encuentran allí arriba los que sienten el deseo de regresar una y otra vez.

Como tantos otros, empecé a recorrer caminos de montaña de la mano de mis padres, desde pequeño. No puedo decir que me entusiasmase caminar, pasar frío o calor, madrugar... Sencillamente, existían otras actividades más atractivas para un crío. Pero había algo misterioso, un presagio de cierta grandeza en el hecho de mirar el mundo desde lo alto de una cima, por modesta que fuese. No me seducía la idea de subir para tener que bajar, pero me intrigaba la relación con los peligros que a veces referían mis padres y sus amigos. Y no dejaba de preguntarme por qué íbamos tanto a la montaña si resultaba tan amenazadora. ¿Acaso éramos héroes que acertábamos a superar las traiciones del camino? Se trataba de pensamientos que no conseguía formular en voz alta, así que pronto acudí a los libros de alpinismo que hallé en las estanterías de nuestro salón. Esperaba encontrar razones. Explicaciones. No siempre fue así, pero de esa pequeña frustración nació un interés aún mayor. Las fotografías eran magníficas y revelaban un mundo desconocido, frío, salvaje y lejano. Pero escondían demasiadas cosas. Como a tantas otras generaciones de alpinistas, la literatura de montaña me permitió empezar a entender las motivaciones de los escaladores, sus contradicciones, su dolor ante la muerte de compañeros, y empecé a buscar cada vez con más intriga las razones para exponer su vida. ¿Qué narices había allí arriba que tanto obsesionaba a unos pocos? El alpinismo siempre ha sido una fábrica fabulosa de relatos que me han acompañado desde que los primeros libros escritos por Reinhold Messner cayeron en mis manos. Creo que es la actividad física al aire libre que más trabajos literarios ha suscitado y son legión los alpinistas que decidieron serlo tras leer libros icónicos como *Annapurna, primer ochomil*, *Séptimo grado* o *Los conquistadores de lo inútil*. En paralelo, empecé a descubrir que el alpinismo no era el ejercicio más respetado y popular: las críticas ante la muerte de cualquier montañero, fuese o no famoso, se revelaban feroces e incluso existían numerosas voces que condenaban con saña el montañismo. A todos los críticos deseaba explicarles que el alpinismo resulta inexplicable: sería preciso penetrar en la mente de todos y cada uno de los que lo practican y descubrir sus motivaciones intrínsecas para acabar concluyendo, sin remedio, que todas pueden resultar lícitas. ¿Acaso no se supone que somos libres? El valor de las grandes gestas de montaña no se mide por el número de medallas acumuladas, como en los Juegos Olímpicos, sino por el valioso relato de lo vivido. Sin literatura, creo, el alpinismo pierde todo su interés, su atractivo, y queda en un mero gesto técnico, mecánico, de ida y vuelta. El alpinismo ha de explicarse, si bien muchos alpinistas consideran una pérdida de tiempo tratar de transmitir a los profanos qué ofrece la montaña. De forma casi inconsciente, mi labor como periodista me ha llevado a defender el alpinismo por encima de los aparentes sinsentidos que pueblan su generosa historia, estando avisado de las enormes contradicciones que manejan los alpinistas. En última instancia, a falta de verdades absolutas y ante la imposibilidad de justificar lo injustificable, el alpinismo nos regala relatos que van, como los capítulos de este libro, desde el nivel del mar hasta más allá de los ocho mil metros de altitud. Los relatos que vienen a continuación son una recopilación de las historias que constituyen la columna vertebral literaria de mi pasión por las montañas, acontecimientos y vivencias de otros que me han acompañado desde que tengo recuerdos como si fuesen una segunda piel. Son nombres y apellidos, montañas, paredes, glaciares que se agitan en mi cabeza, que vienen y van creando una suerte de escaparate inerte al que hombres y mujeres han dado sentido buscándose, y perdiéndose, a veces para siempre. Puede que el alpinismo sea el más inútil de todos los gestos posibles imaginados por el ser humano, pero, al menos, habrá servido para alimentar relatos que durante décadas han sido el combustible de los sueños.

Los ochomiles

El gran misterio del Everest

Son fotografías tomadas hace un siglo. Imágenes que revelan muchas cosas y que esconden por siempre jamás el misterio mejor conservado de la historia del alpinismo: ¿alcanzaron, en 1924, la cima del Everest George Mallory y Andrew Irvine? Las tomas de la época, obtenidas en el campo base de la montaña y en alguno de los campos de altura, revelan la determinación de los integrantes de las expediciones británicas que en 1922 exploraron la cumbre más elevada del planeta y regresaron dos años después para conquistarla. Hay orgullo, serenidad y algo parecido a un compromiso inquebrantable con su deber de lograrlo. Pero tras estas certezas se esconden un sinfín de preguntas que, muy posiblemente, jamás serán resueltas. Y quizá sea mejor así. Muchos dan por sentado que Mallory e Irvine jamás pisaron la cima. Allí donde buscaban un logro mayúsculo acabaron encontrando la muerte. Ni su vestimenta, ni sus deficientes equipos de oxígeno artificial, ni su técnica de ascenso parecían adecuados para alcanzar la terrible altitud de una montaña que culmina a 8.848 metros sobre el nivel del mar. Pero tampoco resulta verosímil que el alemán Fritz Wiessner subiese los 8.370 metros del K2 en 1939 y que renunciase a la cima solo porque su porteador de altura se lo imploró. Sin embargo, Wiessner llevó a cabo algo que hoy sigue pareciendo imposible.

Para escalar el Everest primero había que encontrarlo, empresa no tan evidente si se tiene en cuenta que en 1920 apenas un puñado de occidentales había visto con sus ojos la montaña más alta del planeta. Aquel año, dos instituciones inglesas, la Royal Geographical Society y el Alpine Club, crearon el Comité del Everest para reconocer y ascender la montaña. La tradición alpina inglesa, su tremenda inclinación colonialista y sus dolorosas derrotas en la conquista de los dos polos empujaban con fuerza hacia el llamado «tercer polo». Un año después, la primera expedición de reconocimiento logró encender definitivamente la llama de la esperanza: se pudieron topografiar miles de kilómetros cuadrados de territorio aún sin cartografiar, así como realizar un mapa detallado de la vertiente norte o tibetana. La vertiente sur o de Nepal permanecía todavía prohibida a los extranjeros y sus puertas no se abrirían hasta el inicio de la década de 1950. George Mallory, antiguo estudiante de Cambridge y profesor en Charterhouse, fue el motor del equipo in situ y encontró la ruta de acceso, alcanzado el collado norte, a siete mil metros. Desde ese punto era fácil imaginar el camino que había que seguir. Se trataba del escalador más destacado de su época, pero cuando le pidieron regresar al año siguiente dudó: tenía tres hijos y no quería abandonar durante seis meses a su mujer, Ruth Turner. Sin embargo, la posibilidad de lanzar su carrera como explorador, escritor y conferenciante decantó la balanza. Y quedó para siempre como la gran figura del Everest.

En 1922 nadie sabía aún si el ser humano era capaz de soportar la altitud extrema de la montaña. Médicos y fisiólogos mostraban su escepticismo, y el debate sobre si se debía o no emplear oxígeno embotellado dividía a los integrantes de la expedición. Mallory consideraba su uso una «maldita herejía» y Arthur Hinks, secretario del comité, aseguraba que utilizarlo no era legítimo y que lo importante, más que la cima, era saber hasta qué altura podían llegar sin él. Uno de los más curiosos al respecto era Alexander Kellas, un profesor escocés de química que había realizado ocho expediciones exploratorias al Himalaya entre 1907 y 1921. Fue el primer escalador en probar oxígeno embotellado en una montaña de siete mil metros y resolvió que el engorro no merecía la pena. Incluso fue más allá: a su juicio, alpinistas bien entrenados podrían escalar el Everest sin oxígeno si la ruta no resultaba demasiado técnica. En 1978, Reinhold Messner y Peter Habeler le dieron la razón. Sin embargo, Kellas pasó a la historia como la primera víctima del Everest durante la expedición de reconocimiento de 1921. Murió de un ataque al corazón justo un día antes de alcanzar el punto desde el cual hubiera podido ver la montaña por vez primera. Hoy en día, el 99 por ciento de las ascensiones al techo del globo se hacen chupando oxígeno artificial, y el conjunto de máscara, conector y bombona apenas supera los tres kilos. En 1922 pesaba trece.

Si comparamos una imagen de los escaladores del Everest del presente con la imagen tomada en 1921 a los pies de la montaña, la vestimenta de los pioneros parece inconcebible. De hecho, el escritor irlandés George Bernard Shaw, al ver una foto del grupo, dijo que la escena le recordaba «a un pícnic en Connemara sorprendido por una tormenta de nieve». En 2022, el alpinista alemán David Goettler alcanzó la cima sin ayuda de oxígeno artificial vistiendo seis capas superpuestas de ropa sintética y de plumón: calor sin peso con tecnología punta. Cuando en 1999 se encontró por encima de los ocho mil metros el cuerpo momificado de Mallory, llevaba cuatro capas de ropa en las piernas y seis en la parte superior del cuerpo: prendas interiores de seda, pantalones de lana con polainas, un jersey de lana y una chaqueta Burberry de tejido de gabardina. En vez de polainas integradas en las botas, como ahora, las suyas eran de lana de cachemira, parecidas a bufandas elásticas, que envolvían las pantorrillas, según recoge el libro de Mick Conefrey *Everest 1922*. A 8.300 metros y con el viento soplando con relativa fuerza, los alpinistas temblaban descontroladamente y su progresión se convertía en una suerte de baile macabro que apenas les permitía conservar el equilibrio.

En 1922, el australiano George Finch incorporó un invento tan significativo como obviado por sus compañeros: la chaqueta de plumón de oca. Tenían una solución fantástica a mano, pero nadie hizo caso a Finch, un australiano huraño sin pelos en la lengua. Hoy en día, ningún material es capaz de aportar una mejor relación aislamiento-peso que el plumón. Además, Finch era un acérrimo defensor del uso de oxígeno y desarrolló un equipo muy sofisticado para la época. Con sus bombonas a la espalda alcanzó una marca que duraría años: 8.320 metros. Sin oxígeno artificial, Mallory llegó a los 8.250 metros. El debate seguía abierto. Hoy ya no: cualquier consideración ética al respecto ha quedado aplastada bajo el peso del comercio.

Más que la escasa preocupación que los pioneros mostraban por su vestimenta, asombra saber que no emplearon crampones, pese a que ya existían. Al parecer, sus correas tendían a romperse, posibilidad que les horrorizaba. Se imaginaban descendiendo una pendiente helada y perdiendo de improviso toda sujeción. Cuando recuperaron parte de los restos de Mallory, una de sus botas de cuero permanecía muy bien conservada y mostraba en la suela unos tacos de metal que proporcionaban cierto agarre en la nieve. En los años ochenta del pasado siglo, el Everest solo recibía la visita de alpinistas experimentados: únicamente el 10 por ciento alcanzaba la cima. El día en que la montaña colapsó, en la primavera de 2019, cuando el mundo vio una larga hilera de buzos de pluma atascados junto a la cumbre, casi cuatrocientas personas se colaron en lo más alto. Todos se beneficiaron de las cuerdas fijas que recorren el camino entre el campo base y la cima, ruta equipada por los sherpas justo al inicio de la temporada turística. En la actualidad puede afirmarse que no hay misterio en el Everest más allá de saber si habrá sitio en la cima. Los partes meteorológicos precisos, el ingente trabajo de los guías de la etnia sherpa y el uso indiscriminado de oxígeno artificial explican también que personas sin aptitudes físicas ni técnicas logren su sueño.

No había cuerdas fijas en 1922, y la que estaba sujeta a la cintura de Mallory era espantosamente fina (cinco milímetros) y tan poco fiable como una cuerda de tender la ropa.

En 1923, el comité envió a Mallory a dar una serie de conferencias en Estados Unidos para recaudar fondos de cara a la expedición de 1924. Al llegar a Nueva York, *The New York Times* quiso saber a qué se debían tantos esfuerzos por escalar una montaña. Su respuesta, «porque está ahí», atajaba con ironía una explicación mucho más profunda: adoraba escalar, y si en la horizontal era una persona tendente al caos, olvidadiza y soñadora, en la vertical todas las esferas de su personalidad encajaban para extraer de él su mejor versión. No era un teórico del alpinismo, sino pura acción y determinación, y lo que experimentaba en su fuero interno no podía explicarse con un breve discurso.

Fruto de esa tenacidad, el Everest conoció su primera gran tragedia. Después de una gran nevada, Mallory se empeñó en lanzar un último ataque a cima en 1922. Acompañado de Howard Somervell y una quincena de sherpas, empezó a abrir huella camino del collado norte hasta que un alud barrió a la comitiva y mató a siete sherpas. La mentalidad colonial de la época los llevaba a admirar a sus porteadores sin preocuparse por cómo los explotaban. «Solo murieron sherpas y bothias. ¿Por qué no compartimos su sino algunos de nosotros, los ingleses? De buena gana habría sido yo uno de esos muertos que yacían sobre la nieve. Aunque solo fuera para que las maravillosas personas que sobrevivieron sintieran que habíamos compartido las pérdidas, del mismo modo que compartimos los riesgos», aseguró Somervell. Mallory, que había servido como teniente en el Regimiento Real de Artillería durante la Primera Guerra Mundial y participado en la batalla del Somme (acabó en noviembre de 1916 tras cinco meses de lucha de trincheras y un millón de muertos), escribió esto a su mujer: «No tengo problemas con los cadáveres, siempre y cuando sean recientes». La realidad es que la pérdida de los siete sherpas le afectó enormemente.

Durante décadas, los sherpas fueron la carne de cañón del Himalaya. Pero algo empezó a cambiar radicalmente en 2014, tras un alud en el Everest que mató a catorce trabajadores de esta etnia. Los supervivientes se negaron a seguir con sus labores y se canceló la temporada. En 2010 existían cuatro agencias occidentales por cada una nepalí. Hoy en día es justo al contrario: el negocio pertenece a los hijos de los sherpas más famosos del siglo XX, que trabajan para que el trozo grande del pastel no se lo lleve Occidente. Junto con las grandes compañías locales, proliferan las de bajo presupuesto, tanto de India como de Nepal, lo que explica tanto los atascos como las muertes indeseadas.

Mallory regresó de nuevo al Everest en 1924. Tenía treinta y siete años. Él y su compañero Andrew «Sandy» Irvine, de veinte, fueron vistos por última vez a una altitud cercana a los 8.600 metros «avanzando con determinación». Las nubes cubrieron la estampa y Noel Odell, que permanecía a la espera en uno de los campos altos de la montaña, no volvió a verlos. En algún lugar de la vertiente norte del Everest se encuentra, o debería encontrarse, una cámara de fotos antigua, modelo Vest Pocket Kodak, cuya película podría reescribir la historia. Hasta 1999 se dio por supuesto que podría hallarse junto a los restos de George Mallory. Pero no. Por fuerza ha de estar, entonces, junto a los de Andrew Irvine. Más de un siglo después, a los pies del techo del mundo continúan apilándose cadáveres de aspirantes a cima, pero la banalización de lo horroroso convierte en estadística menor la lista de desaparecidos. Son daños colaterales para los que manejan el negocio del Everest, donde al parecer solo un muerto en paradero desconocido sigue siendo importante, Andrew Irvine, porque junto a él está la cámara de fotos que podría revelar el mayor misterio de la historia del alpinismo: ¿alcanzaron la cima Irvine y Mallory?

En 1999, el caso pudo haber quedado resuelto, pero la investigación dejó perplejos a los estudiosos del destino de la pareja inglesa. Conrad Anker apenas llevaba noventa minutos buscando la aguja en el pajar, a 8.200 metros, cuando se agachó a ajustarse una bota y vio algo extraño a su lado. Se encontraba ligeramente a la derecha de la ruta normal de la vertiente norte o tibetana del Everest, la misma donde se produjeron entre 1921 y 1924 los primeros intentos de conquistar el techo del planeta, con Mallory participando de todos ellos. Dando por bueno el relato de Noel Odell, la última persona que vio con vida a Irvine y Mallory avanzando a unos 8.600 metros de altitud, Anker y su equipo daban por supuesto que, con los medios de la época, la pareja nunca habría podido escalar el segundo escalón y que debían de haber caído más o menos en la vertical de esa dificultad. Los vientos que barren la zona alta de la montaña se llevan la nieve y dejan a la vista un campo de rocas, un pedregal que destapa todo lo que los copos sepultan durante el monzón. Y ahí, junto a la bota de Anker, había un cuerpo momificado boca abajo y con la espalda al aire, un pie descalzo cruzado sobre otro en el que se podía ver una bota de cuero muy antigua con clavos insertados en la suela. Restos de una cuerda de lino se conservaban atados a la cintura del fallecido, que lucía ropa de época. La cabeza presentaba un pelo rubio pajizo que convenció a Anker de que acababa de encontrar a Andrew Irvine, que recibía el apodo de Sandy porque el color de su cabello se asemejaba al de la arena. Pero cuando el grupo examinó los restos descubrió, por la etiqueta del cuello de la camisa, que se trataba de Mallory, cuyo cabello moreno, expuesto a las inclemencias durante setenta y cinco años, se había tornado casi blanquecino. Al levantar el cadáver momificado, les sorprendió ver qué sencillo era identificar los rasgos de Mallory, y pudieron registrar las seis capas de ropa que portaba en el tronco. Encontraron un pequeño arsenal de tesoros: una caja de cerillas, tres cartas, un pañuelo, una navaja, un altímetro roto, un estuche de costura... Pero no había rastro de la cámara, cuyo dueño original era Howard Somervell, uno de los alpinistas de la expedición británica de 1924, que se la había prestado. Tampoco hallaron la fotografía de su esposa, Ruth, que debía depositar en la cima. El hecho de que sus gafas de sol estuviesen también en uno de los bolsillos podría indicar que las guardó a su regreso, durante la noche... o que se las quitó de día para ver mejor cuando los sorprendió la tormenta.

Los técnicos de Kodak aseguraron al equipo de Anker que la película, congelada durante décadas, tal vez podría recuperarse si el cuerpo de la cámara no había sufrido daños. Y, si acertaban a revelar las imágenes, quizá una de ellas fuese la codiciada instantánea de la cima. La búsqueda se basó en el relato de un escalador chino, Wang Hongbao, quien aseguró en 1975 haber visto un cadáver a unos 8.100 metros de altitud y que se trataba, a su entender, de un «inglés». En esa época no se sabía de nadie que hubiese podido perecer a esa altura: tenía que ser el cuerpo de Mallory o el de Irvine. El hallazgo y las fotos protagonizaron las portadas de todos los medios de comunicación del mundo.

Cubrieron los restos de Mallory con las piedras circundantes, a modo de sepelio, pero ese gesto no supuso dar carpetazo a la búsqueda de nuevos indicios. Los intentos más serios al respecto tuvieron lugar en 2019, cuando Mark Synnott, también del equipo de atletas de The North Face, como Anker, decidió ir tras los restos de Irvine basándose en nuevos argumentos. Synnott narra en su libro *El tercer polo* cómo expediciones anteriores a la suya no pudieron siquiera encontrar el paradero de Mallory, pese a disponer de la posición exacta. Donde el GPS decía que debía estar, solo había piedras. ¿Se había llevado alguien lo que quedaba de él? Synnott y su equipo trabajaron en la montaña como la extensión física de Tom Holzel, viejo investigador del Everest, que creía saber con seguridad dónde encontrar a Irvine. En su casa había desplegado una imagen de gran definición de la zona somital de la vertiente norte y había marcado un punto extraño, de un color rojizo que desentonaba en el paisaje. Además, Holzel basaba su apuesta en los relatos del sherpa Chhiring Dorje, quien aseguró en 1995 haberse encontrado con un cadáver muy antiguo vestido con ropas militares a una altitud de 8.400 metros. El segundo testimonio clave emana del escalador chino Xu Jing, que tuvo la misma visión en 1960 y a similar altitud, tras salirse de la ruta buscando atajar hacia su último campo de altura. Pero lo más asombroso de todo, según revela el libro de Synnott, es que, en 1965, Wang Fuzhou, uno de los tres escaladores chinos que alcanzaron la cumbre por vez primera desde el norte en 1960 (aunque sin aportar pruebas de ello), durante una conferencia en Rusia, aseguró haberse topado, a 8.600 metros, con el cadáver de «un europeo que llevaba tiradores», queriendo decir «tirantes»… como los de Andrew Irvine. No reveló si los restos estaban por encima o por debajo del segundo escalón.

Tom Holzel trazó todas las posibles rutas que Xu Jing pudo haber seguido hasta su campo de altura. Descartó las que recorrían muros de roca y se quedó con una posibilidad que estudió con el microscopio hasta quedarse con el «punto rojizo». Ahí se dirigió Synnott.

Desde 1938, nadie había pisado el Everest por su vertiente tibetana. Tras la Segunda Guerra Mundial, China cerró sus fronteras mientras que Nepal las abrió, acogiendo todos los intentos que llevaron a la primera ascensión reconocida en 1953, hace más de setenta años. Hoy en día, se otorga mucha más credibilidad al proclamado primer ascenso del Everest desde Tíbet, y China considera esa «primera» de 1960 como suya, negando cualquier posibilidad a Mallory e Irvine. Su discurso oficial ha borrado también los testimonios de Xu Jing y Wang Fuzhou. Semejante celo podría esconder, además, una suposición, rumores emitidos por funcionarios de la Asociación China de Montañismo, que remitirían a una posibilidad rocambolesca pero verosímil, según reconoce el propio Synnott: poco antes de 2008, un equipo chino habría retirado de la montaña los restos de Irvine, y con él los secretos que pudiese guardar, quizá incluso las interioridades de su cámara de fotos.

Por muy fascinante y argumentado que resultase este relato, lo cierto es que nadie buscó a Irvine donde debía, hasta que otro equipo de The National Geographic se topó con una bombona de oxígeno empleada en 1933 a los pies de la cara norte, en el glaciar superior de Rongbuk. Las primeras expediciones tomaron por costumbre lanzar ladera abajo las bombonas vacías, práctica que explica en parte por qué el Everest es un vertedero. El hallazgo permitió calcular a ojo qué trayectoria habría seguido un cuerpo humano si hubiese resbalado por la interminable pendiente de la vertiente norte, y fue allí donde el equipo liderado por el alpinista y cineasta Jimmy Chin (quien logró un Óscar por su documental *Free Solo*) buscó entre el hielo glaciar cualquier resto que estuviese a la vista. Así dieron con una bota antigua que contenía los huesos de un pie, e incluso un calcetín. La bota mostraba las mismas incrustaciones metálicas en la suela que las que se descubrieron en las de Mallory. Y el calcetín hablaba por sí solo: bordado en un lateral aparecía «A. C. Irvine». El hallazgo resultó tener un valor mucho más romántico que práctico, puesto que aún falta por encontrar el resto del cuerpo y la deseada cámara fotográfica. Sandy Irvine es uno de los grandes mitos del alpinismo, pero el hallazgo de sus restos parciales sirve para recordar que en el momento de su muerte era un joven normal y corriente, y que incluso las grandes leyendas del alpinismo tenían madres o abuelas que se afanaban en coser sus iniciales y apellidos para que no extraviasen nada en las montañas.

Noel Odell murió a los noventa y seis años, pero siempre defendió la posibilidad real de que Mallory e Irvine hubiesen alcanzado la cima. Nunca alteró su discurso, pese a las presiones de sus compatriotas del Comité del Everest: era más fácil organizar nuevos intentos si se daba por hecho que la cumbre continuaba virgen. El 8 de junio de 1924, describió así lo que vieron sus ojos, dejando sin cerrar un círculo apasionante: «A las 12.50 [...] hubo un repentino aclaramiento y toda la cresta y la cima del Everest quedaron al descubierto. Mis ojos se fijaron en una diminuta mancha negra recortada en una pequeña cresta de nieve debajo de un escalón de roca; el punto negro se movió. Otro punto negro se hizo evidente y subió por la nieve para unirse al otro en la cresta. El primero se acercó entonces al gran escalón de roca y pronto emergió por encima; el segundo hizo lo mismo. Entonces, toda la fascinante visión se desvaneció, envuelta en una nube una vez más».

Los demonios de la noche

La luz del sol empezó a desvanecerse lentamente anunciando una oscuridad desconcertante, desasosegante. Eran más de las seis de la tarde en un lugar jamás pisado antes por el ser humano. De hecho, nadie había alcanzado con anterioridad un punto de la Tierra tan elevado. Fritz Wiessner y Pasang Lama se hallaban a una altitud de 8.370 metros sobre el nivel del mar, en las laderas somitales del K2, cuya cima veían, olían, anhelaban. Les faltaba muy poco para poner los pies en su punto culminante, a 8.611 metros. Todas las dificultades técnicas habían quedado atrás, y solo les quedaba por delante un extenuante combate en un ambiente pobre en oxígeno, la temida hipoxia. Era el 19 de julio de 1939. Era, sobre todo, un hecho increíble. Por muchos motivos. Ninguna expedición de ningún país había logrado aún colarse en la cima de alguna de las catorce montañas de más de ocho mil metros que existen. Enfrentarse al K2, la segunda más elevada del planeta y más difícil que el Everest, parecía de una arrogancia suicida. Hacerlo sin emplear oxígeno embotellado resultaba incomprensible. Pero allí estaban Wiessner, nacido alemán y nacionalizado estadounidense, y el sherpa Lama, dos personas que habían logrado separarse con éxito de lo que los especialistas de la época juzgarían como «la peor expedición jamás organizada». De hecho, la marcha que habría podido hacer historia y reescribir toda la conquista de las montañas del Himalaya acabó convertida en un drama de enormes proporciones.

Fritz Wiessner, nacido en 1900 en Dresde, es el protagonista absoluto de un relato de montaña fantástico. El paso del tiempo ha borrado en parte la huella de su figura, desdibujándola, convirtiéndola en la imagen del hombre que pudo haber sido y no fue. Pero, con o sin cima, el relato de la ascensión al K2 de 1939 resulta apasionante. Wiessner había empezado a escalar en la adolescencia en las montañas de arenisca del Elba, en Alemania, a unos treinta kilómetros de su ciudad natal. En su juventud, logró escalar rutas que hoy en día alcanzan el sexto grado en la escala específica de fisura, lo que le permitió estar preparado para asaltar los Alpes y los Dolomitas, donde también estrenó varios itinerarios alpinos.

Para entender la fortaleza y la ética del alemán, basta con explicar que hoy en día la escuela del Elba es famosa por su estricta ética: no pueden usarse ni empotradores ni seguros de expansión para proteger al escalador, sino que se sigue empleando el mismo método que utilizaban Wiessner y sus amigos para evitar que una caída acabase en tragedia (llevaban consigo lazos de cuerda de diferentes longitudes y grosores y empotraban sus nudos en las fisuras de la roca). Después les colocaban un mosquetón y pasaban la cuerda por él. Hoy en día nadie, o casi nadie, se protege de esta forma tan particular. Pero esta ética tan sólida ha logrado ser inmune al paso del tiempo, a las modas, al desarrollo. En el Elba, el tiempo parece haberse detenido. Ni el propio Wiessner podría creerlo.

Wiessner, que trabajaba en la industria química, tenía un gran olfato para los negocios... y para la aventura. Ese instinto le ayudó a descubrir nuevas vías de escalada y soñar con nuevos retos. Aplicaba a la escalada la misma metodología de trabajo que a sus negocios, en los que para crecer arriesgaba a base de corazonadas. En 1929, sus deseos de mejora profesional lo llevaron a Nueva York; poco después patentaría un tipo de cera para esquís que se hizo famosa en todo el país. Pronto acabó mudándose de manera permanente a la Gran Manzana para obtener, en 1935, la nacionalidad estadounidense. Durante el primer año y medio de su estancia en Nueva York no escaló —no tenía con quién ni sabía dónde hacerlo—, pero al poco de conocer a un grupo de escaladores locales empezó a acompañarlos los fines de semana al valle de Hudson, al norte de la ciudad. Enseguida se convirtió en el mejor y más prolífico escalador de Estados Unidos, un título que mantendría a lo largo de las décadas de 1930 y 1940. Escalaba con cuerdas de dudosa calidad, con botas o con zapatillas de baloncesto, y estableció al menos un centenar de vías de roca, sin contar las escaladas alpinas que realizó en al menos siete estados y hasta en Canadá, donde en 1935 firmó el primer ascenso al monte Waddington, que había conocido con anterioridad dieciséis intentos fallidos. Sin embargo, no resulta fácil seguir su huella, apenas documentada, y seguro que sus hazañas fueron aún mayores de lo que nunca confesó o se supo. Sí se sabe, por ejemplo, que en el Waddington su compañero de cuerda fue Bill House, cuyo apellido daría nombre a la célebre chimenea de la ruta de los Abruzos al K2.

Enseguida quedó patente la enorme diferencia de nivel técnico que existía entre Wiessner y sus compañeros locales: sencillamente, estos últimos desconocían las técnicas más elementales aplicadas en el Viejo Continente, y allí donde los estadounidenses veían problemas y largos de roca terroríficos Wiessner podía pasearse sin emplear la protección de la cuerda, en solo integral. Llegaría a afirmar sin arrogancia que «los norteamericanos no sabían cómo escalar ciertas paredes». En realidad, lo que no sabían escalar eran chimeneas y fisuras. En cambio, en Europa era de lo más común enfrentarse a este tipo de accidentes en la roca, simplemente porque en las chimeneas uno podía sentirse seguro si empotraba todo su cuerpo y se arrastraba en oposición por su interior, mientras que en las fisuras cabían tacos de madera, nudos empotrados o piedras a las que asegurarse de forma sencilla sin tener que recurrir a los pitones de roca. Irónicamente, casi un siglo después de que Wiessner firmase las aperturas de esas vías, muchas veces siguiendo sistemas de chimeneas en la pared, los jóvenes que se han criado en los rocódromos y han desarrollado una fuerza descomunal para progresar por paredes francas sufren un calvario de terror y falta de destreza cuando se miden con una chimenea.

Entre 1931 y 1939, Wiessner escaló en roca a un ritmo frenético. Pero era un alpinista, y las grandes montañas ejercían en su subconsciente una atracción obsesiva. En 1932, formó parte de una expedición germanoestadounidense al Nanga Parbat (8.125 m) dirigida por Willy Merkl, que alcanzó la estimable altitud de siete mil metros. Antes de la llegada del monzón, de que sus nevadas y sus fuertes vientos arruinasen la expedición, Wiessner pudo divisar la formidable pirámide del K2, soberbia, bien destacada a unos doscientos kilómetros de distancia. Fue un flechazo, el germen de un anhelo que perseguiría sin prisas ni dudas. Dicen que aprendemos a amar lo que vemos a diario, pero también amamos las visiones fugaces, imágenes que nos atraviesan marcando para siempre nuestros deseos. En 1935, una fuerte tormenta de primavera sorprendió a Wiessner y a sus amigos escalando en el Hudson. La lluvia torrencial limpió el ambiente y pudieron atisbar, más al norte, una extensa franja de roca blanquecina: eran los Shawangunks. Una semana después, Wiessner ya estaba explorando la que, años después, se convertiría en la zona de escalada más popular de la costa Este y en su terreno de juego particular. Todavía hoy sus ascensiones imponen respeto, y cuesta entender cómo podía enfrentarse a ellas sin pies de gato, sin apenas seguros, sin las modernas cuerdas dinámicas… sin otra cosa que la gestualidad aprendida en el Elba.

En 1937 ya era una figura respetada en el círculo de alpinistas estadounidenses, así que a nadie le extrañó que participase en la reunión del American Alpine Club y que junto con Charlie Houston plantease la posibilidad de conquistar el K2. Se resolvió que en 1938 se celebraría una expedición de reconocimiento y un año después otra de ascenso. Wiessner no pudo viajar en la primera, pero el grupo de Houston logró alcanzar los 7.900 metros y establecer un camino hacia la cumbre. Faltaba rematar la obra. Sin embargo, a finales de ese mismo año, los preparativos se dieron de frente con una realidad: la economía del país languidecía y no había manera de obtener financiación privada, cuando menos pública. En ese punto empezó a torcerse todo. Wiessner tuvo que descartar a los alpinistas que no podían sufragar sus propios gastos. Los mejores hombres que habían participado en el reconocimiento no podrían repetir en 1939. Había muy pocos alpinistas capacitados en el país, así que acabó formando un grupo de aficionados con dinero acompañados de nueve sherpas. No era, ni de lejos, el mejor comienzo para una empresa tan exigente. Dudley Wolfe era uno de los integrantes más entusiastas… y adinerados. Heredero de un rico comerciante de café, su matrimonio con la hija de un tratante de plata le hizo enriquecerse aún más y repartir el tiempo entre su afición a las regatas y sus salidas (a menudo con guías) a la montaña, que había descubierto gracias a su afición al esquí. Su aspecto voluminoso y su torpeza de movimientos contrastaban con una gran tolerancia al dolor y con una fuerza de voluntad y un optimismo envidiables. Enseguida se convirtió en el mejor cómplice de Wiessner, un aliado en todos los asuntos referidos a la interinidad de la expedición. Juntos compraron en Europa el material de montaña necesario y el propio Wolfe pagó de su bolsillo los extras no contemplados en el presupuesto inicial. Aun con todo, carecían del mejor equipamiento posible y no proporcionaron botas o sacos de dormir adecuados a los porteadores de altura de la etnia sherpa que habían contratado. En conjunto, daba la impresión de que estaban bien preparados para escalar en los Alpes, y que lo harían de forma deficiente en el Karakórum. La falta de material apropiado y la escasa cualificación técnica de los integrantes enseguida lastrarían el avance, dejando muy solo a Wiessner. Su mano derecha debería haber sido Tony Cromwell, otro millonario aficionado a la montaña, a la que acudía casi siempre de la mano de algún guía. Como había manifestado que tenía nulo interés en alcanzar la cima, se encargaría de tomar las decisiones logísticas desde el campo base cuando Wiessner estuviese ascendiendo. Precisamente la logística era la clave del éxito para las expediciones pioneras en el Himalaya. La forma de proceder consistía, básicamente, en un asedio: se ganaba metro a metro a base de establecer y aprovisionar numerosos campos de altura. El problema radicaba en que todos los materiales eran pesados, había mucho tráfico y las cargas que debían transportar eran enormes. La idea era que en cada campo no solo hubiese tiendas suficientes para acoger a un número importante de occidentales y de sherpas, sino que dispusiesen de sacos de dormir, esterillas, combustible y hornillos para derretir la nieve, comida en abundancia y un largo etcétera de necesidades que convertían el espolón de los Abruzos en un hormiguero. Todo debía estar dispuesto para que el día de cima los aspirantes tuviesen un techo y todo lo necesario para lanzar su ataque y refugiarse durante el descenso. Si fallaba la intendencia, todo el plan podía verse alterado, complicarse o quedar arruinado.

Al margen de Wiessner (39 años), Wolfe (43) y Cromwell (44), había tres escaladores más en el grupo: el joven Chappell Cranmer (20), su compañero de clase George Sheldon y el último en unirse, Jack Durrance (26), tan poco experimentado como los dos anteriores.

Este último, estudiante de Medicina, pudo aportar su solvencia económica gracias a generosas donaciones del American Alpine Club y tuvo que asumir que se convertiría en el médico oficioso de la expedición. Tras un mes de aproximación (hoy en día, los que prescinden del helicóptero invierten en ello apenas una semana), se estableció el campo base a cinco mil metros de altitud. Era finales de mayo y el equipo disponía de cincuenta y tres días para alcanzar la cima antes de regresar. Cranmer enfermó inmediatamente de un edema pulmonar y solo la atención médica de Durrance le permitió seguir con vida. Sin haber pisado la montaña, su concurso ya había quedado excluido.

Wiessner tuvo que echarse dos cargas a la espalda: organizar la progresión y ser el escalador de punta. Pero, sin radios, afinar la logística se antojaba una tarea muy compleja mientras se hallaba en los campos de altura. Muy pronto se abrió una brecha entre él y los que poblaban el campo base. No solo una brecha física, sino también anímica: según pasaban las semanas, solo él mantenía el entusiasmo mientras el resto soñaba con emprender el regreso a casa. No resulta fácil decidir si fue Wiessner quien abandonó al grupo lanzándose a la conquista del K2 o si fue este quien lo abandonó a él, harto de sufrir por una empresa que lo superaba. Entremedias, los sherpas hacían lo que se les pedía, o lo que entendían que se les pedía. Pese a todo, los avances en la vía de los Abruzos se sucedían y, tras días de acarreos, el campo 1, ubicado a 5.670 metros, rebosaba de suministros de todo tipo, hasta superar los mil quinientos kilos. Faltaba transportar todo ese enorme volumen ladera arriba…

Entre los norteamericanos, solo Wolfe persistía en su intento después de que el mal de altura agotase las posibilidades de Durrance. Él y el sherpa Pasang Lama se convirtieron en la sombra de Wiessner. Los tres juntos alcanzaron el campo 8, ubicado a 7.700 metros. Wiessner había pasado ya veinticuatro días por encima de los 6.700 metros, una barbaridad: nadie se explica cómo no sufrió algún tipo de edema, puesto que su sangre debía de ser lo más parecido a una espesa mermelada de arándanos. Su capacidad de adaptación a la altitud extrema resultaba tan sorprendente como su confianza y su optimismo. Wolfe, ayudado de forma constante, no fue capaz de despegar del campo 8, por lo que regresó a esperar al equipo de sherpas que debía completar la parte final del abastecimiento. No sabía que en el campo base habían decidido que el equipo de ataque tenía pocas posibilidades de éxito. En el campo 2 solo había sherpas, sin nadie que los dirigiese, y aunque tenían la orden de apoyar al trío de cima, sus movimientos eran poco eficaces (quizá precisamente porque nadie había sabido explicarles correctamente qué debían hacer). El nexo de unión entre el trío de punta y el resto había empezado a romperse.

Wiessner y Pasang Lama plantaron una tienda a 7.940 metros y disponían de comida y de combustible para una semana. Hoy en día, nadie en su sano juicio considera seriamente pasar más de unas pocas horas a semejante altitud: las posibilidades de no bajar jamás son más que evidentes. Al día siguiente, ambos salieron al encuentro de la cima. A su derecha, un empinado corredor de nieve giraba a la izquierda bajo un enorme *serac*, una mole de hielo inmensa que constituía un verdadero peligro objetivo. Para esquivarlo, Wiessner, con su visión de escalador en roca, decidió afrontar un espolón rocoso a la izquierda, a salvo de cualquier desprendimiento de hielo. El único problema era que Pasang Lama no sabía escalar en roca, pero, con la ayuda de la cuerda y tras nueve horas de esfuerzos, ambos superaron el tramo técnico. Nadie había remontado jamás algo tan serio a semejante altitud. De hecho, prácticamente nadie escogería esa opción en el futuro, y hoy en día todos siguen su camino a la cima pasando por debajo del *serac*. Irónicamente, de haber seguido el corredor de nieve, es muy probable que ambos hubiesen alcanzado la cima de día… pero perdieron tantas horas en el tramo rocoso que la noche se les empezó a echar encima. Con todo, se hallaban apenas a 240 metros de desnivel de un final que ya acariciaban. El tiempo era perfecto, mucho más cálido de lo normal, tampoco corría el viento, no estaban agotados y solo les quedaban unas sencillas pendientes de nieve hasta alcanzar lo más alto. Pero entonces Pasang, temeroso de los demonios de la noche, se plantó: no intentaría la conquista hasta el día siguiente, a la luz del sol. La noche, allí arriba, le aterrorizaba. Quizá los demonios les aguardasen en lo más alto. Comprensivo y tolerante, Wiessner accedió a darse la vuelta. Se arrepentiría durante toda su vida, incapaz de imaginar en ese momento el encadenamiento de desgracias que alterarían para siempre su existencia. «Seguimos bajando y llegamos a nuestro campamento a las dos y media de la madrugada. Durante el descenso me arrepentí muchas veces de haber cedido. Nos habría resultado mucho más fácil llegar a la cima y volver a la parte difícil de la ruta a la mañana siguiente. Estábamos bastante cansados cuando llegamos al campamento», escribiría Wiessner, quien nunca criticó a Pasang Lama. Dos días después, la pareja repitió su intento, esta vez por el corredor, para ganar tiempo. Lama ascendía sin crampones, puesto que había perdido sus dos pares durante el descenso de su primer ataque a cima. En esas circunstancias, y con una nieve traicionera, abortaron su intento. Hubo, pues, que esperar once años más para que el ser humano escalase al fin un pico de más de ocho mil metros: fue el Annapurna, honor que se llevó Francia.

Ambos descendieron hasta el campo inferior, donde Wolfe los esperaba. Para su horror, comprobaron que no solo no habían llegado nuevos suministros o equipo humano, sino que el americano estaba solo y llevaba casi tres días sin comer ni beber: las cerillas se habían mojado y no logró encender el hornillo. Dos días atrás, uno de los sherpas había alcanzado las inmediaciones del campo 7, y al ver restos de avalanchas dio por sentado que el trío de punta había fallecido, por lo que decidió regresar y desmantelar los campos inferiores. Además, Cromwell había pedido a Durrance que levantase los campos 1, 2, 3 y 4. Nadie sabía nada de los tres desde el 14 de julio...

Ayudando a Wolfe a descender hasta el campo 7, este resbaló y casi perecieron los tres. Wolfe estaba al límite de su resistencia, pero como parecía ser capaz de apañárselas ahora que disponía de combustible y comida, Wiessner decidió dejarlo ahí y descender. Tenía la esperanza de dar con el resto de los sherpas e indicarles que subiesen a rescatar a su compañero. Fue una mala decisión. Montaña abajo solo hallaron campos vacíos y ningún miembro de la expedición. Finalmente, alcanzaron el campo base al límite de sus fuerzas. Allí estalló una terrible discusión en la que Wiessner acusó al resto de haberlos abandonado a su suerte en el K2. Cromwell, por su parte, le recriminó haber abandonado a Wolfe. Siguieron siendo enemigos el resto de sus vidas.

Durrance encabezó, hasta el campo 4 (6.550 m), el primer intento de rescate junto con tres de los sherpas. Un día después, fueron alcanzados por dos sherpas más. El 29 de julio, los sherpas Pasang Kikuli, Pasang Kitar y Phinsoo llegaron al campo, donde encontraron a un Wolfe apático, con la tienda apestando a orín y heces. Este, afectado por el mal de altura, había perdido toda conexión con la realidad y pidió a sus rescatadores que bajasen y regresasen un día después, cuando estuviese listo para emprender el descenso. Nadie volvió a ver con vida a ninguno de los cuatro (si bien en 1995 una expedición chilena encontró en el glaciar Godwin Austen restos presumibles de los sherpas, así como de Wolfe y partes de su tienda). El propio Wiessner, aún destrozado por su larga estancia en la montaña, salió al rescate de los cuatro, pero una nueva y prolongada tormenta le obligó a admitir que estaban todos muertos.

Si la expedición resultó ser una pesadilla, el regreso a Estados Unidos fue el colofón. La Segunda Guerra Mundial acababa de estallar y la nacionalidad alemana no era, ni de lejos, la mejor carta de presentación para un Wiessner al que Cromwell seguía acusando de haber causado la muerte de Wolfe y de los sherpas que acudieron en su auxilio. Jack Durrance explicó, a la muerte de Wiessner (en 1988), que había sido Cromwell quien había mandado recoger los campos de altura… pero los sherpas no habían entendido que los que estaban por encima de los siete mil metros debían permanecer funcionales. Lo más probable es que uno y otro tomasen decisiones desafortunadas sin intención alguna de perjudicar a nadie ni de causar la muerte de cuatro personas. Wiessner, decidió el American Alpine Club, debería haber sido mucho más cuidadoso con la elección de sus compañeros y tendría que haberse asegurado de que Wolfe nunca llegase tan alto en el K2: era un montañero sumamente dependiente, incapaz de gestionar de forma autónoma las exigencias de semejante montaña. Cromwell seguro que tomó decisiones erróneas por soberbia. Siendo millonario, no llegó a entender que en el K2 el único verdaderamente capacitado para resolver por los demás era Wiessner, por mucho que no perteneciese a élite económica alguna. Durante años, Wiessner fue tratado como un apestado en Estados Unidos, pero una vez superada la Segunda Guerra Mundial la percepción de su persona fue transformándose hasta convertirse en la figura admirada que los montañistas conocemos.

Fritz Wiessner seguía escalando en roca cumplidos los ochenta años. Esa actividad fue una parte fundamental de su vida a lo largo de casi ocho décadas. Si no iba en cabeza de cuerda, consideraba que solo había subido, no escalado, pero admitía que «dos hombres encordados son una unidad de ataque». Jamás se quitó de la cabeza el momento en que, sin saberlo, giró la espalda a la historia y decidió no alcanzar la cima, seguro como estaba entonces de que el amanecer le traería la gloria que los demonios nocturnos se llevaron para siempre.

«¿Seré mejor si alcanzo la cima?»

Sentado en la nieve, acurrucado junto a sus compañeros, Tom Hornbein sabe que la noche que acaba de insinuarse será espantosa. Observa sus botas y se pregunta dónde están sus pies, qué quedará de esas dos extremidades rígidas que el frío ha reducido a un par de tablas de madera. Mientras se queja, su amigo Willi Unsoeld combate su propio deseo de abandono masajeando y calentando con su cuerpo esos pies que poco a poco reciben con dolor la calidez del flujo sanguíneo. Y se emplea tanto en esta tarea compasiva que se olvida de los suyos propios, cuyos dedos amanecerán muertos. Es la noche del 22 de mayo de 1963 y el tiempo parece estancado a 8.530 metros, como si nadie pudiese garantizar la llegada de la luz del amanecer. Estos dos amigos acaban de conseguir algo tremendo: escalando en estilo alpino, sin apenas información sobre el terreno que pisan, han dibujado la tercera vía de ascenso al techo del planeta recorriendo su arista oeste. Han pasado diez años desde el primer ascenso de Edmund Hillary y Tenzing Norgay, tres desde que un equipo chino inaugurase la ahora conocida como «vía normal» desde el norte de la montaña. Sin saberlo, han logrado una proeza que sigue intimidando a los mejores alpinistas del presente. En su relato, sin embargo, no hay margen para triunfalismo alguno, tan solo la dicha de haber tenido la suerte de imaginar y vivir una aventura real. Alcanzar la cima no basta. Recorrer un camino conocido les resulta una opción pobre. El alpinismo existe gracias a tipos así, más soñadores que inconformistas, menos rebeldes que apasionados.

Las montañas son bellas; la acción del ser humano las sublimó. La vista del Everest desde su vertiente norte o tibetana resulta sobrecogedora y ofrece la verdadera dimensión de la cima más elevada del planeta: a 8.848 metros sobre el nivel del mar, su punto culminante parece estar más bien en Marte, o suspendido en el espacio. Admirada desde la distancia del campo base, la montaña más controvertida que existe no pierde su elegancia, dictada por sus pendientes vertiginosas y por sus aristas, líneas que uno puede dibujar con el dedo y cuyo recorrido, que lleva hasta lo más alto, puede seguir fácilmente. Así, desde la barrera, nada hace presagiar los excesos de su comercialización, la basura, los cadáveres, las colas, las cuerdas fijas, los anhelos y los dramas que custodia, el vuelo incesante de helicópteros que asemejan moscas que huelen un cadáver.

Tom Hornbein pudo haber sido uno de esos cadáveres abandonados al viento, personas reconvertidas en hitos para marcar el camino a seguir por otros que aspiran a una mayor fortuna. Él sobrevivió al Everest y falleció el 6 de mayo de 2023. Contaba noventa y dos años de edad, era estadounidense y, muy a su pesar, nunca se quitó la etiqueta de héroe del alpinismo. Muchos alpinistas solo saben ser alpinistas. Los hay con más suerte, en cambio. Como Hornbein.

Los médicos que trabajaban día a día en un hospital de Seattle junto a Tom Hornbein tardaron años en descubrir que ese hombre menudo con aspecto de elfo era una leyenda. Sí sabían, en cambio, que era un gran médico, profesor e investigador, impulsor de los estudios de la fisiología en altitud. Pero nunca hablaba de montañas. De hecho, su pasión fue la medicina. El alpinismo era solo un entretenimiento. En 1963, diez años después del primer ascenso oficial resuelto por Tenzing Norgay y Edmund Hillary, ningún norteamericano había escalado el Everest; de ahí que Estados Unidos organizase una enorme expedición para solucionar el asunto. La idea era repetir la ruta original desde el sur, pero dentro del equipo Hornbein, Unsoeld y otros compañeros escaladores de roca miraban la montaña con otros ojos. Pese a su aspecto frágil, Hornbein manifestó con sorprendente terquedad su deseo de crear dos equipos, uno volcado en la ruta normal y otro, más pequeño, en explorar la arista oeste. Cuando el primer equipo triunfó, todo el grupo estuvo de acuerdo en virar hacia la posibilidad de crear un nuevo itinerario. A las cuatro de la madrugada del día 22, los dos aventureros iniciaron el ritual previo a su ataque a cima desde la cota de los 8.300 metros, y poco más de dos horas después empezaron a escalar. Gracias a una fotografía poco precisa, Hornbein intuía que a la izquierda de su arista, en la vertiente norte, un corredor de nieve conducía por terreno amable hasta la cima. Fue una suerte que existiese y que lo encontrasen: por encima de los 8.500 metros, ambos supieron que no podían renunciar; la roca podrida no les hubiera permitido instalar anclajes para rapelar. «Nunca pensamos en abandonar y, aunque sabíamos que llegaríamos tarde a la cima, simplemente disfrutamos del placer de escalar», explicaría posteriormente en su delicioso libro *Everest. The West Ridge*. La luz se escapaba cuando pisaron la cima a las 18.15 horas. Veinte minutos después, con el oxígeno artificial agotado, empezaron a seguir unas huellas difuminadas que habían dibujado poco antes dos compañeros de expedición, Barry Bishop y Lute Jerstad, que habían alcanzado también la cumbre desde la ruta normal tratando así de prestar ayuda a sus amigos. Pero, después de esperar en vano, ambos habían iniciado el descenso y ahora estaban en apuros. Finalmente, los cuatro espectros se juntaron a 8.500 metros y se apoyaron mutuamente: Hornbein ofreció sus dos únicas pastillas de dexedrina a Lute y Barry (quien sobrevivió gracias al oxígeno artificial de su compañero, lo que no impidió que también sufriese amputaciones en los dedos de los pies). Al escalar la montaña por una vertiente y descender por otra, la pareja completó la primera travesía de un ochomil.

El pasado es un trampolín para los alpinistas con ambición, una referencia, la posibilidad de continuar creciendo. El presente goza de conocimiento, de mejores materiales, de entrenamiento científico, de profesionalismo… Pero la motivación tiene su raíz en las librerías, en los relatos que conservan la esencia de escalar montañas de acuerdo con reglas no escritas, o solo escritas por los más admirados alpinistas. Cada generación tiene el deber ético de tratar de mejorar lo conocido, de aupar esta disciplina hasta dimensiones impensables. En una fecha sin determinar de mayo de 2023, puede incluso que, día por día, fuese sesenta años después de la gesta de Hornbein y Unsoeld, el catalán Kilian Jornet se alejó de las colas que conducían hacia los campos superiores de la vertiente sur y empezó a escalar camino de la arista oeste, un balcón alucinante y una metáfora de la distancia que media entre lo emocionante y lo banal. Kilian Jornet pasó varios minutos en dicha arista observando las hileras de escaladores que, a su derecha, en la cara sur, avanzaban camino de lo más alto. Idéntica imagen pudo ver a su izquierda, en el lado norte. Y él, entre dos mundos, tan aislado como si estuviese en la Luna, tan ansioso y alerta como lo estuvieron los primeros que pasaron por ahí, en mitad de un camino que nadie ha podido repetir. Si Hornbein se ayudó de una fotografía borrosa, Jornet grabó su periplo en una aplicación que muestra los mapas en tres dimensiones que daba una idea precisa del lugar por el que se movía. Una vez alcanzado el corredor clave, una placa de viento cedió y el alud que provocó lo arrastró hacia abajo. Salió indemne pero convencido de que lo más sensato era regresar sobre sus pasos.

El de Jornet fue el sueño de muchos. El de Ueli Steck también, pero el suizo falleció mientras se aclimataba en el vecino Nuptse en 2017. El reto es tremendo y su éxito se apoya en una clave: la velocidad para minimizar el desgaste de una altitud tremenda, de un trazado que resulta desconocido y que observa puntos de no retorno. Lo que distingue a un buen escalador de uno especial no es su fortaleza o su destreza, sino su capacidad de enfrentarse a lo desconocido, porque no existe nada más aterrador que adentrarse en una montaña sin saber si uno será capaz de regresar.

Hornbein y Unsoeld se conocieron en 1954. El uno poca cosa, el otro alto y compacto; el primero tímido, el segundo histriónico. Hornbein estudiaba Medicina y Unsoeld Filosofía mientras ahorraba trabajando como guía de montaña. No se parecían en nada pero compartían el gusto de escalar. Enseguida se hicieron amigos. En 1960 descubrieron el Himalaya, concretamente la cordillera del Karakórum, en Pakistán, enrolados en una expedición al Masherbrum (7.821 m), un majestuoso pico entonces virgen. El mal tiempo los sorprendió junto a dos compañeros más a 7.300 metros, muy cerca de la cima, y decidieron esperar una mejoría que no llegó. Retirándose, un alud los arrastró a los cuatro: caminaban encordados y de pronto se vieron flotando sin control sobre nieve fría y suelta. Solo la suerte y los reflejos de Unsoeld, capaz de clavar su piolet y tensar la cuerda, evitaron la tragedia. Días después, Unsoeld y George Bell llegaron a la cumbre. Hornbein pudo haberlos imitado unas jornadas más tarde, pero se percató de que su compañero tenía problemas y prefirió dar media vuelta. Así se ganaron el billete para el Everest. Hornbein nunca hubiese aceptado ir sin sus amigos: la experiencia del Masherbrum había sido la cúspide del entendimiento mutuo y de los valores humanos. Ahora, todos disponían de tres años para prepararse, pero Hornbein tenía que acabar sus estudios, atender a su numerosa familia y cumplir con el servicio militar en la Marina, que no estaba dispuesta a permitirle un paréntesis. El Everest se alejaba para Hornbein, pero Unsoeld tuvo una idea: llamó al director de los Cuerpos de Paz de Estados Unidos, cuñado del presidente Kennedy, quien telefoneó al secretario de Defensa, quien llamó al secretario de la Marina para que este contactara con el almirante que finalmente extendió el permiso a Hornbein. El mismo JFK recibiría al victorioso equipo del Everest en la Casa Blanca. Si Hornbein dejo ahí el alpinismo de vanguardia, su colega no tuvo más remedio que imitarlo a causa de sus amputaciones, pero en 1976 organizó una expedición a la cara norte del Nanda Devi (7.816 metros), en India, en la que también se enroló su hija bautizada como… Nanda Devi.

Unsoeld era firme defensor de la educación a través de la experiencia y de la asunción de riesgos personales para extraer conocimientos de primera mano sin tener que interiorizar las lecciones a las que otros han llegado. Sus hijos se criaron con estos valores y, para ser coherente con sus enseñanzas, dejó que la joven decidiese si seguía o no escalando, pese a que presentaba ciertas carencias técnicas y problemas estomacales. El mal tiempo bloqueó al segundo equipo de cima en el último campo de altura. Los problemas estomacales de Devi no mejoraban y su padre logró alcanzar el campo de altura solo para ver cómo su hija moría en sus brazos. Los que lo conocieron aseguran que ya estaba muerto cuando una avalancha segó su vida tres años después en el monte Rainier. Todos los años, hasta que Unsoeld desapareció, los dos amigos se llamaban por teléfono el día del aniversario de su cima en el Everest. A partir de 1979, Hornbein perpetuó la costumbre telefoneando a su viuda cada 22 de mayo, así como cada 4 de marzo, fecha de la muerte de su amigo.

Dos años antes de fallecer, a los noventa, Tom Hornbein seguía paseando por las montañas cercanas a su casa, en Estes Park, Colorado, las primeras que vio en su vida, a la edad de trece años, cuando sus padres lo enviaron desde Missouri a un campamento. Algunas veces cogía un saco de dormir y una esterilla y se tumbaba a contemplar las estrellas. Más que las montañas, adoraba la vida, sabedor de que el juego de escalar es solo eso, un juego. Por eso, durante la marcha de aproximación al Everest en 1963, una sola pregunta le reconcomía: «¿Seré mejor si alcanzo la cima?».

Las formas de la locura

«Buscando a mi hermano Günther, sepultado entre bloques de hielo, conocí la locura». Leí estas palabras cuando era un adolescente y la terminología técnica propia del mundo del alpinismo me parecía un galimatías irremediable. Pero esta frase pude entenderla con claridad y no solo me estremeció, también despertó en mí la conciencia de que la montaña no era aquel lugar idílico que muchos pintaban, un sitio al que ir, triunfar y del que regresar como un héroe. Siempre había una vertiente que permanecía oscura. Reinhold Messner es el autor de la frase en cuestión, una sentencia que me acompaña desde hace décadas, el recuerdo de cuán profundo puede ser el dolor causado por una tragedia en plena aventura. Perder a un hermano. No encontrarlo. No volver a verlo, a hablar con él. Me preguntaba antes y me lo pregunto ahora: ¿se puede sobrevivir arrastrando tanto dolor? Se puede, porque he conocido a otros montañeros que también perdieron a un familiar directo. Lo impensable también sucede. Si dejamos a un lado a Walter Bonatti (aunque cueste hacerlo), Reinhold Messner es el alpinista más famoso que ha existido. También es el único de la historia que ha logrado hacerse millonario gracias a su infinito talento. Es el himalayista más celebrado, el primero que conquistó las catorce montañas del planeta que superan los ocho mil metros de altitud. Fue el hombre que se atrevió a escalar el Everest sin usar oxígeno artificial, y esto pese al parecer de la comunidad científica, que había decretado que intentarlo era imposible y mortal de necesidad. Messner significa tanto para el alpinismo que da la sensación de que, después de él, nada realmente novedoso podrá inventarse. Como mucho, llegará a perfeccionarse lo que él inició. Un día estuve a su lado, en una conferencia de prensa celebrada en Bilbao a la que pude acudir como periodista. Quise preguntarle cómo se sobrevive a la muerte de un hermano, pero en vez de ello, cuando me acerqué a él al término de su charla, le pregunté una estupidez: «¿Es cierto que el collar que llevas es regalo del paquistaní que te encontró moribundo a los pies del Nanga Parbat?». Messner, mucho más alto y fuerte de lo que me esperaba, no es de esas personas que sonríen con facilidad. Sonreír no parece su fuerte, de hecho. Así que me miró desde su altura, permaneció callado unos segundos mientras acariciaba el collar y respondió un lacónico «sí». Después, alguien lo reclamó y yo me quedé petrificado maldiciendo mi cortocircuito. El periodismo tiene estas cosas: puede aproximarte a tus mitos y a tus héroes. Es una bendición, aunque a veces solo sirva para que estos caigan de sus altares. El caso es que nunca he vuelto a leer nada tan poderoso como la frase que abre este texto. Nada, hasta que descubrí en la revista *Alpinist* un relato de Steve House referido a un intento de ascenso a la vertiente Rupal del Nanga Parbat (8.125 m). Lo curioso del asunto es que la frase de Messner remite al primer ascenso de dicha montaña por el lado sur, o Rupal, en 1970. Mismo escenario para dos poderosos textos escritos con medio siglo de diferencia.

La pared en cuestión presenta un desnivel de 4.500 metros desde su última rimaya, es decir, desde el corte en el glaciar que marca el límite de este con la pared propiamente dicha. No existe ninguna en el planeta que acumule mayor desnivel. De hecho, si esta se mide desde el fondo del valle de Tarsching, hay 5.200 metros de desnivel hasta la cumbre.

Aunque italiano, Reinhold siempre se sintió únicamente surtirolés. Su habla germana lo acercó a una expedición del país teutón dirigida por Karl Herrligkoffer, un hombre obsesionado con el Nanga Parbat, también conocido como «la montaña de los alemanes». Ninguno de los dos hermanos Messner había pisado antes el Himalaya, ni mucho menos uno de los catorce ochomiles, pero ambos escalaban juntos desde niños y sus capacidades se revelaban tremendas, incluso para la época. Reinhold y Günther aprendieron a ser amigos para hacer frente a un padre violento el día en que el primero se encontró al segundo agazapado en la caseta del perro tras sufrir una paliza del progenitor: así nació su cordada, la manera de huir, cuanto más lejos y más alto, mejor. Si ellos perseguían un sueño, a Herrligkoffer lo guiaba su obsesión por el Nanga Parbat. Los dos primeros intentos alemanes por conquistar esta montaña, en 1932 y 1934, habían acabado con la vida de su ideólogo, jefe y hermanastro, Willy Merkl. Fue en ese instante cuando prometió acabar la faena, y dedicó media vida a este empeño. El Nanga fue escalado por vez primera en 1953 y, para entonces, ya se contaban 31 víctimas en sus laderas. Herrligkoffer dirigía la expedición, pero fue el austriaco Hermann Buhl quien se plantó en la cima, convirtiéndose en el primer alpinista que escalaba en solitario y sin oxígeno artificial uno de los ochomiles. La gesta dejó insatisfecho a Herrligkoffer, tanto por la desobediencia de Buhl, que improvisó un loco ataque a cima, como por su nacionalidad. Así que a nadie le extrañó verlo a la cabeza de una expedición a los pies de la vertiente Rupal. Sin embargo, su falta de pedigrí como alpinista enseguida levantó sospechas en Reinhold Messner. Tras varias semanas de pelea y mal tiempo, los Messner y un tercer escalador se plantaron en el penúltimo campo de altura, con la cima a tiro. Por radio, acordaron con el líder de la expedición que dispararía una bengala roja en caso de una previsión de mal tiempo, una azul en caso de que fuera bueno y ambas en caso de una predicción dudosa. Aunque la previsión era mala, Reinhold intentaría un ataque en solitario a la cima… igual que Hermann Buhl. Su ambición y la seguridad en sí mismo que mostraba eran tan acusadas que ni siquiera el mal tiempo iba a disuadirle de intentar la cumbre. La bengala estalló: era roja. Reinhold salió disparado montaña arriba mientras su hermano lo esperaba equipando la ruta para facilitar su descenso o futuros intentos. Pero habían lanzado la bengala equivocada y el tiempo se anunciaba estable, detalle crucial que todo lo alteraba. Nunca se respondió a esta cuestión: ¿por qué no se lanzó de inmediato una bengala azul para arreglar el patinazo? La única explicación posible es que Herrligkoffer creyese que Reinhold no sería capaz de alcanzar la cima sin compañía, con la ruta sin equipar, y que eso permitiría al segundo equipo (alemán) rematar la faena. Subestimó a Reinhold. También se había equivocado con Günther: nunca hubiese podido prever que cambiaría de opinión y que saldría también a la carrera, alcanzaría a su hermano y lograrían juntos la cima. Pero cometieron un error. Ninguno llevaba cuerda porque esperaban regresar por donde habían subido. Para su desgracia, el terreno era más delicado y peligroso de lo esperado y Günther comenzó a dar muestras de agotamiento. Sin la ayuda de una cuerda no podían descender, así que ambos pasaron una noche a ocho mil metros, soportando cuarenta grados bajo cero y esperando que sus compañeros de expedición acudiesen en su ayuda. Pese a que Peter Scholz y Felix Kuen también lograron la cima al día siguiente, el lugar del vivac de los Messner quedaba lejos de la ruta de ascenso y no recibieron ayuda alguna. Desesperados, decidieron descender a ciegas por la cara opuesta de la montaña, la vertiente Diamir, que nadie había escalado aún. Ambos llevaban dos días sin beber ni comer cuando se adentraron en el laberinto de un descenso que siguen recordando las fotos que habían estudiado antes de emprender la expedición. Tras un segundo vivac, la pareja logró encontrar el paso hasta la base de la pared, esquivando aludes que caían a izquierda y derecha de su itinerario. Estaban salvados, nada podía ocurrirles, juzgó Reinhold, que esperó, orientó y protegió a Günther durante toda la bajada. Así que, en cierto momento, decidió acelerar el paso para dar con un arroyo donde calmar su sed insoportable. Lo encontró, bebió, esperó, volvió a beber y su hermano seguía sin aparecer. Entonces remontó el glaciar, gritó su nombre, buscó, discurrió, se preocupó y, de repente, se topó con los restos de un alud de hielo. Su hermano solo podía estar debajo, sepultado, muerto. Pasó horas delirando, gritando, intentando hallar algún indicio hasta que se dio por vencido. Después, durante un par de días se arrastró sobre sus pies congelados valle abajo, buscando a seres humanos que lo ayudasen, masticando la culpa, la tristeza, la desesperación. Maldeciría todos los días de su vida haberse adelantado, haber perdido de vista a su hermano. Tardó una semana en alcanzar la civilización, en encontrar al resto de su expedición, y, de regreso, pasó meses en un hospital de Innsbruck donde le amputaron casi todos los dedos de los pies. Desde la cama, pudo leer cómo Herrligkoffer lo acusaba de haber causado la muerte de Günther, de haberlo abandonado, de haber planeado con antelación la travesía de la montaña. Todos, él incluido, opinaban que su carrera como alpinista había terminado. Pero un año después regresó al valle de Diamir para visitar a las personas que lo habían salvado. En 1978 escaló el Nanga Parbat en solitario y abriendo una nueva vía. Más tarde, se convirtió en leyenda.

En 2005, unos lugareños encontraron en el glaciar del Diamir los restos de Günther: huesos, una bota, restos de ropa. Una muestra que fue analizada en Innsbruck certificó que se trataba del hermano de Reinhold, quien nunca mintió; a su juicio se cerraba así un triste capítulo de la historia del alpinismo.

Ese mismo año, los norteamericanos Steve House y Vince Anderson lograron escalar en estilo alpino una nueva ruta directa a la cima del Nanga Parbat por su vertiente Rupal. Se trató de un logro inmenso, uno de los más importantes de la historia del alpinismo. Eran los herederos del ejemplo de Messner. Para House, el viaje resultó terrible. Un año antes, en 2004, había vivido una pesadilla psicológica en esa misma montaña. Bruce Miller y él se enfrentaron a la vertiente Rupal y, cuando alcanzaron la muy estimable altitud de 7.560 metros, Miller se plantó. Quería bajar. House había sufrido mal de altura, vomitado generosamente, y ahora, con él indispuesto, avanzaban con una lentitud asesina. Era evidente que, si querían sobrevivir, debían abortar el intento. «No quiero bajar, pero mi mente no puede formular un pensamiento lógico. Puede que mi cuerpo me esté fallando, pero quiero seguir escalando. Creo que no me importaría morir aquí. Discutimos sin violencia ni acritud durante una hora, al sol, en un día sin viento. Finalmente, iniciamos el descenso. [...] Sé unas cuantas cosas. Sé que de haber tenido éxito hubiese sido la ascensión estadounidense más importante desde que Unsoeld y Hornbein escalaron la arista oeste del Everest. Habría sido la gesta más importante de mi vida. Pero tuve que abandonar porque el "no" de Bruce era necesariamente más fuerte que mi "sí"», escribió en la revista *Alpinist*. Steve House se quedó solo en el campo base, rumiando su desesperación, sin nadie que le explicase qué había fallado, sin nadie a quien preguntar. Decidió, días después, intentarlo en solitario. Abandonó a las primeras de cambio, hundiéndose aún más en la autocompasión: «No podía apenas levantar mi mochila, tan débil me encontraba bajo el peso del fracaso. Mi fracaso. Aunque el físico me acompañase, jamás podría arrastrar este peso ladera arriba. Así que empiezo a descender mientras sueño que un día regreso y alcanzo un estado en el que mi mente queda desnuda. Sueño que escalo y vivo bien mi vida, mi mente perpetuamente completa». Un año después, House regresó junto con Vince Anderson, y, esta vez sí, remataron la ascensión. «Entre nosotros existía armonía. Compartimos un idealismo monomaniaco y la robusta motivación de los seres obsesionados... si bien el death metal noruego que Vince escucha me recuerda que tenemos pequeñas diferencias en nuestros gustos», continuaba House. En la cima, ambos se fundieron en un abrazo. Las lágrimas rodaron por las mejillas de House, resecas y quemadas por el sol y el viento, y cayeron sobre la nieve «convirtiéndose en parte de la montaña, igual que esta se había convertido hace tiempo en parte de mí». House había visto la primera foto de la pared en 1989. Los años siguientes fueron una sucesión de aprendizajes, ascensiones, idas y venidas por las cumbres de medio mundo para enfrentarse a lo que representaba esa foto: la gloria, la aventura, la ligereza, la razón de una vida. «El éxito es de suma cero. Las decisiones que tomamos, el tiempo que hizo, la montaña que subimos y bajamos, todo lo que arriesgamos: todos estos factores alcanzan un punto culminante... y se borran. Vivimos la respuesta para cada pregunta formulada. Ya no queda nada más por preguntar. No queda nada de nosotros, tan solo el fantasma que nos transformó», reflexionaría House. Y, aunque seguiría escalando, le tocó aprender a vivir sin la fuerza motora de una necesidad asfixiante, sin metas gigantescas; aprender a ser uno más, desprovisto del brillo exclusivo de los sueños.

El enigma de Wanda Rutkiewicz

Skardu, la puerta de entrada a la cordillera del Karakórum, es también la última ciudad importante paquistaní por la que transitan prácticamente todos los montañeros antes de encaminarse hacia alguna de sus imponentes paredes, cualquiera de las cinco cimas de más de ocho mil metros que alberga o sus numerosos objetivos de seis mil y siete mil. En 2002 estuvimos un par de días a las afueras de este valle mágico donde confluyen los ríos Indo y Shigar y, a punto de pasar casi dos meses debajo del K2, también nos animamos a caminar por sus modestas calles como despedida de la civilización. El paseo por aquellas polvorientas y ruidosas vías resultó tan breve como desasosegante. Un sinfín de diminutos comercios, cada cual más improbable, centraron mi atención; no había nada digno de ver para un turista clásico, salvo la forma de vida de esta gente. ¿Cómo lograban sobrevivir? En lo alto de una calle, giré la cabeza y contemplé el bullicio. Noté que faltaba algo. Volví a centrar la mirada, escruté lo mejor que pude y ahí estaba: no había mujeres, ya fuesen niñas, jóvenes o ancianas. Ni rastro del género femenino. Todos los seres que transitaban arriba y abajo, gritaban, conducían, comerciaban o reían eran varones. De todas las edades, pero varones. Allí, al parecer, las mujeres solo tenían derecho a permanecer en casa y atender las labores domésticas. La vida social se escribía en masculino.

He recordado a menudo la visión de esa flagrante ausencia. De hecho, llevaba años viendo algo similar en las montañas que había visitado durante mi infancia y posterior juventud: siempre que iba en busca de aventuras, las mujeres prácticamente desaparecían del radar.

Lo mismo cuando empecé a escalar. No había, casi, rastro de ellas. Las cosas han cambiado, afortunadamente: hoy en día hay muchas senderistas, escaladoras, esquiadoras de montaña e incluso alpinistas o himalayistas. Pero siempre en una proporción lejos de ser paritaria. Sigo sin saber por qué. Prácticamente el 90 por ciento de los grandes alpinistas o escaladores que conserva la memoria histórica son varones. Sobre ellos abundan libros, documentales y biografías, pero resulta mucho más complejo dar con las heroínas que frecuentan o frecuentaron las montañas. Por cada figura femenina de relieve existen dos o tres docenas de homólogos masculinos. ¿Puede explicarse esto solo desde la concepción machista de la sociedad que habitamos? ¿Se han apropiado los hombres de las puertas de las montañas? ¿O bien, estando abiertas esas puertas, sencillamente ellas no han deseado franquearlas?

Una de las grandes figuras del himalayismo es la polaca Wanda Rutkiewicz y, pese a que desapareció en las montañas, su trayectoria es un ejemplo de la complicada convivencia de los egos entre géneros en las cumbres. Pero también de las servidumbres que generan las pasiones. Después de leer todo lo que pude encontrar acerca de ella, solo me quedó claro que falleció en 1992 en la que debería haber sido su novena cima de ocho mil metros, el Kanchenjunga, y que era una mujer fuertemente obstinada. Más tarde, la editorial Desnivel publicó una historia de su vida firmada por Anna Kaminska, un trabajo de investigación descomunal plagado de entrevistas de las que se desprenden valiosos testimonios (a menudo contradictorios) sobre las aptitudes y el carácter de la protagonista. Creo que, tras leer la última página, cerré el libro con pesar. ¿Era necesario tanto sufrimiento para convertirse en una leyenda del himalayismo? Al leer sobre Kurtyka o Kukuczka, mitos polacos coetáneos, no se palpa la desesperación que parece haber acompañado a Rutkiewicz. Y eso que ellos tampoco lo tuvieron fácil para salir a escalar. Es más que posible que todos los grandes apellidos masculinos que pueblan la historia del alpinismo viviesen su relación con la montaña de forma tan obsesiva como la brillante escaladora polaca. El montañismo de élite se alimenta de sueños, de proyectos, de anhelos, de búsqueda de los límites personales. Es como una droga. A medida que uno crece como alpinista, busca imitar a sus héroes del pasado, después a los del presente, y sueña con lograr lo inalcanzado. En un momento dado, se produce una desconexión con la realidad, porque escalar se convierte en la única necesidad imperiosa, el filtro que anula las cuestiones mundanas de la existencia. Se vive por y para plantarse ante el siguiente reto, como sea, con quien sea. A menudo se pierde la perspectiva, se tiende a simplificar todo para que la mochila emocional que cada cual acarrea ladera arriba sea lo más liviana posible. Se cae en la monomanía. Y en última instancia se sufre cuando no se halla lo buscado. Y se sufre también cuando, aun habiendo dado con el objeto de deseo, este no suple el resto de las necesidades cotidianas. A veces, sin buscarlo, se paga con la misma vida.

Si atendemos a lo que se sabe de su biografía, Wanda heredó la personalidad y las habilidades de su padre: ambición, inteligencia, determinación, espíritu de aventura, autoexigencia... Era él quien solía llevarla, junto con su hermano Jurek y su hermana Ninka, a la montaña, verdaderas escapadas iniciáticas en las que les enseñó a moverse y a comportarse en un terreno sin fronteras aparentes. En 1948, la familia podía considerarse feliz y, aunque no nadaba en la abundancia, el talento de ingeniero del progenitor parecía un eje económico fiable sobre el que girar. Aquel año, sin embargo, la vida de la niña empezó a cambiar: Jurek y dos niños más murieron despedazados por un proyectil de artillería que les explotó en las manos, mientras jugaban. Sus padres se alejaron mientras que Wanda empezó a destacar en la escuela tanto en matemáticas como en gimnasia. Se volvió muy popular, pero al mismo tiempo era distante, independiente. Podía ser muchas personas a la vez: cariñosa e indiferente, interesada y desprendida, egoísta y generosa... Pero nunca dejó de ser ella misma: una mujer con el objetivo de escalar las montañas más elevadas de la Tierra. Aunque el peaje fuese no encajar perfectamente en ninguna parte. Varios entrevistados aseguran en el texto que le costaba construir vínculos afectivos estables con sus semejantes: a los hombres los usaba hasta que ya no le servían, y con las mujeres ocurría algo similar.

En 1959, con apenas dieciséis años, empezó a estudiar Ingeniería electrónica, y descubrió la escalada de la mano de Bogdan Jankowski, un alumno unos años mayor que ella. La novedad le cambió para siempre la vida: nunca había experimentado nada parecido. El miedo, el esfuerzo y la angustia de sufrir una caída le resultaron tan intensos que decidió no alejarse jamás de unas sensaciones que le ayudaban a superar sus inseguridades. Enseguida, todo empezó a encadenarse, lo uno llevó a lo otro, una modesta pared condujo a otra y esta a una cima y esta a otra más alta y alejada... Wanda comenzó a soñar a lo grande, a superar sus miedos, a perseguir contra viento y marea su destino mientras, en paralelo, buscaba su lugar en un comunismo que apenas permitía a los polacos salir de sus fronteras. Casi todos los hombres entrevistados destacan lo guapa y magnética que resultaba y la recuerdan saltando de un novio a otro, casi siempre escaladores; es decir, ella empezó a hacer con ellos lo mismo que ellos hacían con ellas, pero la novedad los descolocaba. De los Sudetes Wanda saltó a los Tatras, pero pronto sus picos se le quedaron pequeños y quiso conocer los Alpes... y después el Pamir. Todo apuntaba hacia una única dirección: las montañas más altas y salvajes del Himalaya.

Con la perspectiva del paso del tiempo y atendiendo a los testimonios de los que se cruzaron con ella, Wanda fue víctima de su pasión. Lo que más amaba también la sometía a una ansiedad terrible y excluía automáticamente del horizonte una parte de la vida: formar una familia, forjar vínculos duraderos, mecerse en la rutina de lo cotidiano... Semejante renuncia la obligaba a invertir aún más energía en la escalada, con enorme disciplina y una fuerza de voluntad casi robótica.

Había entendido, a esas alturas, que necesitaba las montañas para vivir y, a sus ojos, el resto de los anhelos comunes quedaban relegados a la nada o a un segundo plano. Se casó en 1970 con un montañero, pero cuando este perdió el gusto por las grandes expediciones el matrimonio se vino abajo. La montaña como alimento único. Apenas prestaba atención a sus compañeros de trabajo ni a nada que no le sirviese para obtener contactos con los que viajar fuera de su país, cerrado al mundo por el comunismo. La ambición le permitió capear todas las trabas de género, las que imponía el régimen, las económicas y también las que tenían que ver con sus propias inseguridades. Se creó una imagen externa de mujer poderosa, de deportista de élite infalible, que no siempre casaba con su interior. Además, arrastraba un nuevo drama vital, que se añadía a la muerte violenta de su hermano.

En 1972, su padre había sido asesinado a martillazos en la cocina de la casa que alquilaba a una familia que, según había descubierto, le estaba robando las pertenencias guardadas bajo llave en un ala del hogar. Al ser descubiertos, la emprendieron contra él de forma violenta. Su modelo que seguir, el padre del que se había alejado después de que abandonase a su madre, dejaría un hueco inasumible en su vida.

De nuevo, las montañas se convirtieron en la vía de escape de una realidad que la torturaba. Pero las montañas (mejor dicho, la gestión de los grupos humanos durante las salidas) también resultaron conflictivas en su vida. En 1974, comenzó a organizar un viaje para el año siguiente que bautizó como Ladies Himalaya Expedition, en la que también cabían los hombres, si bien ella asumía la jefatura. Su objetivo era firmar el primer ascenso a un sietemil, como el Gasherbrum III, o alcanzar la cima de un ochomil, como el Gasherbrum II. La expedición logró ambas cimas, y Wanda se coló en la del primer objetivo, pero a su regreso a Polonia afloraron todas las tensiones, las críticas y los sinsabores de su labor al frente del equipo, aun a pesar de haber logrado el mayor éxito histórico del alpinismo polaco.

A ojos de unos cuantos, Wanda había sido una líder pésima y autoritaria. Las montañas seguían siendo bellas, pero las personas, con sus cuitas mediocres, se empeñaban en mancharlo todo. Sin embargo, la suerte siguió sonriéndole y, en 1978, la invitaron a formar parte de un equipo internacional al Everest. Ningún polaco había pisado todavía la cima de la montaña más elevada del planeta, y tan solo dos mujeres en el mundo la habían alcanzado: la japonesa Junko Tabei (el 16 de mayo de 1975) y la tibetana Phantog (once días después). De forma inesperada, Wanda logró su objetivo inicial. Su éxito resultó un pequeño terremoto en los medios de comunicación polacos. De un día para otro se convirtió en una estrella y, de forma indirecta, abofeteó la condescendencia de sus colegas y compatriotas varones. La inercia de su popularidad le permitió recaudar fondos y autorizaciones para organizar el primer ascenso femenino al K2, previsto para el verano de 1982. En enero se rompió el fémur... y caminó apoyada en muletas los más de cien pedregosos kilómetros hasta el campo base, a sabiendas de que no podría siquiera pisar la montaña. La aventura acabó en tragedia: sin cima y con una alpinista polaca fallecida por muerte súbita. Cuatro años después, en 1986, durante el verano más trágico de la historia del K2 (en el que murieron trece escaladores), al fin logró alcanzar la cumbre. Fue la primera.

Una idea empezó entonces a germinar en su mente: escalar los catorce ochomiles. Con el Nanga Parbat ascendido en 1985, ya contaba con tres. En 1991 la lista se había ampliado hasta ocho (Shisha Pangma, Gasherbrum I y II, Cho Oyu y Annapurna). Para entonces, llevaba años sin pisar su puesto de trabajo, renovando en su empresa los permisos sin sueldo y recaudando fondos gracias a su credibilidad y obstinación. Incluso había conseguido patrocinadores occidentales. Lo único que jugaba en su contra era el paso del tiempo. En 1992, cuando decidió medirse a la tercera montaña más alta del globo, el Kanchenjunga, contaba cuarenta y seis años, una edad a la que la mayoría de los alpinistas se retiran. La muerte, además, seguía persiguiéndola: en 1990, en el Broad Peak, había visto cómo su novio resbalaba, caía y se mataba.

Wanda siempre tuvo claro que «moriría en la montaña», desenlace que consideraba inevitable. Pero el fallecimiento de sus seres queridos pesaba como una losa sobre su entereza. Alcanzar sus objetivos le parecía la única manera de conservar la cordura y de llenar su existencia con algo que mereciese la pena. Sin embargo, a la tensión inherente a la búsqueda de compañeros, de material, de dinero y a la logística en general se unía un nuevo problema: su declive físico. La polaca, que nunca había sido rápida, era cada vez más lenta en alta montaña; demasiado para el ritmo de los hombres, para su propia seguridad incluso. De forma pausada pero segura, se encaminó hacia su autodestrucción, alimentada por una sed insaciable de libertad, de vida auténtica.

Así fue como llegó al Kanchenjunga. El 11 de mayo de 1992, ella y el mexicano Carlos Carsolio alcanzaron el último campo de altura. Al amanecer del día siguiente, salieron juntos hacia la cima. Wanda estaba deshidratada, enferma y con diarrea, pero la renuncia no se llegó a plantear siquiera. Pronto empezó a quedarse atrás y, tal como habían acordado, se separaron. Él hizo cumbre, y durante el descenso, a mitad de camino entre el último campo y el punto culminante, la encontró en el interior de una pequeña cueva de nieve.

Carecía de quemador y de gas para derretir nieve, por lo que no podía hidratarse. El mexicano aseguró que durante diez minutos trató de convencerla para que renunciase y bajase con él. Pero ella se mostró inflexible, así que se dispuso a esperarla en el campo 4 durante doce horas, sin comida ni bebida, hasta que entendió que él también moriría si no seguía descendiendo. Nadie la ha vuelto a ver. Su cuerpo nunca fue encontrado. Unos especulan con que alcanzó la cima y resbaló fatalmente durante el descenso. Otros consideran extraño que su rastro haya desaparecido, se haya volatilizado.

Varias escaladoras han coronado ya los catorce ochomiles. Puede que ella fuese su inspiración, como deseaba cuando empezó a defender que las mujeres merecían su sitio en las montañas, en todas y cada una de ellas. Wanda Rutkiewicz sigue siendo un enorme y precioso enigma, como cualquiera que lo arriesgue todo por una vida en la cima.

Una maldición en la cara sur del Annapurna

Las grandes paredes de las catorce montañas que superan los ocho mil metros de altitud están inevitablemente asociadas a ciertos apellidos exclusivos que componen la espina dorsal de la historia del alpinismo. En los años del descubrimiento, si escalar una pared suponía un problema, un desafío de talla, allí se citaba por turnos, a veces separados por años, lo mejorcito de cada generación. Y ninguna pared atrajo tanto los deseos de conquista, la necesidad de asociar su nombre al de un escenario, como la vertiente sur del Annapurna. Llegó a convertirse en un santuario del alpinismo, pero escrito en mayúsculas. Sencillamente, los mejores deseaban dejar su huella en ella, superar las gestas del pasado, medirse a un reto de proporciones inverosímiles en un escenario que había consagrado o rechazado a los más grandes. Pero nadie escapa realmente de la cara sur del Annapurna, ni siquiera aquellos que alcanzan su cima y regresan ilesos. Una maldición parece perseguir, desde 1970, a los escasos aventureros que fueron capaces de estrenar nuevos itinerarios de ascenso en la enorme, técnica y peligrosa cara sur de la montaña, de 8.091 metros. Ciñéndonos exclusivamente a dicha vertiente, la historia retiene apenas tres rutas de ascenso hasta la cima principal, y dos más hasta la vecina cima central, con apenas treinta metros menos de desnivel. Después, en el mismo lado de la montaña, pero algo más al este, cabe mencionar tres rutas más, dos de ellas hasta la cima este, de 8.013 metros, y otra, fantástica, hasta la cumbre principal. En total, existen ocho aperturas, ocho recorridos diferentes protagonizados por un total de catorce alpinistas. No solo les une el éxito; también la posterior muerte prematura, como si la cima se cobrase un peaje diferido. De los catorce mencionados, once han fallecido, nueve de ellos en otras montañas. Apenas queda nadie que pueda dar testimonio directo de lo que supuso escalar con éxito en las entrañas de una localización terriblemente exigente.

La vertiente norte acoge la ruta «normal» o «sencilla»; por ahí pasaron los franceses Maurice Herzog y Louis Lachenal en 1950 para firmar la primera ascensión de la historia a una de las catorce montañas de más de ocho mil metros que conoce el planeta. Irónicamente, el primer ochomil conquistado es también el que presenta el coeficiente de mortalidad más elevado: apenas 153 alpinistas han atisbado su cima, y en sus laderas han perdido la vida 58 personas. En comparación, el Everest parece mucho más seguro. El techo del planeta registra 3.684 ascensiones y 210 fallecimientos. Curiosamente, el Annapurna ha visto más accidentes mortales en su ruta clásica que durante las mencionadas aperturas de nuevos itinerarios en la vertiente sur, donde «solo» se han contabilizado cuatro bajas.

La conquista de la cara sur del Annapurna llegó en 1970, y su ideólogo fue el inglés Chris Bonington, un mago a la hora de lograr la financiación adecuada para juntar a la élite del alpinismo británico y, una vez a los pies de la montaña, convencerse entre todos de que, pese a los aludes constantes y las dificultades técnicas de la escalada en roca y hielo, tenían la oportunidad de hacer historia. Los once aventureros occidentales del equipo y los seis sherpas de Nepal trabajaron durante semanas colocando cuerdas fijas, superando con maestría cada sección complicada de la montaña, progresando por un pilar de roca, nieve y hielo en el flanco izquierdo, un lugar (por lo general) protegido de los aludes. Cuanto más avanzaban, más dudas surgían, a sabiendas de que el monzón y el mal tiempo se acercaban. Cuando Don Whillans y Dougal Haston alcanzaron el final de las cuerdas fijas, a 7.300 metros, el mal tiempo invitaba a la renuncia. Entonces, la pareja hizo algo inesperado: superó en un solo ataque los casi ochocientos metros de desnivel que los separaban de la cima. Arrancaron con viento, escasa visibilidad y la idea de montar un nuevo campo, pero se vieron tan cerca de la conquista que abandonaron las precauciones y se lanzaron hacia la cumbre, que alcanzaron a las dos y media de la madrugada. Se había superado uno de los grandes retos del himalayismo. Cuando todos los alpinistas desalojaban la montaña, desmontando los campos de altura, un alud barrió la zona baja de la pared y sepultó a Ian Clough, la primera víctima de la sur del Annapurna.

Once años después, en 1981, un potente equipo japonés logró colocar en la cima principal a dos de sus hombres, Hiroshi Aota y Yukihiro Yanagisawa. La expedición, también de estilo pesado, se fijó en el obvio pilar central, a la derecha de la ruta de 1970, buscando evitar a toda costa los proyectiles de roca y los aludes. Con todo, nada pudo evitar la muerte de Yasuji Kato: sufrió una caída cuando estaba a punto de repetir el éxito de sus compatriotas. Yanagisawa, por su parte, confirmó su clase apenas un año después, al escalar sin oxígeno artificial el K2… pero no sobrevivió al descenso, víctima de otra caída. Sin embargo, no fue el primer héroe de la sur del Annapurna en desaparecer: en 1977, una avalancha había sepultado a Dougal Haston mientras esquiaba en Suiza.

El de 1984 fue un año mágico para el himalayismo, un año que anunció un futuro audaz y minimalista para la causa, cuyos efectos, no obstante, no calaron hasta la llegada del nuevo siglo. Dos de sus protagonistas, los catalanes Nil Bohigas y Enric Lucas, realizaron una de las ascensiones más alucinantes de la historia, adelantándose tanto a su época que su gesta todavía parece un sueño. El 3 de octubre, la pareja culminó el corredor este de la cara sur hasta la cima central (8.051 m) en estilo alpino, recogiendo el testigo abandonado en 1982 por René Ghilini y Alex MacIntyre, cuando un bloque de roca segó la vida del gran alpinista británico mientras exploraba la ruta. Bohigas y Lucas escalaron como si no tuviesen nada que perder. Allí donde ingleses y japoneses habían usado una técnica de asedio, con cuerdas fijas, campos de altura y toneladas de material, los catalanes decidieron actuar como si estuviesen en el Pirineo. De hecho, en el campo base aguardaban sus respectivas parejas, todo muy de andar por casa, como si la historia se escribiese desde lo cotidiano. Acarreaban una mochila de veinticinco kilos por cabeza para sobrevivir, e invirtieron un día en alcanzar la pared desde el campo base, siete jornadas para ascender y una más para regresar a la vida. Fue genial, impensable. El estilo alpino tiene, desde entonces, una de sus grandes referencias en esta ascensión. Bohigas se quitó la vida en 2016.

También en 1984, dos suizos protagonizaron una de las cabalgadas épicas que retiene la memoria del Himalaya. Erhard Loretan y Norbert Joos recorrieron la interminable arista este hasta la cima del Annapurna, un maratón por encima de los siete mil metros. Una vez arriba, se miraron y reconocieron que nunca saldrían de allí si deshacían el camino. Portaban una foto de la cara norte, y sin conocerla se lanzaron montaña abajo, camino de la vida. «Nunca me vi más lejos de la vida y más cerca de la muerte», juraría Loretan. El suizo firmó en 1986, junto con Jean Troillet, otro de los grandes momentos de la historia del himalayismo escalando el Everest de noche para no congelarse y sesteando al sol. La pareja hizo la cara norte enlazando el corredor de los japoneses y el Hornbein en 31 horas… para descender por la ruta normal en apenas tres horas y media. Pero la existencia de Loretan no siguió a posteriori un camino recto hacia la felicidad: más bien vivió una pesadilla hasta su muerte en 2011 (véase el capítulo «Erhard Loretan y las montañas interiores»). Norbert Joos, por su parte, guía de montaña como Loretan, falleció con dos de sus clientes en julio de 2016 en el Piz Bernina (4.049 m).

Jean-Christophe Lafaille, uno de los alpinistas más fuertes y polivalentes de la historia, quedó «prisionero del Annapurna», incapaz de olvidar y aceptar su suerte en la cara sur de la montaña. En 1992, acompañado del también francés Pierre Béghin, una tormenta frustró su ascensión en estilo alpino por un terreno técnico a la derecha de la línea británica. En su huida, Béghin encontró la muerte y Lafaille se salvó de milagro (véase el capítulo «Tom Lafaille, huérfano de alpinista»). Pero en 2002 el francés regresó y pisó su cima en compañía de Alberto Iñurrategi, firmando la primera repetición de la ruta Loretan-Joos y regresando por idéntico itinerario. Nadie sabe en qué circunstancias pereció Jean-Christophe Lafaille. Fue en el invierno de 2006, en el Makalu, en absoluta soledad.

Iñaki Ochoa de Olza, en cambio, jamás escaparía del Annapurna (véase el capítulo «Iñaki Ochoa de Olza, carisma infinito»). Tratando de imitar el gesto de Lafaille e Iñurrategi, el navarro sufrió un edema pulmonar y en su busca se organizó un operativo de rescate a la altura de su genial personalidad. Ueli Steck fue el único que pudo alcanzar la arista este, por encima de los siete mil metros: salvó la vida del rumano Horia Colibasanu (que se negaba a abandonar a Iñaki mientras no llegase ayuda) y permitió que Iñaki no muriese sin compañía. Sin conocer el destino del navarro, el tercer miembro de la cordada original, Alexéi Bolótov, alcanzó la cima en solitario, regresó y aún tuvo fuerzas para ayudar en el rescate. Pero la buena estrella del ruso se apagaría en el Everest, en 2013.

Le apodaban la Máquina Suiza. Ueli Steck concentró en su persona todas las virtudes que se le suponen al alpinismo de vanguardia: capacidad técnica, resistencia, velocidad, imaginación, valor… Se hizo un nombre cuando destrozó todos los récords de velocidad en las montañas alpinas, desde la norte del Eiger hasta la norte de las Grandes Jorasses. Pero lo que logró en el Annapurna continúa siendo una salvajada: siguiendo el intento de apertura de Lafaille y Béghin, el suizo alcanzó la cima y regresó en veintiocho horas de esfuerzo. Aseguró entonces que había encontrado las condiciones perfectas para progresar de forma veloz… y añadió que nunca más sería «capaz de escalar algo tan comprometido. He alcanzado mi techo». Apenas una semana después de su tremenda exhibición, dos de los mejores alpinistas franceses de las últimas décadas siguieron más o menos la línea marcada por Steck. En su segundo día de ascenso, Stéphane Benoist y Yannick Graziani alcanzaron un lugar, a 6.650 metros, donde plantar su tienda. El mal tiempo los retuvo ahí tres días, pero cuando dejó de nevar decidieron seguir, esta vez abriéndose paso por nieve profunda. Pese a las dificultades técnicas, la pareja logró la hazaña el día en que Graziani cumplía cuarenta años. «Fue un día inolvidable: en la cima del Annapurna con un amigo al que conocí escalando cerca de casa cuando teníamos quince años». Pero Benoist, que había liderado todos los tramos difíciles, resolviéndolos con maestría, se hundió tras el logro. Sufría una neumonía y severas congelaciones que, más tarde, derivaron en amputaciones. Perdió los dedos de los pies y varias falanges de la mano derecha. Graziani no sabe aún de dónde sacó la energía para organizar el descenso. En total, invirtieron diez días para un trayecto que a Steck le había llevado veintiocho horas… o quizá solo lo hiciese su imaginación. El 30 de abril de 2017, mientras se aclimataba para el Everest, Ueli Steck perdió la vida en el Nuptse. Nadie sabe las causas. Su muerte supuso un shock para toda la comunidad de alpinistas que lo creían inmortal.

Dos de las tres grandes aperturas en la vertiente sur que faltan por citar tienen protagonistas polacos. En 1981, Maciej Berbeka y Boguslaw Probulski ascendieron el pilar este de la cara sur hasta la cima central (8.051 m), firmando uno de los mayores momentos de la historia del himalayismo. Berbeka, auténtica leyenda y uno de los grandes nombres de la conquista de los ochomiles en la estación más fría, contaba con las primeras invernales al Manaslu, en 1984, y al Cho Oyu, apenas un año después. Pero su reto pendiente era el Broad Peak, así que cuando el alpinismo polaco decidió reclutar a sus mejores jóvenes para escalar los ochomiles del Karakórum, se sumó al reto. Galones no le faltaban, pese a que contaba cincuenta y ocho años de edad. El 5 de marzo de 2013, cuatro escaladores polacos conquistaron el Broad Peak. Berbeka estaba entre ellos, pero no logró descender.

En 1988, los también polacos Artur Hajzer y Jerzy Kukuczka escogieron un espolón de roca que desde la cara sur asciende hasta la arista este y desde ahí hasta la cima este (8.013 m). Si Kukuczka ya formaba parte del olimpo himaláyico, Hajzer le iba a la zaga. El primero fallecería un año después en la sur del Lhotse, y el destino encontraría a Hajzer mucho más tarde, en 2013, cuando resbaló en el Gasherbrum I.

La última apertura tiene nombre y apellido eslovenos: Tomaz Humar. Siguiendo una línea paralela a la de los polacos de 1988, Humar alcanzó en solitario la cima este… señalando quizá el camino que seguiría Ueli Steck. Dos años después, el genial y desenfadado esloveno moriría en el Langtang Lirung. Apenas tenía cuarenta años.

Los once alpinistas desaparecidos habían firmado buena parte de las mejores páginas del himalayismo, siempre con una característica común: su empuje y visión permitieron dar saltos de gigante a una disciplina en la que el único freno es la muerte. Cabe preguntarse por qué murieron estos alpinistas de élite, actores de épocas diferentes con una misma montaña como nexo de unión. La cara sur del Annapurna es uno de los teatros sagrados del himalayismo de vanguardia, un lugar reservado a unos pocos, uno en el que sobrevivir nunca está garantizado. Muchos de los que superaron este reto murieron en otros sitios. No cabe explicación matemática o racional alguna: si existe un destino escrito, este se ceba con muchos alpinistas, sin importar su pedigrí. Resulta curioso comprobar que en el origen de estos accidentes mortales se dan circunstancias que nada tienen que ver con la destreza de las víctimas, que a menudo caen arrastradas por detalles de mala fortuna. De estos once alpinistas mencionados, todos fallecieron en la montaña salvo Bohigas y el inclasificable Don Whillans, que se apagó en su cama devorado por la cirrosis. Justificaba su querencia por la botella explicando que tenía pánico a la deshidratación.

El año en que Kurtyka y Schauer
«asesinaron» el alpinismo

El 20 de julio de 1985 es una fecha anodina, si bien durante décadas muchos la celebraron como el día en que el alpinismo fue asesinado. Aquel lejano día, Voytek Kurtyka y Robert Schauer completaron la ascensión de la cara oeste del Gasherbrum IV (7.932 m), alcanzaron su arista somital y, al borde del agotamiento y con una tormenta a punto de estallar, decidieron no alcanzar la cumbre de la majestuosa montaña. Pese a esto, muchos siguen celebrando y recordando todos los años la que fue calificada como la «escalada del siglo».

Los datos objetivos de la ascensión, aun siendo escalofriantes, apenas revelan la envergadura psicológica del reto, el nivel de estrés, de incertidumbre y de violencia que padecieron ambos alpinistas. El polaco Kurtyka y el austriaco Schauer permanecieron once días en la montaña, soportaron siete vivacs por encima de los 7.000 metros y dos más a 6.900. Aguantaron un par de esas noches a 7.800 metros en mitad de una tormenta de nieve, sin poder moverse, así como tres días sin comer y otros dos sin beber. Dejaron el campo base cargados con sendas mochilas de unos diecisiete kilos que incluían una cuerda, material de autoprotección, sacos de dormir, ropa extra, una funda de vivac, comida para cinco días, hornillo y gas. Es decir, puro y genuino estilo alpino: ni porteadores, ni cuerdas fijas, ni tienda de campaña, ni ayuda externa, y todo esto en una época en la que la norma era asediar las montañas con cantidades ingentes de participantes y material.

A nadie se le escapa que el verdadero motor de aquella ascensión fue Kurtyka, un personaje sumamente enigmático, alguien al que muchos describían con admiración sin acertar a expresar qué lo hacía tan especial. Todos destacaban su sensibilidad, su inteligencia, su capacidad para adoptar una frialdad que ni el hielo igualaba. Pero no circulaban textos escritos de su mano. Ni entrevistas. Puede que existiesen en polaco, pero no había rastro de sus impresiones traducidas al inglés o al castellano. Cuanto menos encontraba acerca de su figura, más me intrigaba. No era solo lo que había escalado, sino su personalidad esquiva lo que me interesaba. Al fin, en 2019, se tradujo al castellano su primer y, hasta la fecha, único libro, *El maharajá chino*, sorprendente obra autobiográfica centrada no en sus hazañas en el Himalaya, sino en su vida cotidiana y en su relación con el miedo. La publicación de aquel libro dio pie a que pudiese entrevistarlo: sus propósitos estuvieron, por supuesto, a la altura de lo esperado, revelando a una persona de enorme inteligencia y sensibilidad. Al preguntarle por el miedo como motor de su actividad en las montañas, respondió: «Creo que, con independencia del nivel intelectual y de la sensibilidad de cada uno, las personas, de manera instintiva, necesitamos enfrentarnos a nuestros miedos. Si nos dejamos vencer por ellos, nos sentimos humillados. Hasta los animales reaccionan con agresividad ante el miedo. Este enfrentamiento nace de la dignidad que está impresa en nuestra naturaleza. Estoy convencido de que fue precisamente esta fuerte necesidad de enfrentarme a mi propio miedo, unida a la admiración por las montañas, la que me lanzó a la difícil búsqueda de la belleza y el misterio de tantas paredes y aristas. Si verdaderamente amo algo, ¿no sería indigno sucumbir al miedo que me aparta del objeto luminoso de mi deseo? Este es el origen de mi naturaleza como alpinista».

La cara oeste del Gasherbrum IV observa dos mil quinientos metros de verticalidad y se conoce como la «pared resplandeciente» porque la roca de su zona central, de aspecto marmóreo, brilla con el sol del atardecer. Subyugado por esa belleza desde que estuvo a sus pies en 1976, Voytek Kurtyka vivió obsesionado con encontrar un camino entre los muros de aspecto compacto, con dibujar un trazado que aunase estética, ética y compromiso. Kurtyka, quien se definía a sí mismo como el «cobarde definitivo», poseía una intuición que le recomendó, a menudo, retirarse de sus empresas. A cambio, ni él ni sus acompañantes sufrieron jamás accidente alguno, y esto durante la época dorada del himalayismo polaco, en los años ochenta, tan célebre por sus hazañas como por la pérdida de sus mejores alpinistas. Pero en el Gasherbrum IV no estaba dispuesto a abandonar, ni siquiera cuando comprobó horrorizado el carácter compacto de la roca, la obligación de escalar encordado sin apenas seguros fiables que detuviesen una caída: el desliz de uno arrastraría a su acompañante hacia la muerte. La concentración necesaria para avanzar sin cometer errores, para buscar protecciones más psicológicas que efectivas, para descifrar el itinerario, enseguida ralentizó dramáticamente su avance. Las horas caían como losas, con el peso de la tensión. Cada problema solucionado les concedía unos minutos de alivio antes de afrontar el siguiente, y al final de cada jornada el premio consistía en dormitar sentados en exiguas repisas, racionando los víveres, torturándose de antemano con las dificultades que hallarían al amanecer. Sin posibilidad alguna de retirarse, su única apuesta pasaba por alcanzar la arista noroeste y descender siguiendo su filo, pero la incertidumbre de verse bloqueados por las dificultades técnicas o por la llegada del mal tiempo, o de sufrir una caída, taladraba sus mentes. Apenas les rozaba el sol unos minutos cada día. Apenas dormían. En circunstancias normales, solo el escalador que lidera la cordada pasa miedo, teme la caída, mientas que el que asegura se siente a salvo en la reunión. Pero cuando el primero no puede colocar seguros que frenen su caída y la reunión es tan mediocre que no soportará el peso de dos cuerpos, el terror se comparte y agota a ambos actores. Así, la mente nunca reposa, el miedo a morir crece y crece y la única solución es huir hacia arriba sin tregua, sin poder decir basta, unidos los dos en un complejo equilibrio donde la concentración y la técnica tienen que soterrar la llamada de la clemencia.

El protagonista de la novela de Kurtyka, él mismo, se debate entre la necesidad de escalar y la repugnancia que ello le supone. ¿Es posible dedicarse en cuerpo y alma a algo que suscita sentimientos tan encontrados? El alpinista polaco no duda al responder: «¿No lucha con valentía el soldado, pese al miedo? ¿Recuerda la crisis de conciencia que sufre el sheriff en *Solo ante el peligro*? Los retos verdaderamente difíciles suelen ir acompañados de dilemas», cierra con elegancia. Esto es, al mismo tiempo, un enganche con la vanidad, el otro poderoso motor del alpinismo. «El ego supone un obstáculo para experimentar la unidad con el mundo y con la realidad. Creo que esta sensación de unión que tuve por primera vez en la montaña constituye mi activo más preciado y un refuerzo constante. Cuando lo pierdo, me convierto en un náufrago sin isla. Nada nos separa de la realidad tanto como un ego fuerte, es la antesala del infierno. En cambio, el miedo espero que no desaparezca nunca. Si desapareciera el resorte que hace vibrar nuestra mente, ¿qué quedaría? El miedo puede ser también la expresión de nuestras preocupaciones. Sin él, ¿quién se preocuparía por la suerte del mundo?».

El 18 de julio, la cordada alcanzó un terreno más amable que conducía rápidamente a la arista, su puerta de salida. Pero esa tarde comenzó a nevar, siguió nevando toda la noche y el día siguiente. Estaban atrapados sin comida ni bebida, y su única posibilidad pasaba por aguantar más que la tormenta. Las alucinaciones son frecuentes en altura, en estados de hipoxia y desnutrición. La mente dibuja a compañeros imaginarios con los que uno puede incluso llegar a dialogar. Tanto Kurtyka como Schauer afirman que tuvieron la compañía de un «tercer hombre» mientras duró su espera, sentados, sin moverse durante dos noches y un día. Lo único que podían hacer era reflexionar, y los pensamientos de Kurtyka enseguida derivaron hacia la muerte, que le parecía inminente. Después de tanta lucha, aceptaba su destino y deseaba ser plenamente consciente de él. ¿Pero era Schauer consciente de lo cerca que estaba de su final? De pronto, Kurtyka se obsesionó con una idea. Schauer debía comprender su situación, así que, después de vacilar, se atrevió a iniciar el diálogo, aunque no llegó a formular su pregunta puesto que este le interrumpió de inmediato: «Sé lo que piensas. Yo estoy preparado para esto. No te preocupes».

En cambio, cuando le pregunté acerca de la idea que tenía de la muerte, Kurtyka respondió con una chanza: «¿Es que cree que vamos a morir? ¡Qué extraordinario, qué interesante! Pero ¿qué quiere decir en realidad? Mi curiosidad crece por momentos. Hace tiempo un médico inepto me diagnosticó, erróneamente, un tumor. En un mes me mentalicé para abordar mi última escalada. El cambio de perspectiva fue tan radical que, cuando se demostró que el médico era un necio y yo estaba del todo sano, ¿sabe lo que experimenté? Una triste decepción».

Sentado, semienterrado en la nieve, Kurtyka comprendió el significado de la muerte. Aún hoy agradece la experiencia, que le preparó para cualquier contingencia vital. Cuando cesó la tormenta y el cielo se despejó, el frío les devolvió la vida y lograron salir de sus tumbas. Al alcanzar la arista, sus miradas se desviaron hacia la cumbre tentadoramente próxima, al alcance de unos pocos pasos más, pero ambos sabían que nunca bajarían vivos. Así, sin hablar, enfilaron sus pasos hacia abajo. Las alucinaciones pronto regresaron, pero, de un modo sorprendente, fueron capaces de tomar en todo momento las decisiones más conservadoras, pese a que sus cerebros trabajaban en dos planos diferentes. La necesidad de descender era tan apremiante que lo lógico hubiera sido una retirada precipitada e irreflexiva, pero habían aprendido a sobrevivir y no iban a olvidarlo. Los alpinistas más admirados son aquellos que logran burlar a la muerte.

Para muchos compañeros de hoy en día, la ascensión de la cara oeste del Gasherbrum IV «asesinó el alpinismo»: nunca nadie podrá rivalizar con esa gesta y nada igualará la pureza, el valor y el compromiso psicológico de la misma. Sencillamente, parece no existir un límite más allá del alcanzado por aquella cordada.

Durante años, Kurtyka sufrió por no haber alcanzado la cumbre, mientras que Schauer entendió que el hecho de haber recorrido la pared oeste dejaba en segundo plano la guinda de la cima. Antes de esta increíble ascensión, nunca habían escalado juntos y apenas se conocían. El polaco escogió al austriaco por pura conveniencia: era fuerte, experimentado en altura y tenía recursos económicos. Jamás volvieron a moverse juntos y a Kurtyka le molestó el punto de vista de su compañero respecto a su escalada. La decepción por no haber completado la misión avinagraba el éxito de la ascensión y deprimía al polaco.

Kurtyka parecía entonces incapaz de liberarse de sí mismo. «Cada persona crea su propia estructura de valores y su propia idea del rol que desempeña. Si lo que has creado es una sandez, acabará haciéndote daño. Es doloroso darnos cuenta de nuestros errores. Creo que muchos experimentamos durante la escalada breves momentos de liberación de nosotros mismos. ¿No son verdaderamente libres el bailarín o el cantante cuando se entregan por completo a su arte? Podríamos preguntarnos cómo seríamos si estos instantes de liberación pudieran durar para siempre. Por supuesto, yo también he experimentado estos momentos de liberación de mí mismo, pero cómo prolongarlos sigue siendo un reto sin resolver. En la montaña, he sentido en ocasiones un vínculo muy fuerte, o quizá sería más correcto decir "unión", con la realidad circundante: la naturaleza, el espacio y la luz. Más adelante, volví a experimentar esta sensación en circunstancias cotidianas: en el jardín o en el bosque, escuchando música o mirando a los ojos de la persona querida. Valoro estos momentos porque la sensación de unidad fortalece e infunde ánimo, aunque, por supuesto, estoy lejos de ser un iluminado. La dimensión corporal nos limita y nos obliga a renunciar a la libertad, porque hace demasiado calor o frío, porque duele, porque hay personas que nos esperan...».

Con el paso del tiempo, y mientras la comunidad alpinista se deshacía en elogios, Kurtyka aprendió un nuevo enfoque: la belleza de la imperfección.

El círculo fatal de una obsesión

El martirio de escalar los catorce ochomiles del planeta en invierno fue un invento de los alpinistas polacos imaginado a finales de los años setenta del siglo xx y perpetrado por vez primera el 17 de febrero de 1980, en el Everest. Polonia no había participado en la conquista de los catorce picos más elevados sencillamente porque sus alpinistas carecían de libertad para salir a explorar el planeta. Cuando el régimen comunista empezó a perder fuelle en la década de 1980 y los montañeros polacos pudieron asomarse con cierta libertad a un mundo que les resultaba parcialmente desconocido ya era tarde para casi todo, pero no para inventar retos inopinados. «Seremos los primeros en escalar las catorce montañas más elevadas del planeta en invierno», se dijeron. La inercia de aquel desafío se mantuvo hasta 1988. Después, la nada. Escalar ochomiles en invierno dejó de ser una actividad interesante, quizá porque el Himalaya más técnico esperaba aún la llegada de una revolución y un cambio de estilo, de pesado a ligero. Pese a esto, Polonia se adjudicó en invierno, y por este orden, las cimas del Everest, el Manaslu (1984), el Dhaulagiri (1985), el Cho Oyu (1985), el Kanchenjunga (1986), el Annapurna (1987) y el Lhotse (1988), fijando de paso las leyendas de Maciej Berbeka, Jerzy Kukuczka o Krzysztof Wielicki.

En 2009, sin embargo, el italiano Simone Moro rescató del olvido esta práctica y decidió atarse, cómo no, a un alpinista polaco, Piotr Morawski, para retomar la senda de las invernales. La pareja escogió el Shisha Pangma, y las dotes de comunicador de Moro hicieron el resto: había que terminar el trabajo iniciado por los polacos y «solo» quedaban para finalizar el reto los cinco ochomiles ubicados en el Karakórum y el Makalu, en Nepal. Moro no se quedó ahí: en 2009 se apuntó el Makalu y giró hacia Pakistán, donde el 26 de febrero de 2016 escaló el Nanga Parbat junto con el paquistaní Ali Sadpara y al vasco Alex Txikon. Moro, con cuatro primeras invernales, parecía polaco, y su ejemplo no hizo otra cosa que reavivar la llama de los propios alpinistas que habían originado la tendencia y que, tras revisar su fondo de armario, rescataron del olvido a figuras como Maciej Berbeka o Krzysztof Wielicki y crearon un equipo y una estrategia donde cabían las viejas leyendas y los jóvenes prometedores, como Adam Bielecki.

Tuve la ocasión de conocer a Krzysztof Wielicki en Bilbao, en una edición del festival de cine de montaña de la capital vizcaína a la que acudió como ponente de una charla sobre himalayismo invernal. Su exposición sirvió para contextualizar con exactitud uno de los episodios más especiales de la historia del montañismo, y más teniendo en cuenta que fue él quien logró la primera invernal al Everest (junto a Leszek Cichy), inaugurando un sueño que concluiría en el K2, en 2021. «Los polacos siempre íbamos a la alta montaña con el desafío de hacer historia. De hacer algo nuevo. De escribir una página nueva en la historia del himalayismo. Nos apuntamos a esa aventura porque suponía para nosotros la posibilidad de viajar, de conocer el mundo y de sentirnos libres. La dramática historia de nuestro país, que al acabar la Segunda Guerra Mundial se encontraba bajo el régimen comunista y con las fronteras bloqueadas por el Telón de Acero, nos privó de muchas cosas, como, por ejemplo, de poder explorar las mayores cimas entre los años cincuenta y ochenta del siglo XX. Un polaco no podía viajar al extranjero porque no teníamos pasaportes ni tampoco medios. Pero éramos inquietos y curiosos. Por eso a Andrzej Zawada [líder de las tres primeras expediciones invernales] se le ocurrió escalar los ochomiles en invierno y escogió las montañas más altas como un desafío. Cuando hicimos cima en el Everest en el invierno de 1980 y demostramos que era posible adquirimos mucha fuerza mental y mucha confianza en nuestras posibilidades. El éxito fue muy importante para nuestro equipo, porque pensamos que, si habíamos llegado al pico más alto, tal vez deberíamos intentar los ochomiles más bajos. Nos vimos capaces de hacerlo. Nos sentimos libres en la montaña. Libres y fuertes. Por eso durante una década hicimos siete de los catorce ochomiles en invierno y nos convertimos en los "guerreros del hielo", como nos describían nuestros amigos extranjeros. Nuestro desafío era hacer historia y todos queríamos formar parte de la Historia. Con mayúscula. La página del libro del Himalaya en invierno estaba vacía, nadie la había escrito antes. Nosotros lo hicimos, y ahora la sigue escribiendo otra gente», resumió en una conversación que se extendió durante casi un par de horas. Mientras hablaba, trataba de imaginarlo en la cima del Everest, con temperaturas negativas de casi cincuenta grados, con un compañero tan joven como él y tan asustado frente a un descenso que no veían claro cómo afrontar sin sucumbir a las congelaciones que ya empezaban a insinuarse en sus extremidades. Miré y remiré a Wielicki deseando encontrar una señal que indicase de dónde había sacado ese hombre, ahora mayor, la fuerza para soportar lo que había padecido en la montaña. No vi nada especial, pero sí cierto orgullo, la alegría del que ha sabido escapar de un régimen que le impedía soñar.

Cuando se produjo nuestro encuentro, habían pasado algo más de tres décadas desde su conquista del Everest, tiempo suficiente para que, ahora, resultase más sencillo escalar un ochomil en invierno. Wielicki, tras este comentario, se quedó un rato pensativo, como si no lo tuviese tan claro. «Para mí hay algo que es más importante que la vestimenta y las herramientas, que son más ligeras: la posibilidad de tener la conexión con el campo base, con el mundo, entre los escaladores, etc. Las técnicas que permiten planificar el ataque, saber las condiciones meteorológicas, que llega la ventana de buen tiempo. Porque en invierno puedes tener dificultades para encontrarla. Normalmente tienes ventanas de un día, máximo dos, en las que puedes escalar. Por lo tanto, necesitas unas previsiones muy estrictas. Las nuevas tecnologías ayudan a preparar la logística del ataque. Y también hacen que las ascensiones puedan ser más seguras. Al Everest subimos con un radioteléfono que pesaba tres kilos, y tenía ganas de desprenderme de él, porque ahí arriba parece que todo pesa aún más. Pero ahora, viendo las imágenes y escuchando las palabras que pronunciamos en la cumbre, me alegro de no haberlo tirado por el camino.

Me resulta muy emocionante ver y oír la reacción de los compañeros que estaban en el campo base cuando les preguntamos: "¿Sabéis dónde estamos?". La alegría y el compañerismo que experimentamos me emocionan siempre».

Justo un año antes de celebrar esta entrevista, los también polacos Janusz Golab y Adam Bielecki habían firmado la primera invernal al Gasherbrum I (8.090 m). Polonia recuperaba su lugar en la carrera por completar las ascensiones en la época más fría del año. Se corrió la voz de que Bielecki, un joven desconocido, había sido el motor de la hazaña, la clave del éxito, así que un poco en torno a su figura se organizó una expedición para el invierno del año 2013 con la intención de escalar el Broad Peak (8.047 m). La idea pasaba por crear un equipo que mezclase juventud y veteranía, con el propio Wielicki dirigiendo la marcha desde el campo base, sin pisar la montaña. El otro veterano del equipo se llamaba Maciej Berbeka, y también era conocido como una leyenda… desaparecida desde hacía décadas, si bien seguía escalando y trabajando como guía de alta montaña.

Si la vida, como suele decirse, discurre en círculos, la circunferencia vital del polaco Maciej Berbeka fue diseñada por una montaña, el Broad Peak. La historia grandilocuente del alpinismo esconde relatos sublimes y anónimos en los que gloria, vergüenza, dolor y pasión se mezclan de forma casi novelesca.

En 1988, el himalayismo polaco vivía años desenfrenados: sus especialistas se habían adjudicado en la estación más fría casi todos los ochomiles de Nepal y se giraron, voraces, hacia los cinco ubicados en el Karakórum de Pakistán. Empezaron por el K2 (8.611 m), pero fue demasiado, y cuando se intuía un fracaso en la segunda montaña más elevada del globo, dos de los integrantes del equipo que asediaba la cima, Maciej Berbeka y Aleksander Lwow, pidieron permiso para intentar el vecino Broad Peak con lo puesto. Su campo base estaba apenas a dos horas del campo del K2, así que, teniéndolo tan a mano, parecía una lástima no probar suerte. En pleno invierno, con una mochila por cabeza, sin cuerdas fijas, ni sherpas, ni oxígeno embotellado, ni otra cosa que su voluntad, se lanzaron ladera arriba en un estilo impecable, valiente, desnudo. Tanta exposición fue demasiado para Lwow, quien prefirió abortar el ascenso. Berbeka no encontró motivos para renunciar, alcanzó el collado que separa la cima central de la verdadera y siguió escalando, pese al viento y al frío inhumanos, sin ver casi nada. De pronto, el suelo perdió inclinación: tenía que estar en la cima. Así lo anunció a sus compañeros a través de la radio; estos le felicitaron e imploraron que descendiese de inmediato. Su vida dependía de ello.

En el campo base sabían que los tiempos de ascenso no se correspondían con la longitud y dificultad del terreno. Berbeka no estaba en la cima, sino en la antecima, diecisiete metros más abajo, pero a una hora de marcha hasta el punto culminante. Escogieron mentirle, a sabiendas de que trataría de seguir, aunque perdiese la vida en el intento. Durante su complicado descenso, Berbeka pasó dos noches en un agujero en la nieve y bajó en las últimas gracias a su determinación y experiencia y con la ayuda de sus compañeros, quienes no supieron mirarle a la cara y reconocer que le habían mentido. Cuando la verdad salió a la luz, tres meses después, Berbeka creyó enloquecer. En ese momento era una de las grandes estrellas del himalayismo polaco con dos primeras invernales a ochomiles: el Manaslu, en 1984 (con Ryszard Gajewski), y el Cho Oyu, en 1985 (con Maciej Pawlikowski). No tenía nada que demostrar, salvo que no era un mentiroso, ni un fraude. Pero su reputación, a sus ojos, quedaba maltrecha, una mancha que lo perseguiría de por vida y que lo alejaría de las expediciones nacionales polacas. Sin embargo, nada lo apartó de la montaña: escalaría el Everest y el Annapurna y trataría de conquistar en invierno el Nanga Parbat, hasta que a principios de los años noventa del siglo xx se retiró de la escena internacional para centrarse en su trabajo como guía de alta montaña.

En 2010 resurgió en Polonia el fervor por conquistar nuevos ochomiles en invierno, y se creó entonces el Winter Polish Himalaya, un equipo con vocación de mezclar la pujanza de los jóvenes con el conocimiento y la experiencia de los pioneros que aún seguían con vida. De pronto, en 2013, Berbeka se vio ante una oportunidad única de regresar al Broad Peak. Tenía cincuenta y nueve años, veinticinco más desde que había confundido cima con antecima. Veinticinco años masticando una desazón, un sentimiento de vergüenza tan injusto como irracional. Creía que había llegado la hora de cerrar un círculo. Un círculo que había sido una soga que le asfixiaba por las noches.

El 5 de marzo de 2013, cuatro alpinistas polacos alcanzaron por turnos la cima del Broad Peak, sin equívocos esta vez: nadie lo había logrado hasta esa fecha. Solo dos sobrevivieron. Esa noche, Adam Bielecki y Artur Malek esperaron hasta la desesperación el regreso de Maciej Berbeka y Tomasz Kowalski a la tienda del último campo de altura. Su descenso fue mucho más una huida hacia la vida que otra cosa. La noticia supuso una verdadera conmoción en un país acostumbrado a venerar a sus héroes. También derivó en una agria polémica. ¿Acaso no deberían haber ido los cuatro alpinistas de la mano? ¿No se esperaban unos a otros? ¿Por qué no abortaron cuando supieron que llegarían casi de noche a la cima? Las preguntas señalaron especialmente al joven Bielecki, el más rápido en subir y en regresar a la tienda del último campo de altura. «¿Quién soy yo para decirle a una leyenda del alpinismo lo que ha de hacer? Creo que nadie hubiera impedido que Maciej alcanzase la cumbre», me explicó cuando lo entrevisté también en Bilbao en 2014.

Aquel fatídico día en el Broad Peak los cuatro alpinistas desoyeron los consejos dictados desde el campo base por Krzysztof Wielicki. Avanzaban con demasiada lentitud. Entonces, decidieron desencordarse y buscar la cima por separado. Con la cima en su bolsillo, Bielecki se cruzó en el descenso con sus tres compañeros. «Pensé en disuadirlos, en decirles que tenían que bajar conmigo, pero no lo hice y ahora me arrepiento. Recuerdo que me giré y los vi muy cerca de la cima; miré al sol, vi que se estaba poniendo y pensé que estábamos con la mierda hasta el cuello y que íbamos a bajar de noche, así que mejor bajar todos con la cima, porque unos minutos de más o de menos no iban a alterar nuestra realidad. Lo mejor hubiera sido convencerlos, pero no lo pensé. Sigo sin saber si tengo derecho a forzar a alguien a abandonar en su camino a una cima. Es duro asumirlo», reconocía. Cuatro meses después encontraron el cuerpo de Tomasz Kowalski cerca del collado, a unos 7.900 metros de altitud. Se cree que el de Maciej Berbeka se halla al fondo de una grieta vecina, muy cerca de los pensamientos oscuros que lo mantuvieron anclado al Broad Peak durante veinticinco años.

El destino trágico de Alison Hargreaves
y Tom Ballard

Ciertas historias se convierten en algo que llevamos puesto, una compañía que no siempre incomoda, una intermitencia invisible a ojos ajenos, unos flashes en el cerebro que se disparan mientras conducimos, nos cepillamos los dientes o paseamos distraídos al perro. Duran años, puede que toda la vida, y no hay nada que podamos hacer al respecto para arrinconarlas. La historia de Alison Hargreaves no puede ser contada sin emparejarse con la de Tom Ballard. Y a la inversa: la tragedia de Tom Ballard no tendría el mismo significado si no conociésemos la de Alison Hargreaves. Que fueran madre e hijo, alpinistas ambos, explica en parte por qué su vida y su muerte forman parte imborrable de mi subconsciente, donde la historia está instalada en mi cabeza desde agosto de 1995. Debería haber caducado después de su epílogo, en marzo de 2019, pero el tiempo discurre y sigue aferrada a mi recuerdo.

Pasé buena parte de aquel verano en Huesca. La prensa local, sin partidos de fútbol en el horizonte inmediato, estaba volcada en una expedición oscense al K2, que en aquella época aún era una aventura para alpinistas de verdad. A fuerza de leer a diario el periódico, empezaron a sonarme familiares los nombres y apellidos de Javier Escartín, Lorenzo Ortiz, Javier Olivar, Lorenzo Ortas, Manuel Avellanas, Pepe Garcés y Manuel Ansón, es decir, los alpinistas aragoneses que habían escogido la poco frecuentada vía Cesen (también conocida como «de los vascos») para alcanzar la cima del K2. De los siete citados, los tres primeros jamás regresaron. Un viento huracanado los arrancó, literalmente, de la cima del K2 el 13 de agosto. La noticia cayó sobre Huesca un día o dos después. En sus calles, la fiesta de San Lorenzo (el patrón de la ciudad) quedó en suspenso: una tragedia particular había derivado en conmoción colectiva. Creo que fue la primera vez que comprendí la violencia de una muerte en montaña, el tránsito entre lo que podría considerarse un éxito y, sin embargo, deriva en una desgracia que va más allá de sus protagonistas.

En aquella época, por lo que a mí respecta, la montaña era un deseo sin concretar y la idea de escalar ni se me pasaba por la cabeza... Pero cuatro años después aterrizaría en el campo base del Annapurna, como si lo que había vivido en Huesca hubiese activado en mí un resorte oculto, irracional, pura ensoñación.

Junto con Javier Escartín, Lorenzo Ortiz y Javier Olivar también murieron el neozelandés Bruce Grant, el norteamericano Rob Slater y la británica Alison Hargreaves, todos a causa de la misma tormenta, que alcanzó ráfagas de hasta 160 kilómetros por hora y que esa noche destrozó casi por completo la tienda del último campo de altura, a unos 7.600 metros, donde Lorenzo Ortas y Pepe Garcés se habían refugiado. El viento se llevó sus sacos de dormir y la noche fue testigo de una descarnada pelea por salvar sus vidas. Regresaron al campo base con congelaciones en las extremidades y al límite de sus fuerzas.

Cuando conocí a Ortas, en 2009, Garcés también había fallecido (en otra montaña, el Dhaulagiri). Poco después le pregunté, con toda la delicadeza que fui capaz de reunir, por aquel fatídico 13 de agosto de 1995. «No descendíamos, tratábamos de huir de la montaña para seguir con vida. Sabíamos que algo terrible había ocurrido y temíamos la desgracia que más tarde se confirmaría. Primero vimos varias chovas [córvidos] volando, aterrizando y despegando de la nieve, y enseguida entendimos por qué: encontramos un impacto de sangre. Poco después dimos con la chaqueta floreada de Alison que tan bien conocíamos. Y al rato hallamos su arnés y una de sus botas», me explicó. Entonces recordé una escena muy similar. En 2002, llegando al campo 2 (6.400 m) de la ruta de los Abruzos, es decir, la vía desde la que se escaló por vez primera el K2, vimos volar bloques de roca por encima de nuestras cabezas seguidos de una mochila. Cuando levantamos la mirada, un cuerpo desmadejado giraba dibujando círculos perfectos en el aire como si se tratase de la hélice de un avión. Cada vez que tocaba la ladera helada, una nube roja de sangre señalaba el lugar del impacto antes de que el cuerpo volviese a imitar el movimiento de un aspa enloquecida. Se trataba del capitán Iqbal, un militar paquistaní que acababa de sufrir una caída definitiva. Recuperamos sus restos y los llevamos a hombros durante horas, por turnos, hasta Concordia, el lugar donde confluyen los glaciares Baltoro y Godwin Austen. Un helicóptero recuperó el cadáver. Ninguno de los que peregrinamos por aquel glaciar logró recuperar, en cambio, las ganas de pisar de nuevo aquella cumbre.

Por el momento, no se han hallado los cuerpos de los seis alpinistas que alcanzaron la cima del K2 aquel 13 de agosto de 1995. En lugar de una sepultura que visitar, sus familiares y amigos han de conformarse con un plato de aluminio con su nombre grabado que está depositado en el memorial Gilkey, una zona rocosa a unos centenares de metros del campo base del K2. Los días de viento propicio puede oírse con nitidez su sonido metálico tintineando contra la roca. Son los mismos platos que se usan en las expediciones a la hora de las comidas, empleados ahora como placas funerarias de fortuna donde se graban los nombres y apellidos y la fecha de la muerte de quienes caen en la montaña.

No sé muy bien por qué, pero un día empecé a indagar en la figura de Alison Hargreaves. Era una adelantada a su época, capaz de resistir casi todas las comparaciones con los hombres: era autónoma, podía escalar a un gran nivel y en altitud funcionaba con enorme solvencia, siendo incluso más rápida que los varones. Muchos siguen señalándola hoy en día como la alpinista más grande que jamás ha existido. Su determinación era legendaria. No sé si me sorprendió descubrir que la habían sobrevivido dos hijos, Kate y Tom (que habían cumplido cuatro y seis años, respectivamente, cuando ella murió), amén de su marido, James Ballard.

No me sorprendió en absoluto que fuese víctima de la hipocresía de género, la misma que ensalzaba la figura de un escalador aunque también fuese padre, pero criticaba con desdén la de una compañera en igualdad de condiciones. Por toda respuesta a esos reproches, Alison siguió su camino y dejó dibujado el de sus vástagos: pidió a su marido que en caso de accidente mortal propiciase una vida de libertad y naturaleza para ellos.

El suyo no había sido un matrimonio sencillo, sino más bien una relación plagada de idas y venidas, de altos y bajos. Cuando se conocieron, ella contaba dieciséis años y él casi le doblaba la edad. James era el dueño de una tienda de material de montaña y su jefe. Se casaron en 1988. Ese mismo año, embarazada de seis meses de Tom, escaló la cara norte del Eiger, una de las paredes más icónicas y lúgubres de los Alpes. Recibió numerosas críticas, pero zanjó la cuestión con una sola frase: «Estaba embarazada, no enferma». James, Tom y Kate la esperaban en el campo base del Everest cuando ella regresó triunfante de su cima en la primavera de 1995. Aquel éxito cambió sus vidas en un momento. Los cuatro vivían en Suiza, en un viejo Land Rover. Habían vendido su casa para obtener dinero con el que financiar la carrera de Alison. Dos años antes se había convertido en la primera persona de la historia en subir en solitario (y en una misma temporada, en verano) a las seis caras norte de los Alpes (a saber: Eiger, Grandes Jorasses, Cervino, Petit Dru, Piz Badile y Cima Grande di Lavaredo), proeza que apenas tuvo repercusión en su precaria economía de guerra. Pero con la cima del Everest al fin llegó el dinero suficiente para encauzar su carrera: Alison era la segunda persona, tras Reinhold Messner (que lo había logrado en 1980), que había conseguido escalar hasta el techo del planeta en solitario y sin ayuda de oxígeno artificial. Regresó a Reino Unido como una heroína. Tras un par de semanas de reposo, empaquetó de nuevo sus enseres para acudir a la cita con el K2.

En 2009, cuando conocí a Lorenzo Ortas, la vida de James Ballard volvió a alterarse por completo. De nuevo, en un *déjà vu* singular, vendió su casa y se lanzó a la carretera en una furgoneta para hacer realidad, en esta ocasión, los sueños de alpinista de su hijo Tom. Años atrás, en el otoño de 1995, la familia había viajado hasta el campo base del K2 para que los niños entendiesen el lugar en el que su madre había desaparecido y pudiesen esbozar algo parecido a una despedida. Tom llegaría a afirmar en varias entrevistas que no sabía hasta qué punto los recuerdos de su madre eran reales o se habían generado a partir de los relatos sobre su persona que había oído o leído. Lo que sí tenía claro era que deseaba, más que nada en el mundo, seguir sus pasos y, quizá, pisar la cima del K2, la última de su madre para, desde lo más alto, contemplar un mundo sin ella.

De entrada, Tom se enfrentó a los mismos problemas económicos que tanto habían dificultado la carrera de Alison: sin patrocinadores, no había dinero, y estos solo llegarían si demostraba ser un alpinista excepcional. Padre e hijo pasaron años viviendo en la furgoneta y en campings del arco alpino, como una extraña pareja involucrada en una tarea tan precisa que apenas necesita esbozar diálogos porque ha alcanzado la capacidad de vivir en silenciosa armonía. Los dos vivían al día, estirando al máximo sus ahorros y sus pequeños ingresos. La mayoría de las veces, Tom escalaba en solitario, mientras James se entregaba a su pasión por la escritura y la fotografía. El joven no tardó en florecer como un grandísimo y polivalente alpinista, alejado del radar de los medios especializados; un tipo determinado a escalar aquellas montañas que su madre nunca pudo conocer. Irónicamente, el reconocimiento y el final de su anonimato le llegarían tras repetir una de sus gestas: entre diciembre y marzo de 2015 (es decir, en pleno invierno) atacó en soledad las mismas seis caras norte que ella había completado en el verano de 1993. En ambos casos, fueron los primeros. La conexión entre ambos parecía milagrosa. El destino es otra cosa.

En el invierno de 2019, Tom Ballard se enfrentó por vez primera a una montaña de más de ocho mil metros de altitud. Para la ocasión escogió el Nanga Parbat y al italiano Daniele Nardi como compañero de expedición. Mejor dicho, fue este último quien lo convenció para que lo acompañara y poner así remedio a varios intentos frustrados.

La forma más directa y lógica de escalar el Nanga Parbat (8.126 m) desde su vertiente Diamir pasa por una ruta que tiene nombre, el espolón Mummery, pero ninguna ascensión registrada. Presenta tantos peligros objetivos (aludes de nieve, desprendimientos de masas de hielo y roca…) que la senda habitual los evita dibujándose bien a su izquierda. Aunque nadie ha podido ascender por este flanco de la pared, lo cierto es que dos personas la recorrieron en 1970… pero solo como una forma desesperada de descenso. Reinhold Messner y su hermano Günther habían alcanzado la cima desde la cara opuesta, llamada Rupal, pero, incapaces de bajar por donde habían subido, se lanzaron a la desesperada por la ladera contraria. Contra todo pronóstico, Tom Ballard y Daniele Nardi decidieron jugar a la ruleta rusa en el espolón Mummery.

Simone Moro, el alpinista que atesora cuatro primeras invernales en ochomiles (Shisha Pangma, 2005; Makalu, 2009; Gasherbrum II, 2011, y Nanga Parbat, 2016, junto con Ali Sadpara y Alex Txikon), conversó en su día con Reinhold Messner sobre aquel episodio: «Sabían que el descenso directo por el espolón Mummery era sencillo técnicamente, pero peligrosísimo. También me dijo que estaban muertos, así que volver a morir no podía ser mucho peor». Reinhold sobrevivió, pero su hermano Günther quedó sepultado por un alud justo en la zona donde desaparecerían, el 24 de febrero de 2019, casi medio siglo más tarde, Ballard y Nardi.

Uno de los escasos entretenimientos en el campo base del Nanga Parbat pasa por sentarse frente al espolón Mummery y esperar a que caiga un alud. «A veces caen tres al día —señala Simone Moro desde su residencia en Bolzano (en el norte de Italia), y recuerda—: Todos los alpinistas saben que escoger esa ruta es como jugar a la ruleta rusa, una forma de suicidio». La parte inferior de la vía queda totalmente barrida por los aludes de nieve, muchas veces provocados por la rotura de *seracs* que se desprenden del glaciar superior. No hay escapatoria posible.

Obviamente, tanto Tom Ballard como Daniele Nardi estaban al corriente del compromiso extremo que asumían en dicha ruta, especialmente en invierno, cuando las nevadas son copiosas. De hecho, ambos se quedaron solos cuando su compañero de expedición, el paquistaní Karim Hayat, se retiró al poco de arrancar. «Lo que dijo al llegar a casa —explica Moro— fue que prefería perder su sueldo antes que perder la vida».

Entonces ¿por qué siguieron con el plan establecido? Cualquier alpinista de élite asume tarde o temprano riesgos que escapan a su control, se expone a peligrosos objetivos, en un cara o cruz que coloca su actividad un peldaño por encima de lo que se conoce como simple deporte. Ballard y Nardi pretendían pasar por la parte inferior del espolón lo más rápido posible y situarse a una altitud cercana a los siete mil metros, en el *plateau* superior, fuera de peligro. Es el clásico juego del gato y del ratón. Confiaban en su suerte. No la tuvieron.

Simone Moro va más allá en su análisis: «No por ser alpinista tengo que dar la razón a los alpinistas. En mi opinión, esa ruta es impracticable y nadie, incluidos los jóvenes del futuro, debería tratar de escalarla. Estoy muy triste por Tom y Daniele, pero hay que sacar conclusiones. Daniele llevaba años persiguiendo el Nanga Parbat invernal, pero ya se ha escalado dos veces [en 2016 y en 2018], así que la única opción que podía concederle el reconocimiento era abrir una nueva vía y en invierno. Eso lo cegó. Convenció a Tom porque necesitaba a alguien de nivel a su lado. Él era un buen alpinista, como muchos, pero no excepcional, y a veces hay que saber escoger los retos cuando se busca cierta forma de notoriedad. Todos buscamos notoriedad, no es nada malo, pero hay que saber hasta dónde se puede llegar», analiza Moro, creador en 2003 de una nueva ruta al Nanga Parbat junto con Jean-Christophe Lafaille. Y aclara que lo más sencillo, en su caso, pasaba por callarse para ahorrarse un alud de voces críticas que lo señalaron por su aparente falta de sensibilidad. «Quiero que quede claro que comparto el dolor de los familiares de Ballard y Nardi, pero cuando leo u oigo que han tenido mala suerte tengo algo que decir al respecto: no han tenido mala suerte, estaban a sabiendas en un lugar muy, muy peligroso».

Lo cierto es que son pocos los accidentes en montaña que tienen que ver con la mala fortuna, más bien suceden a causa de decisiones equivocadas y errores técnicos y tácticos. Un alud no distingue entre un alpinista de élite y otro modesto.

Esta combinación de factores difícilmente convive con la ambición. En última instancia, un alpinista que llega a viejo no solo es uno bueno, sino uno al que la fortuna le ha sonreído. La milagrosa supervivencia de Reinhold Messner en el Nanga Parbat en 1970 se debe, en parte, a la mala suerte que se cebó con su hermano Günther.

Erhard Loretan y las montañas interiores

Las cuerdas se perdían en el vacío, engullidas por una niebla densa. El guía de alta montaña Reto Schild rapelaba con toda la precaución posible para no cometer errores mientras buscaba indicios en la pared helada, entre la nieve, el hielo y las rocas. Sabía lo que buscaba pero no quería encontrarlo. Sentía una enorme tensión en el estómago, un miedo que le cortaba el aliento. De pronto, lo vio. Y asumió que descendía hacia un drama. Se trataba de un cuerpo pequeño y enjuto tumbado boca abajo. La cabeza y el busto hundidos en la nieve indicaban a las claras que estaba muerto. No se trataba de cualquier muerte, sino del trágico final de Erhard Loretan, uno de los alpinistas e himalayistas más relevantes del siglo XX. El día de su defunción había sido también el de su cincuenta y dos cumpleaños. No demasiado lejos, otro cuerpo gemía, se movía levemente. Se trataba de una mujer unida por una cuerda. Habían sufrido una caída de doscientos metros. Era el 28 de abril de 2011. Rescatada con hipotermia severa pero no gravemente herida, la mujer se reveló como la pareja de Loretan, una jueza de treinta y ocho años llamada Xenia Minder. Ella lo había contratado por vez primera dos años atrás y desde entonces vivían un idilio. Esa mañana, le cantó por su cumpleaños en el refugio de Finsteraarhorn y después se acercaron con sus esquís de travesía hasta la base del Grünhorn, en el Oberland suizo. Después se encordaron, se colocaron los crampones y siguieron a pie por la arista sencilla. Erhard guiaba, pero cuando Xenia resbaló no acertó a retenerla; puede que la cuerda no estuviese tensa, que charlasen despreocupados y ella lo arrastró en su caída. Ambos resbalaron descontrolados por una pendiente severa, perdieron sus piolets, saltaron varios resaltes… Se cree que Erhard murió en el acto.

Diez años antes, en 2001, yo seguía resistiéndome a conocer internet. Trabajaba para *El País* desde 1998 pero puede decirse que la pereza podía conmigo, aunque cada vez se hacía más y más necesario descubrirlo. De hecho, no sabía ni por dónde empezar. Pedí ayuda al informático de la delegación del periódico en Bilbao, Santi Gallego, que se puso a teclear en mi ordenador y me colocó la página de Google ante las narices. «Pon algo que quieras buscar. El resto es magia», me dijo mientras se alejaba. Pude haber tecleado miles de cosas, pero escribí el nombre y el apellido de un himalayista admirado y del que deseaba conocer más: Erhard Loretan. Me costó media hora asimilar lo que Google arrojó: varios periódicos suizos se hacían eco de un asunto terrible, una historia que me noqueó. Loretan acababa de matar a su hijo de siete meses. Lo había sacudido brevemente para que dejase de llorar sin saber que las consecuencias de ese gesto tienen un nombre: «síndrome del bebé agitado». En recién nacidos menores de un año, la musculatura del cuello no soporta convenientemente el peso de la cabeza. Un cuerpo así, sacudido, puede sufrir graves patologías e, incluso, la muerte. El bebé, llamado Evan, presentó horas después problemas respiratorios y falleció en el hospital. Las circunstancias del suceso se conocerían años más tarde, pero incluso en ese momento, en el que la prensa local explicaba que Loretan había perdido los nervios ante el llanto incesante de su hijo, costaba no empatizar con la tragedia provocada por el alpinista. Las manos de un escalador tienen una fuerza desproporcionada, una fuerza que ni ellos saben medir. Pero, además, ¿quién no ha perdido nunca los estribos hasta llevar a cabo un gesto irreflexivo, un impulso fatal? Ese día sentí una enorme tristeza por el bebé, pero también por Loretan. ¿Cómo seguiría con su vida? Su compañera, Chantal, jamás lo culpó: siempre supo que había sido un accidente que no era preciso juzgar. La desgracia reforzó sus lazos, pero fue un espejismo. Sencillamente, él no soportaba haber fallado de manera tan grotesca a su pareja. Cerca de un año después se separaron para siempre.

El día del suceso, un amigo había querido llevarse a Loretan a esquiar, pero este le propuso que se lo pidiese a su pareja, también montañera, ya que él necesitaba unas horas de asueto. Loretan escogió quedarse con su bebé, al que adoraba, según relataron sus allegados. Pero la excursión se alargó y el pequeño rompió en un llanto desconsolado que parecía no tener fin. Alterado, el padre lo agitó uno o dos segundos fatales.

Apenas un año después, de regreso de una montaña en Nepal, vi acercarse por una media ladera una figura de pequeña estatura. La ropa le quedaba ancha, como si no existiese la talla adecuada donde alojar un cuerpo tan fibroso y consumido. Caminaba despacio, con la cabeza gacha, pero se trataba sin duda de un alpinista. No levantó los ojos al cruzarnos en el estrecho sendero, sino que dio un pequeño paso a un lado y siguió su marcha sin mediar palabra. Lo reconocí de inmediato. Me quedé clavado, giré la cabeza y tuve la tentación de seguirlo para decirle que entendía su dolor insondable. Era Erhard Loretan. Después supe que iba camino del Pumori, donde en compañía de unos clientes y de su pareja, Chantal, abriría una nueva vía en la cara norte. Solo encontraba un atisbo de paz en las montañas.

El primer Loretan, el que aún no había visto su vida estrellarse en un gesto fatídico, creció buscando a su padre, que dejó el hogar familiar cuando él apenas tenía tres años. Su mundo, entonces, se redujo a su madre, una italiana que había emigrado a Suiza buscando un empleo y se había casado con un suizo, y a su hermano mayor. De su padre, Erhard solo supo que le gustaba la montaña, como la que podía ver desde el apartamento en el que vivían los tres, con una modesta parcela herbosa comunitaria y un pequeño árbol. Empezó escalando ese árbol, y la literatura le permitió hacer lo propio con muchas montañas imaginarias. Tímido, de pocas palabras, la ausencia del padre le hizo sufrir, lo endureció. Los que compartieron con él su vida de alpinista lo recuerdan como alguien incapaz de engañarse o de engañar, ocurrente y risueño cuando estaba relajado, al regresar de sus retos; concentrado, huraño y casi mudo cuando la acción dominaba el escenario. Su capacidad de sufrimiento era legendaria. Su hermano, en cambio, jamás sintió la necesidad de acudir a las montañas. Sigue siendo un misterio desentrañar por qué la inmensa mayoría de las personas sienten indiferencia hacia los relieves de la naturaleza y otras, en cambio, se quedan enganchadas a ellos sin remedio.

Decidí escribir la historia que recogía la desgracia de Loretan. Ante el juez que instruía el caso, el alpinista suizo acusado de homicidio por negligencia insistió en que su nombre se hiciese público y con ello se propiciara que el gran público descubriese lo que es el síndrome del bebé agitado. Si al menos así podía evitar otra tragedia... Un año después de la muerte del alpinista, su última pareja, Xenia, ofreció una entrevista en la que reveló dos cosas: se sentía igual, tan culpable como él se había sentido respecto a su pequeño, responsable de su muerte. Si no hubiese resbalado... Si hubiera estado más atenta a las condiciones de la nieve... Si... También narró que, a la hora de escuchar la pena impuesta por el juez (cuatro meses de cárcel sin cumplir la condena y mil francos suizos de multa), Loretan dijo que aceptaría cualquier sentencia puesto que ninguna sería tan dura como la que él mismo se estaba infligiendo.

En su vida no hubo valles, tan solo enormes montañas de alegría y de dolor. Como alpinista fue una figura irremplazable, como himalayista, una leyenda. En la vida doméstica, sufrió como un perro. En el mundo del alpinismo, casi todos los avances se dan por comparación: llegan nuevas hornadas de escaladores, contemplan lo que se ha hecho en el pasado y reflexionan sobre cómo mejorarlo. Loretan tuvo en Reinhold Messner y Peter Habeler su espejo.

En 1975, Messner y Habeler escogieron el Gasherbrum I (8.080 m) para trasladar el estilo alpino a las montañas de más de ocho mil metros de altitud. Nadie lo había hecho antes. Fue una osadía revolucionaria, una declaración ética, un camino que seguir... que casi nadie ha seguido en los llamados «catorce ochomiles» del planeta. El estilo alpino consiste básicamente en mirar una montaña desde su base, atarse a un compañero y tratar de escalarla de la forma más rápida y autosuficiente posible. Es decir, prescindir de la enorme logística y parafernalia que aún hoy (y más de setenta años después de la conquista del Annapurna, el primero en ser vencido por el ser humano) se continúa empleando en los ochomiles. Así que se escala sin cuerdas fijas, sin campos fijos de altura, sin el trabajo de los sherpas, sin usar oxígeno artificial. Una mochila lo más ligera posible, una tienda ridícula, esterilla, saco, hornillo para fundir nieve, comida y material técnico. Igual que si uno se midiese con una cima de los

Pirineos o de los Alpes. Claro que había que apellidarse Messner para lanzar semejante órdago. De él hablaremos después. Inevitablemente. Loretan, claro está, tenía su idea, un guion para crear su propia leyenda.

En 1986 el alpinista suizo alcanzó la cima de su arte en la cara norte del Everest, concretamente en el corredor Hornbein. Si Messner trajo el estilo alpino, Loretan ideó el estilo «desnudo», una locura al alcance de unos pocos privilegiados con una estimable tendencia al masoquismo y al compromiso más exacerbado. La exposición prolongada a la altitud extrema debilita y mata. Para evitar semejante contraindicación, Loretan se dijo que, a más velocidad, menos riesgos. Para ir rápido era preciso ir ligero... Tanto que se deshizo de la cuerda, la mochila, la tienda, la esterilla, el saco, el hornillo... No prescindió de un compañero porque las penas se llevan mejor si tienes con quién discutirlas, así que Jean Troillet se convirtió en su pareja de baile desnuda. ¿Su estrategia? Escalar de noche, lo más rápido posible, para evitar sucumbir al frío, y descansar en las horas centrales de sol. El 29 de agosto, a medianoche, Loretan, Troillet y Pierre Béghin atacaron la pared. Béghin sucumbió, incapaz de seguir el ritmo, pero los dos primeros avanzaron hasta la cota de los ocho mil metros y aprovecharon el sol del atardecer para tomarse un respiro. Cuando llegó la noche, arrancaron de nuevo, pero cuatrocientos metros más tarde improvisaron un asiento en la pendiente y esperaron, tiritando como marionetas al aire, a que la luz del sol reapareciese. No bebieron ni comieron apenas porque su organismo no lo toleraba. Cuando alcanzaron la cima del Everest, el día era perfecto, no hacía frío, ni viento, ni existían razones para bajar. Habían invertido cuarenta horas en llegar hasta ese lugar único, habían gemido de agotamiento y sufrido alucinaciones. Pero en ese momento todo estaba en orden. Permanecieron allí arriba más de hora y media sin pronunciar palabra, sacándose fotos el uno al otro hasta acabar el carrete. Una mirada les bastó para entender que había llegado el momento de descender. Así Loretan dejaba atrás uno de los momentos más sencillos, plenos y felices de su existencia. Si el ascenso había sido una locura, no existen calificativos para definir el descenso. Basta decir que emplearon la misma ruta y que tardaron tres horas en llegar al pie de la pared. ¿Cómo? Se dejaron caer sobre sus traseros, resbalando como niños aferrados a su piolet a modo de timón y de freno. La nieve húmeda lo permitía, y cuando no era así destrepaban unos metros para volver a lanzarse sobre sus posaderas. Pierre Béghin había vivaqueado a mitad de camino y deseaba ir a cima al día siguiente. Dijo que se había cruzado con dos locos.

Igual que cuando había sido abandonado por su padre, Loretan se refugió en las montañas tras perder a su hijo. Dejó a un lado el Himalaya y se centró en su trabajo como ebanista y guía, aunque durante un tiempo nadie se atrevió a contratarlo. De los cuatro amigos con los que empezó a escalar, tres habían muerto en las montañas y su primera novia, alcanzada al azar por una roca, seguía viviendo en silla de ruedas. Pero el hecho de llevar a desconocidos a la montaña le hacía bien, le ayudaba a reconectar consigo mismo. Los que compartieron con él la última cena en el refugio coinciden: parecía feliz.

Un par de años antes de la desaparición de Loretan, entrevisté a Jean Troillet, amigo y cómplice de gran parte de sus enloquecidas ascensiones a los ochomiles del Himalaya. Juntos estrenaron una nueva ruta en la cara sur del Shisha Pangma (1990) en veintidós horas entre ida y vuelta, fundiendo a la leyenda Voytek Kurtyka, incapaz de seguir su progresión rabiosa. También escalaron juntos el Kanchenjunga el día en el que el francés Benoît Chamoux no solo perdió la carrera por ser el tercer hombre en escalar los catorce ochomiles (Loretan se haría con ese lugar en el podio), sino la vida. Por teléfono, hubo un silencio cuando pregunté a Troillet por su relación con Loretan. «Hace tiempo que no nos vemos, pero sé que ha vuelto a las montañas, guiando, y que eso le ha hecho mucho bien», confió. Loretan, que perdió a grandes amigos en las montañas, que vio morir en sus brazos al joven Pierre-Alain Steiner, jamás se apartó de su camino: las montañas eran su epicentro vital, una necesidad esencial, esa pasión que solo aquellos que la han conocido pueden justificar aunque no sean capaces, a menudo, de argumentar su origen. Explicar este tipo de necesidad, tan visceral como ardua de ubicar en el mapa emocional de las personas, es, en última instancia, el valor más destacado del alpinismo.

Conocer la vida del guía suizo, su relación con las montañas, me permitió entender algo sumamente básico: las cimas solo proporcionan instantes fugaces de paz. O de felicidad. Cada cual puede adjetivar dichas ocasiones como crea oportuno. No hay absolutos, tan solo una constante búsqueda. Llega un momento en el que buscar resulta tan importante como encontrar. Y algunos se enganchan al proceso, a sabiendas de que jamás darán con otra cosa que no sea una nueva excusa para volver a salir y seguir indagando. Los más afortunados hallan determinados momentos que justifican toda una existencia, instantes en los que la adrenalina, la presión, la necesidad y la urgencia desaparecen para dejar un hueco amplio, limpio y luminoso a la paz interior. En última instancia, ciertos alpinistas de lo extremo, los que se exponen en las montañas más allá de lo aparentemente razonable, parecen perseguir esa paz efímera, un instante de calma en la tormenta interior que los agita desde siempre. Loretan encontró esos instantes. No puedo sino imaginarlo en la cima del Everest, mudo, con la mirada perdida hacia el infinito, viéndose en realidad a sí mismo frente a un océano de montañas, casi todas interiores.

Iñaki Ochoa de Olza, carisma infinito

Conocí a Iñaki Ochoa de Olza en 1992, aunque aquel día nadie nos presentó. Asistí entre el público a una de sus charlas audiovisuales en la Universidad de Navarra y llegué incluso a hacerle una pregunta. La segunda vez que nuestros caminos se cruzaron, ocho años más tarde, nos íbamos al Everest. Huelga decir que, si alguien me hubiese anticipado ese futuro juntos mientras lo escuchaba hablar de sus expediciones en aquel salón de actos, no habría dado crédito. En 1992, mis posibilidades de conocer un día el Himalaya me parecían, más que remotas, quiméricas. Y hacerlo con Iñaki, al que admiraba, sonaba a ciencia ficción. En el año de los Juegos Olímpicos de Barcelona tampoco imaginaba que acabaría escribiendo artículos sobre alpinismo, y ni de lejos hubiera creído que trabajaría, al mismo tiempo, como guía de alta montaña. De hecho, suelo pensar que soy periodista porque quise y no supe (o no pude) convertirme en guía al cumplir los dieciocho. En lo que a mí respecta, en 1990 no sabía que en España podía uno ganarse la vida guiando. Mis padres tampoco (o, si acaso, se hicieron los despistados cuando se lo planteé), así que para no crear un conflicto familiar digno de la antigua Yugoslavia, escogí Periodismo y acabé en Pamplona, advirtiendo desde mi butaca que Iñaki parecía un tipo en paz, alguien que ha sabido encontrar el sitio exacto en la vida y que solo pide que lo dejen allí donde está. Tenía mil preguntas que hacerle para descubrir todos los porqués y los cómo de su vida, pero solo podía plantear una... Y lo que le comenté fue una tontería, intuyendo que las respuestas a mis pretendidas preguntas filosóficas se las quedaría para sí mismo. Salí de la charla con envidia y más que abrumado por la perspectiva de mi futuro en contraposición a la luminosidad que parecía irradiar él. Viajar a países lejanos, escalar montañas bellísimas, entrenarse, volver a empezar... La aparente sencillez de todo esto me seducía y contrastaba violentamente con mis expectativas más inmediatas: tres años de estudios aún por delante y un trabajo como reportero que se me antojaba tan lejano como las montañas que él acababa de exhibir.

A finales de aquella década se habían producido dos milagros en mi vida. El primero, llevaba un año escribiendo reportajes en *El País*. El segundo, no menos importante, era que había descubierto el Himalaya de la mano de Juanito Oiarzabal, nada amigo de Iñaki Ochoa de Olza, dicho sea de paso. Asistí a la cumbre de Oiarzabal en el Annapurna como mero espectador y cronista, pero aquel episodio tuvo un efecto tan lógico como esperado: deseaba más, mucho más. Mi experiencia en montaña se limitaba a las cimas que había conocido con mi padre, algunas en verano, otras en invierno, y apenas sabía manejar un piolet y unos crampones. Y aunque había empezado a escalar de tarde en tarde nunca me hubiese atrevido a decir que era un escalador, cuando menos un alpinista. En mi favor solo concurrían dos cosas: entusiasmo y una aceptable forma física heredada de mi pasado ciclista. Ese año, el norteamericano Conrad Anker encontró en la vertiente norte del Everest los restos momificados de George Mallory, pionero de los intentos de cima en el techo del planeta y desaparecido en circunstancias sin aclarar en 1924 junto con su compañero de cordada Andrew Irvine. La noticia abrió todos los telediarios y portadas del planeta porque casi de inmediato se filtró una fotografía del cadáver, boca abajo, la espalda al aire como una losa de mármol, una sola bota y un pie descalzo cruzado sobre ella. El hallazgo no hizo otra cosa que avivar el interés real de la búsqueda: dar con la Vest Pocket Kodak, la cámara que podría revelar la gran pregunta: ¿murieron después de alcanzar la cima?, ¿conquistaron el Everest veintinueve años antes de que lo hiciesen el apicultor neozelandés Edmund Hillary y el sherpa Tenzing Norgay?

No sé si el hallazgo tuvo relación con el hecho de que, con el cambio de siglo, coincidiesen en la misma vertiente norte o tibetana tres grandes expediciones españolas. Iñaki lideraba una de ellas y, desesperado como estaba yo por regresar, no se me ocurrió nada mejor que conseguir su número de teléfono, llamarle y pedirle un hueco en su grupo. Había preparado un largo discurso y, como último recurso, sopesaba seriamente la idea de suplicar. No hubo tiempo para peroratas. Descolgó, le dije mi nombre y me respondió: «Ah, sí, te leo. Me gusta. Y me han dicho que eres muy fuerte». Le dije que buscaba un sitio en su equipo y me dijo que lo tenía que someter a debate, pero que, por su parte, estaría admitido. Quedamos en que me llamaría próximamente y colgó. Los siguientes días no me separé del teléfono móvil ni en la ducha. Pero intuía que podía confiar en Iñaki, en su sinceridad. Podría decir en qué parte exacta de la pista que lleva al monte Artxanda sonó mi teléfono. Tiré la bici al suelo, miré la pantalla y contuve el aliento: «Está hecho, Oscar, te vienes al Everest», anunció Iñaki. No me conocía de nada. Pensé que se había apiadado de mi situación, que debía de ser alguien generoso y comprensivo con mi ansiedad y mi falta de recursos: no es fácil empezar en el mundo de la montaña cuando nadie a tu alrededor la practica. Nunca quise olvidar aquel gesto.

Los siguientes ocho años Iñaki se convirtió en un excelente amigo: dejó de ser un mito para transformarse en una persona de carne y hueso cuya compañía siempre me resultaba estimulante. Escalamos en roca, en hielo, practicamos esquí de montaña, incluso salimos a correr y compartimos expediciones al Everest, K2, Broad Peak y Nanga Parbat. Le conocí varias novias, pero una sola esposa, Cris Orofino. Estuvo en mi boda y tuvo que responder a todas las preguntas de mi padre y de sus amigos montañeros, que se lo disputaban con la ausencia de prejuicios que concede la edad madura. En 2023 se cumplieron quince años de su muerte y la fundación SOS Himalaya, que nació para ayudar en el desarrollo de aldeas de montaña de Nepal, organizó un encuentro conmemorativo al que no pude asistir. Me pidieron que escribiera unas líneas y mi único requisito, a cambio, fue que las leyese uno de los hermanos de Iñaki, Pablo. El texto no podía ser extenso, para no aburrir a los presentes, ni demasiado emotivo, porque mi idea era celebrar su recuerdo dejando arrinconada la tragedia de su muerte. Recordé una anécdota, y así empecé la narración:

Habíamos quedado para escalar en Etxauri, pero al llegar a la pared Iñaki estaba ya en plena faena, a diez metros del suelo, asegurado por Cris Orofino, que había sido su mujer y ahora seguía siendo su amiga. Impresionante. Nada más verme, me gritó: «¡¡Me he enamorado… y esta es la definitiva, de verdad!!». Miré a Cris y ambos estallamos en una carcajada. Conocía a Iñaki desde hacía apenas tres años y en ese lapso de tiempo se había enamorado definitivamente unas veinte veces. Lo mejor de todo es que se lo creía cada vez que lo enunciaba. El resto de nosotros, sonreíamos. Mentira: nos descojonábamos. Iñaki se fue hace quince años, y, poco tiempo después, una tarde, recibí una llamada de Cris Orofino. Me anunció que estaba embarazada, que iba a ser un varón y se llamaría Iñaki. Así, de sopetón. Un Iñaki se iba y venía otro. Lloré como un niño en cuanto finalizó la llamada. No sé si lloraba de alegría por Cris, por la conjunción astral o porque fue en ese preciso momento, meses después del fatal desenlace del Annapurna, cuando encajé realmente el agujero que Iñaki dejaba en mi vida. El mismo agujero que dejó en su familia, sus amigos y tantos otros. ¿Dónde han ido a parar estos quince años? Ni idea. Sé que, como todos, he seguido con mi vida, y una de las pocas cosas que han sido constantes en todo este tiempo es el recuerdo de Iñaki. Un recuerdo que arrancó con dolor y que ahora me visita con una sonrisa. Muchas veces me he preguntado qué diría Iñaki de la sociedad en la que ahora vivimos, de cómo doblamos el cuello estúpidamente para concentrarnos en la pantalla del móvil mientras la vida real discurre por los márgenes, se nos escapa. Me ha dado por imaginar muchas columnas o textos de Iñaki riéndose de sí mismo, de nosotros, de todo. También de las colas en el Everest. La verdad es que lo echo de menos. Echo en falta su perspicacia, su cantidad ingente de anécdotas, su risa, su ironía, el hecho de que pudiese hablar con él sin tener que hablar de montaña, su gusto por la lectura, su determinación para no salirse ni un metro del ideal de vida que tenía. Con el paso del tiempo, creo que he aprendido a admirar aún más su valentía. Hace falta ser valiente para no elegir una vida al uso, con hipoteca, matrimonio, familia, facturas y vacaciones en la playa. Siempre me recuerda al inicio de la película *Trainspotting*, cuando el protagonista aclara que eligió no elegir nada… salvo las drogas.

Iñaki eligió la droga de las montañas, que pueden matarte lentamente o a traición. Pero uno va y regresa porque, sencillamente, ha dado con su lugar en el mundo. Iñaki era capaz de muchas cosas, pero no de traicionarse: soñó una vida de montañas y vivió una vida de montañas. Se dice fácil, cuesta mucho más lograrlo, sobre todo cuando has de remar contra la corriente. No recuerdo a Iñaki como el gran himalayista que fue ni por sus ascensiones: lo recuerdo con una admiración creciente porque nos enseñó un tipo de valentía que no se aprende en la escuela, un valor que nace de las tripas y que solo busca vivir de acuerdo con una pasión, ni más, ni menos. Iñaki ha sido de esas personas a las que uno es incapaz de imaginar de otra manera, atado, viejo, desprovisto de una contagiosa alegría de vivir. Iñaki solía referirse al alpinista británico Alex MacIntyre, quien también murió joven y también en el Annapurna, para recordar una frase que no era suya pero que supo hacer propia: mejor un día como un tigre que cien como una oveja. Iñaki vivió todos los días como un tigre con la sencillez con la que las ovejas pastan. Fin.

Cuando acabé con el texto, me acerqué hasta la cocina para servirme una taza de café y empecé a notar una sensación que me resultaba vagamente familiar. Mi cabeza bullía poblada de recuerdos y anécdotas vividas junto a Iñaki. El desasosiego se instaló enseguida. Durante años se aventuró que Iñaki había sido víctima de un doble edema, cerebral y pulmonar, en la arista este del Annapurna, un reto colosal que apenas había sido resuelto un par de veces. Se podría decir que su mejor virtud como himalayista, su capacidad para aclimatarse a la altitud extrema, para colarse en la cima sin apenas tener que subir y bajar antes de lanzar un ataque serio, esa bendición genética, acabó matándolo. Recorriendo la arista este, Iñaki estuvo tanto tiempo por encima de los siete mil metros que su sangre acabó por convertirse en una letal mermelada de arándanos. Eso era lo que pensaba, lo que todo el mundo daba por hecho. En enero de 2025 supe, sin embargo, que estaba equivocado: un cardiólogo vasco, Zigor Madaria, había concluido que Iñaki, en realidad, murió tras sufrir una trombosis venosa profunda y una embolia pulmonar que derivó en un ictus. También acabo sufriendo un edema pulmonar, lo que finalmente acabó con su vida. El trabajo de Zigor fue detectivesco: leyó las declaraciones de los que acompañaban a Iñaki en el Annapurna, leyó también el libro *Los catorce de Iñaki*, del periodista Jorge Nagore, se empapó de la trayectoria médica del navarro en altitud y, tras estudiar todas las opciones, se atrevió a realizar algo parecido a una autopsia sin cuerpo que examinar.

Sin posibilidad alguna de descender por su propio pie, uno de los dos compañeros de cuerda, el rumano Horia Colibasanu, se quedó con él, pensando al principio que se trataba de una leve indisposición. El tercer integrante del equipo, el ruso Alexéi Bolótov, siguió hacia la cumbre, pero cuando regresó Iñaki había perdido toda su autonomía. Horia se negó a abandonar al navarro. Bolótov, al límite de sus fuerzas, tenía que bajar, pedir ayuda, reponerse y regresar. Recordé una imagen terrible, una fotografía en realidad, que me viene persiguiendo de forma intermitente desde aquella fecha. En el exterior de la tienda de campaña donde agonizaba Iñaki, acuclillado sobre la nieve, con los rasgos de la cara marcados a fuego por el esfuerzo y el dolor, Bolótov aguardaba. Parecía un perro al que su dueño impedía entrar en casa. En sus facciones consumidas se podía leer lo que sabía: Iñaki no bajaría nunca, y a él ya no le quedaban fuerzas salvo para salvarse. Pero le dolía. Le quemaba. Unos años después pude entrevistarlo en Bilbao. Era un hombre tremendamente serio y rudo, el cliché de ruso al que nada parece alterar. Poco tiempo después de nuestro encuentro, se agarró en el Everest a una cuerda fija en mal estado que cedió. Murió en el acto. Y entonces creo que todos recordamos el magnífico documental titulado *Pura vida*, firmado por Migueltxo Molina y Pablo Iraburu, que vio la luz poco después de la pérdida de Iñaki, un trabajo que ponía cara a todos los que se implicaron en el intento fallido de rescate del navarro. El instante más sobrecogedor del metraje no tiene que ver con ningún momento vivido en la nieve o el hielo. Sucede en la cocina de la casa de Bolótov, en una escena en la que solo figuran él, su esposa y la cámara, que parece que no está. El alpinista ruso habla y viene a decir, más o menos, que lo tiene todo controlado y que apenas se expone al riesgo en sus expediciones. Su mujer lo corta de forma radical y, con un tono afilado, le pregunta si no arriesgó cuando fue a buscar en solitario la cumbre del Himalaya ni en otras de sus acreditadas ascensiones. Le viene a pedir que no se engañe y que no trate de engañarla, que no formule un discurso que ella no se cree y que el público tampoco ha de creer. No. La muerte es una posibilidad real, tangible, y las desgracias abundan. Bolótov, tan grande él, parece menguar, baja la mirada, la cabeza. Calla. Otorga. El silencio que sigue es de una tensión tan eficaz que pocos actores lograrían.

A veces me acuerdo de la mujer de Bolótov. He podido charlar con los hermanos de varios montañeros desaparecidos en alguna ladera, o con la viuda de uno de ellos. No hay morbo alguno en mi curiosidad, sino la necesidad de entender y aprender del dolor, de saber cómo se curan esas ausencias, si se curan acaso, cómo sigue la vida después de que una parte haya sido amputada sin anestesia. Se lo he preguntado a otros, pero nunca había hecho el ejercicio de preguntármelo a mí mismo. Y no ha sido por falta de ocasiones: Gorka, mi mejor amigo, murió con apenas quince años tras resbalar en la nieve y golpearse con la única roca que había en su camino. Mi primo Iñigo, prácticamente un hermano, el que me hizo descubrir la bicicleta y con el que me alié para empezar una vida de naturaleza, se fue en un estúpido y casi incomprensible accidente de escalada. Y, luego, lo siguió Iñaki. Por absurdo que parezca, ninguno de estos tres destinos trágicos me hizo apartarme de las montañas. La pasión lo tapaba todo, masticaba los dramas, los procesaba y los arrinconaba en alguna zona de mi cabeza. Ahora me preguntaba adónde habían ido a parar estos quince años sin Iñaki mientras removía el café, al que ni siquiera había puesto azúcar. Apenas he vuelto a conocer a personas con el carisma que él tenía, con su alegría vital, su estallido de risa, sus ganas de contar vivencias, anécdotas, su capacidad para adorar a sus héroes, desde Carsolio hasta Kukuczka pasando por Troillet, Loretan, los hermanos Iñurrategi o Juanjo San Sebastián. Seguramente, tenía zonas sombrías en su interior, pero yo nunca las vi. Solo atisbaba, ahora, un hueco terrible. Finalmente, lo que deja la muerte a su paso es un poso de soledad en los que siguen adelante, un hueco sin llenar, una falta, algo que ni siquiera el paso del tiempo regenera y que se manifiesta una y otra vez a través del recuerdo. Un agujero. Si lo pienso objetivamente, muy pocos días de mi vida han pasado sin que ciertas imágenes de mis tres amigos fallecidos irrumpiesen en mi cabeza, a veces en mitad del júbilo y otras en momentos de desesperación. Esta es la consecuencia de morir en la montaña (o en cualquier parte): el que se va lleva consigo un pedazo de los que se quedan.

Tom Lafaille, huérfano de alpinista

Miré ladera abajo, y me pareció ver un punto negro en movimiento. Después, consideré que se trataba más bien de una roca destacándose en la nieve. Además, nos encontrábamos solos en el Nanga Parbat y todos los que componíamos la expedición estábamos fijando cuerda en la parte baja, acercándonos al muro Kinshofer, justo en el límite de los seis mil metros de altitud. En el campo base, un vergel verde adornado incluso con un pequeño arroyo, solo quedaban el cocinero y sus ayudantes. Pronto llegaría el mediodía. Miré una vez más hacia la base del corredor helado y entonces volví a ver una figura vestida de negro avanzando a la carrera. Me puse nervioso: caí en la cuenta de que solo podía tratarse de una persona en concreto, aunque no la esperábamos tan pronto. Le dije a Iñaki Ochoa de Olza que echase un vistazo. «Tiene que ser Lafaille, viene como un misil», se admiró el navarro. Corría el año 2003, y Jean-Christophe Lafaille era sin duda alguna el alpinista más grande del momento. La sola idea de conocerlo en persona se me antojaba como montar en bicicleta con Miguel Indurain o tocar la guitarra en la gira de Bruce Springsteen. Sin quererlo, y sin considerarme especialmente mitómano, me puse aún más nervioso, incluso a pesar de que en mi trayectoria como periodista había conocido y entrevistado a numerosas figuras de diferentes ámbitos. Pero Lafaille se encontraba en esa categoría mitológica que solo alcanzan unos pocos. Media hora más tarde, estaba de pie, a mi lado, saludando con un escueto *bonjour*.

Estúpidamente, me extrañó la sobriedad de su vestimenta: en lugar de un alpinista de élite patrocinado parecía un excursionista desubicado. Se mostró tímido y, con su escasa estatura y su peso pluma, se asemejaba a un niño. Solo unas profundas arrugas en forma de patas de gallo fruto de años de exposición al frío y al sol delataban sus treinta y siete años. Era una leyenda. Lo había logrado todo, saltando sin dificultad de una disciplina técnica a otra aún más comprometida. Su polivalencia me parecía sencillamente irrepetible, y en ese momento, para sorpresa de muchos, estaba enfrascado en el reto de abordar los catorce ochomiles del mundo a su manera: abriendo vías nuevas, escalando en solitario, enfrentándose a algunas de estas paredes en invierno. De hecho, si se unió más tarde al grupo fue porque ese mismo año ya había subido al Dhaulagiri y necesitaba un periodo de descanso entre un viaje y otro.

La nuestra era una expedición un tanto atípica: no es que fuésemos amigos y hubiésemos decidido irnos de la mano al Nanga Parbat, sino que compartíamos un mismo permiso de ascenso y la logística del campo base, con lo cual desayunábamos, comíamos y cenábamos juntos, cuando coincidíamos. Si yo estaba en aquel lugar era por la amistad que me unía a Iñaki, quien a su vez era amigo del italiano Simone Moro, otra estrella del himalayismo con el que ambos habíamos compartido expedición al K2 y al Broad Peak en 2002. A su vez, con Simone viajaban dos italianos más: el guía Franco Nicolini y el esquiador de montaña Mirco Mezzanotte, una figura de talla mundial en dicha especialidad. Si Mirco tenía poca experiencia en alta montaña, la mía tampoco era para echar cohetes, así que no pasaba una hora sin que mi cerebro se encargase de recordármelo, repitiéndome constantemente que era un impostor. El estadounidense Ed Viesturs, muy amigo de Jean-Christophe Lafaille, cerraba el grupo. El crisol de perfiles y de nacionalidades no fue ningún obstáculo para que los momentos bajo el techo de la tienda comedor fuesen tan divertidos como distendidos. Lafaille se acomodó con facilidad al grupo y participaba de las conversaciones y las bromas como uno más. Como siempre, viajaba junto a Viesturs, un tipo tan alto y fuerte como buena persona. El contraste entre sus figuras resultaba tan obvio que empecé a llamarles Astérix y Obélix.

Lo que no sabía entonces era que su proyecto de escalar los catorce ochomiles debía ser también la herramienta que garantizase su jubilación. Aunque era un tipo famoso en el mundillo, sus contratos comerciales se circunscribían casi en exclusiva a patrocinadores especializados que no le aseguraban una estabilidad económica acorde con su talla. Y si no quería acabar sus días trabajando como guía de alta montaña en Chamonix o como profesor en la formación de guías de Francia, debía potenciar su faceta mediática para garantizarse contratos importantes. Las catorce cimas más elevadas de la Tierra parecían el mejor reclamo publicitario posible. Irónicamente, Ed Viesturs, camino de convertirse en el primer estadounidense en alcanzarlas, ni siquiera escalaba. Viéndolo resoplar en el muro Kinshofer le pregunté si solía hacerlo en Seattle, donde tenía su hogar. Para mi enorme sorpresa me dijo que no, que alguna vez lo había probado, pero sin llegar a engancharse. Frente a él, Lafaille era un dios en cualquier escenario: roca, hielo, mixto, artificial… La comparación se antojaba casi odiosa. Pero Viesturs, con patrocinios como el de Rolex y participaciones como asesor en películas de Hollywood, tenía la vida resuelta, mientras que el francés buscaba la mejor manera de rentabilizar su aura. En aquel momento, su segunda mujer, Katia, llevaba las riendas del aspecto empresarial del matrimonio, y cabe recordar que ningún compatriota suyo había subido aún los catorce ochomiles.

Una tarde encontré a Lafaille solo, fuera de la tienda comedor, sentado al sol y vestido con ropa ligera. No corría brisa alguna y el campo base parecía un remanso de paz a 4.200 metros sobre el nivel del mar. De vez en cuando, el rumor de una avalancha junto a la arista Mazeno nos obligaba a girar las cabezas, pero eso era lo único que interrumpía la rutina de cháchara, descanso y lectura que marcaba los días a los pies del Nanga. Me acerqué y le dije que tenía una duda, o una pregunta, o ambas cosas a la vez. Me miró curioso, pero tampoco demasiado. En Chamonix siempre suelo visitar la misma tienda de material de montaña, Snell, en plena calle principal. Es un establecimiento amplio, con varias plantas, y años atrás, antes de que el comercio digital lo alterase todo, se podían encontrar allí todas las novedades del mercado. Unas escaleras casi escondidas llevan a un rincón del piso inferior, y dicho tramo está adornado con una enorme fotografía vertical que cubre toda la pared: ahí se puede ver a Jean-Christophe Lafaille vistiendo un buzo fluorescente impermeable, blandiendo unos piolets futuristas y abriéndose paso con delicadeza sobre un muro de granito cerrado adornado por una lengua de hielo tan fina que produce sudores fríos al observador. Las cuerdas atadas a su arnés cuelgan en el vacío sin pasar por ningún seguro, pero si uno se acerca mucho puede ver que muy abajo una de ellas está unida a un pitón de roca. El hielo es tan fino que no entra tornillo alguno. Caerse ahí equivaldría a matarse, por descontado. Observando la fotografía y sabiendo que había sido tomada en una vía mítica bautizada como Beyond God and Evil, en la Aiguille des Pélerins (Chamonix), siempre me había preguntado dos cosas: ¿cómo habían colocado ahí al fotógrafo? y ¿de dónde saca una persona el valor para dominar el miedo al compromiso, a la exposición, a la posibilidad tangible de caer y matarse? No sé muy bien qué tipo de respuesta esperaba. Quizá una revelación trascendente. Todo resultó mucho más prosaico. Sí, él conocía aquella imagen, y me explicó con suma tranquilidad que escaló aquel largo dos veces. La primera, para alcanzar un punto desde el cual ayudar al fotógrafo a que subiese por la cuerda. La segunda, para tomar las imágenes. Así que ese día transitó en dos ocasiones ese tramo espantoso de pared. «Pero —me aseguró— la foto está trucada». Puse cara de no entender nada. «Quiero decir que está girada para que parezca más vertical y difícil de lo que es. Es un largo serio, pero no tanto como se da a entender», advirtió. Me gustó su manera natural de restarse importancia y atisbé realmente la dimensión humana del alpinista. Su destreza y autocontrol escapaban, sencillamente, a mi entendimiento. También comprendí, con el tiempo, que le aburría hablar de escalada. Varios años más tarde tuve la inmensa fortuna de hacer la misma ruta de la fotografía. Él llevaba ya varios años muerto. Oficialmente falleció en 2006, pero en 1992 había estado desaparecido varios días… antes de regresar a la vida.

Aquel año, el mismo de las Olimpiadas de Barcelona, Lafaille vivió su primera experiencia en el Himalaya. Siendo quien era, tampoco extrañó a muchos que escogiese un objetivo terriblemente comprometido como bautizo en altura. Junto con su compatriota Pierre Béghin se plantó bajo la enorme pared sur del Annapurna (8.051 m) exactamente cuarenta y dos años después de que por primera vez en la historia el ser humano conquistase ese primer ochomil. Si entonces se inauguró la hoy conocida como «ruta normal» o «de la cara norte», Lafaille deseaba hacer historia en la vertiente opuesta, superándola en estilo alpino, es decir, como si se enfrentase a una cima de Chamonix en la que no se emplean porteadores de altura, ni cuerdas, ni campos fijos, ni oxígeno artificial. Cuando el estilo importa tanto o más que el objetivo, las posibilidades de salir malparado crecen de forma exponencial. Simplemente porque no existen trampas ni atajos que valgan. No hay red de seguridad: en los años noventa del siglo pasado, los helicópteros de rescate sobrevolaban enloquecidos los Alpes, salvando multitud de vidas; en el Himalaya, un aparato salvador era una quimera, ciencia ficción… aunque hoy en día es moneda corriente. Y un negocio que arroja grandes beneficios.

Con todo esto, cuando una violenta tormenta los sorprendió bien cerca de la cima, comprendieron sin tener que verbalizarlo que en ese momento empezaba una pelea a cara de perro para salvar sus respectivas vidas. Paso a paso, fueron perdiendo altura rapelando y destrepando la muy vertical cara sur. Rapelar en un escenario así exige dos cosas: material para abandonar y lugares de fiar donde ir dejándolo. Si ambas necesidades no coinciden, uno queda atrapado en la montaña, incapaz de desescalar lo que ha escalado. Por ejemplo, si no se encuentra hielo de calidad (con un buen grosor) no podrá abandonarse un tornillo y descolgarse de él, o hacer un doble orificio en el hielo y pasar por él la cuerda para idéntica tarea. Si no se encuentra roca en buen estado y que presente fisuras en su relieve, tampoco será posible colocar pitones (clavos) o empotradores (piezas metálicas que se insertan en la roca y sirven como punto de anclaje). Finalmente, si se necesitan muchos rápeles para descender, se corre el peligro de quedarse sin material y morir en la orilla después de mucho nadar. Así se encontraban ellos: tenían que seguir rapelando y cada vez tenían menos suministros a disposición en sus arneses. Una de las pesadillas recurrentes de un montañero es verse atrapado sin remedio en una pared, con el suicidio como única opción para escapar de una muerte irremediable. En un momento dado, dieron con una fisura y plantaron en ella un pitón de roca y un empotrador. Los códigos de seguridad en montaña explican que no es buena idea rapelar desde un solo punto y que resulta mucho más seguro dividir el peso del escalador entre al menos dos puntos sólidos. Eso hicieron. Béghin se colgó de la cuerda, miró los dos seguros que sujetaban su peso y, con voz despreocupada, pidió a su amigo que retirase el pitón: el empotrador le parecía tan sólido que podían fiarse de él y ahorrar de paso un material que les sería precioso más abajo. Lafaille obedeció y su compañero empezó a perder altura lentamente. Entonces, el empotrador salió disparado con un chasquido… Las miradas de ambos se cruzaron durante unos segundos atroces en los que Lafaille pudo leer en los ojos de su amigo el horror de su propia muerte. Gritó muchas veces como un poseído el nombre de Pierre. Después, un silencio opresivo y enloquecedor lo cubrió todo, hasta sus pensamientos. Se quedó ahí, de pie, incapaz de asumir lo inasumible: la muerte de su amigo y su propio destino.

Béghin llevaba consigo todo el material para usarlo en los siguientes rápeles. Sin quererlo, había dejado desnudo a Lafaille a 7.100 metros. Durante muchos minutos, el francés no reaccionó, incapaz de ordenar sus pensamientos. Estaba atrapado, sin cuerdas, sin nada más que su destreza para emprender un regreso que se le antojaba imposible. El mal tiempo lo golpeaba sin clemencia. Le daba igual. No conseguía volver a funcionar. El dolor lo bloqueaba, la angustia lo paralizaba. Poco a poco resolvió morir peleando. Al menos disponía de una tienda, aunque no hubiera lugares donde plantarla en esa vertiente tan inclinada. Fue logrando perder altura: las avalanchas de nieve fresca pasaban a su lado, le soplaban el cogote, le hacían temblar de pavor. Después, las rocas silbaban a su lado como misiles. No conseguía encontrar una trinchera donde refugiarse. Al fin, dio con un sitio donde instalar su tienda, y pasó dos días miserables temiendo que el viento o que cualquier mala noticia llegada desde la parte alta de la montaña lo enviase directo a la muerte. Arrancó de nuevo y perdió un crampón, que es como perder un pie. Lo encontró de nuevo horas después, pero entonces perdió un brazo, quebrado como una rama fina tras el impacto de una roca. Pensó en poner fin a tanta miseria por la vía rápida, pero entonces se topó con una mochila con material de una vieja expedición. La esperanza lo animó, y cuando llegó al pie de la pared y se arrastró hasta el campo base de una expedición eslovena habían pasado cinco días.

Existe una fotografía de Lafaille, tomada sin que él advirtiese la presencia de la cámara. Tiene un brazo en cabestrillo y espera sentado en el suelo, cabizbajo. Es la imagen de la pérdida, del dolor más insondable, de la duda enloquecedora: «¿Debo seguir con esta vida de montaña que tanto flirtea con la muerte?». Puedo afirmar categóricamente que no conozco a casi ningún alpinista de élite que no haya perdido en la montaña a algún ser querido, o que no haya visto la muerte cara a cara. Lo más curioso, y aparentemente menos comprensible, es que casi ninguno deja de escalar. Todos atraviesan momentos de incertidumbre, de desgana, buscan aquí y allá otra manera de vivir, pero acaban regresando al camino conocido, el mismo que los ha alimentado durante años. ¿Por qué? Creo que solo un elenco de buenos profesionales de la psicología podrán responder con certeza a esta cuestión. En mi opinión, escalar no es solo un pasatiempo, es una forma de estar en el mundo, una dedicación que llena horas y horas de una vida que en otras circunstancias tal vez sería monótona. Acudir a las montañas concede un propósito vital, una suerte de «misión» que vertebra nuestra existencia. No todo el mundo encuentra su pasión, por eso tener una propia es un tesoro al que resulta difícil renunciar. Por otro lado, ningún montañero, ni siquiera el más precavido, el maniático del trabajo bien hecho, el que todo lo analiza para minimizar los riesgos, nadie, repito, considera que puede morir haciendo lo que más le gusta. «Sí, les pasa a otros, pero nunca a mí». Así que aunque uno camine sobre una pila de cadáveres instalados en su memoria nunca piensa que podría ser el siguiente. Dejar bruscamente la montaña es muy complicado, porque uno pierde de la noche a la mañana el contacto con sus amistades, el sentimiento de pertenencia a un grupo, a una comunidad, como lo expresan en habla inglesa. No es que se desvanezca la dirección en la vida, sino que se abandona un grupo para quedar momentáneamente aislado. Y nada da tanto miedo como la soledad en sociedad. Por todo esto (o por otras razones íntimas que desconozco), Lafaille decidió regresar al Annapurna, al mismo escenario donde casi se queda sin nada, tres años más tarde, en 1995. La montaña volvió a rechazarlo. Siguió alimentando su leyenda de atleta excepcional y en 2002, un año antes de nuestro encuentro, se aupó por fin hasta su cima con el guipuzcoano Alberto Iñurrategi como compañero de cuerda.

Cuando desapareció en 2006, la prensa generalista francesa se interesó notablemente por su caso, buscó las razones que lo habían llevado a escalar en solitario, y en invierno, el Makalu… dejando a dos huérfanos. En su caso, primero llegó la condena: ¿cómo puede un alpinista arriesgar la vida de esa manera cuando tiene hijos a cargo? Después, otra pregunta: ¿qué vida les espera a los muchachos? Jean-Christophe Lafaille, el alpinista francés más grande de finales del siglo xx y principios del presente, se había casado dos veces, primero con Véronique, fruto de cuya unión nació Marie, y después con Katia, con quien tuvo a Tom. Tras su desaparición, su impecable, enorme y rutilante currículo parecía garantizarle algo semejante a la inmortalidad. En el valle nepalés de Langtang, un pico de 6.250 metros lleva el nombre Marie Ri («Marie ríe») y, en el Karakórum, una vía en el Nanga Parbat (8.125 m) fue bautizada como Tom y Martina (que no era otra que la hija de Simone Moro). En ambos casos Jeancri Lafaille quiso que los nombres de sus hijos fuesen una referencia, como si no existiese distancia entre sus dos pasiones, montaña y paternidad. Como si tuviese que explicar que ambas vertientes de su vida le eran igualmente necesarias.

Cuando se le perdió el rastro, Tom tenía cuatro años y medio y no sabía que su padre era una estrella. Apenas notaba que de vez en cuando la casa se llenaba de petates y, cuando esto sucedía, él se ausentaba. Hasta que los petates regresaron sin su dueño. Jean-Christophe era el alpinista total, un milagro de polivalencia, destreza técnica, fortaleza y capacidad soñadora. Lo había logrado todo, unas veces encordado a un compañero, otras en soledad. Igual que los más grandes, se empeñó en escalar los catorce ochomiles del planeta, pero siempre a su modo, abriendo vías nuevas, en temporada fría y en solitario… Aquel invierno de 2006 no había nadie en el Makalu (8.485 m), salvo Lafaille y un viento infernal. Pasó seis semanas bloqueado en el campo base a 5.300 metros. Cada vez que se asomaba a la montaña, el viento y el frío lo barrían. La esperada tregua llegó y al fin arrancó, con rachas de cincuenta kilómetros por hora. Alcanzó los 7.600 metros y llamó por la noche a Katia, que le ofreció un parte de viento no excesivamente desfavorable para el día siguiente. Por la mañana, volvieron a hablar. Estaba contrariado: se había dormido, su hornillo

106

funcionaba mal y apenas había logrado fundir nieve para hidratarse. Era el día señalado de cima y dejaba atrás su tienda con retraso. Prometió una nueva comunicación cinco horas después. Nunca llegó…

Nadie volvió a verlo ni encontró su cuerpo, posiblemente aún sepultado en el fondo de una grieta o bajo los restos de un alud. En casa, algo cambió en la vida de Tom: las montañas dejaron de existir, aunque rodeasen su hogar y fuesen fastuosas. Su madre lo apuntó a clases de esquí alpino, en las que enseguida destacó. En el garaje criaban polvo los petates de su padre, que nadie tocaba ya. El niño creció sin dolor, fue un muchacho más del valle, ocupado en divertirse y sin apenas recuerdos de su progenitor a los que aferrarse, según rememora en una carta que le escribió en 2021.

Dicha misiva pasó más bien desapercibida para los medios de comunicación, pero la nueva dimensión del joven permite releerla con una mirada distinta. Tom es ahora un alpinista más que prometedor, un esquiador extremo de primera fila y uno de los estudiantes para guía de alta montaña más jóvenes que ha conocido la escuela de Chamonix. En definitiva, ha seguido la estela de su predecesor. No le ha resultado difícil: tenía todos los argumentos necesarios en el sótano de su hogar y en los diarios que conservaba, sin leer, de su padre. Disponía incluso del que había escrito en su última expedición, en una libreta Moleskine que alguien recuperó de su tienda de campaña abandonada, pero intacta, en el Makalu, a 7.600 metros, la estampa de una ausencia y un misterio. Menos evidente resulta el recorrido vital de un muchacho que, en unos pocos años, pasó de la indiferencia hacia el alpinismo a la pasión más sincera, como si portase un cierto determinismo genético. El verano en que cumplió trece años, se dijo que necesitaba una afición veraniega para rellenar el hueco que le dejaba el esquí. Se planteó boxear, nadar y jugar al hockey y acabó decantándose por acudir a un rocódromo vecino que presentaba una estructura de doce metros de alto. Sintió miedo, respeto, un nudo en el estómago y una liberación al encaramarse a lo más alto: la misma sensación única que ha seducido a generaciones de escaladores.

El invierno siguiente dejó el esquí de competición: «No me interesaba ya ser el más rápido, sino ser más fuerte, crecer». La escalada lo impresionó tanto que empezó, por vez primera, a hojear viejas revistas de montaña que encontró en casa: su padre figuraba en algunas portadas. Enseguida entendió que su progenitor había sido un superdotado con una fortaleza mental inconcebible. Con todo, empezó a cansarse de que todos le hablasen de él; la foto cambiaba, se desdibujaba, se alteraba bajo el prisma de los extraños. Así que, recién cumplidos los dieciséis, decidió encontrarse a solas con su recuerdo en el garaje, abriendo uno a uno sus petates, estudiando cada aparato, cada pieza de su equipamiento de alpinista y escalador. En paralelo, leyó sus diarios, sus entrenamientos, sus reflexiones, sus sensaciones... Y lo que aprendió lo inspiró. Muchos anocheceres caminaba hasta el rocódromo para aprender a manipular los artefactos de su padre y, como no conocía a mucha gente que escalase, empezó a hacerlo en solitario. Pronto tomó una decisión: quería ser como él. «Mi padre —explica— tenía la capacidad de subir ochomiles en solitario, de realizar aperturas extremas sin compañero en los Alpes, de afrontar vías supertécnicas, de alcanzar el máximo nivel escalando hielo y mixto y sin apenas dedicarle tiempo, encadenar 8 c en deportiva o 8 a+ sin cuerda [en escalada, la dificultad se mide en grados, que van desde el cuarto hasta el noveno. Además, entre cada cifra se intercalan las letras "a", "b" y "c", y estas pueden estar acompañadas del signo "+"; por ejemplo, entre el sexto y el séptimo grados existen estas acotaciones: 6 a, 6 a+, 6 b, 6 b+, 6 c, 6 c+ y 7 a], algo que me produce escalofríos de miedo», confiesa. «Estaba en lo más alto de casi todas las disciplinas sin ser especialista en ninguna, y yo me identifico con ese tipo de alpinista», reconoce. De momento, «el hijo de Jeancri», como muchos se refieren a él, ya ha destacado en la única categoría en la que su padre no brilló, el esquí extremo, y ha fichado por el todopoderoso equipo The North Face y por Scarpa, cuando su padre llevaba ropa de Millet y calzado de Asolo.

No ve muy a menudo a su hermanastra Marie, a la que le gusta pasear de vez en cuando por la montaña mascando las respuestas a las preguntas que su padre dejó sin resolver. En su caso, aceptar la ausencia resultó mucho más complicado. El joven, en cambio, resume así su camino: «El 27 de enero de 2006, mi padre desapareció en el Makalu dejando tras de sí una familia, sueños y proyectos. A menudo, mi madre y yo hablamos de él. Sigue vivo en nuestros corazones, en nuestras palabras y en las vías que abrió, muchas aún sin repetir. He transformado su ausencia en energía y los recuerdos en luces que iluminan mi camino de joven alpinista».

Sietemiles y seismiles

Supervivientes de sí mismos

A través del telescopio, dos pequeñas figuras humanas se movían a cámara lenta. Primero una, luego la otra. Circulaban a unos 8.230 metros por la arista nordeste del Everest, que nadie había logrado escalar antes. Los que observaban desde el campo base pronto vieron desaparecer a Peter Boardman y Joe Tasker tras un accidente del relieve. Jamás se supo nada más de ellos. Ocurrió el 17 de mayo de 1982. Su legado, sin embargo, es inolvidable por dos razones: ambos formaron una cordada sublime y supieron plasmar la esencia de sus experiencias en libros sobresalientes. Hoy en día, el resumen de una ascensión brillante suele ser un selfi en el que dos o tres alpinistas sonríen tras las gafas de sol, con el casco puesto, seguido de una breve descripción en la red social de turno. ¿Fue difícil? ¿Cuáles fueron sus temores? ¿Y la convivencia en situaciones límite? ¿Qué se esconde realmente detrás de esas sonrisas siempre sospechosas? La inmediatez que todo lo impregna nos hace olvidar enseguida estas consideraciones para consumir otras novedades epidérmicas. Es una pena, porque el verdadero valor del alpinismo, si es que tiene alguno, pasa por dilucidar de qué se alimentan los motores de sus protagonistas, qué impulsa a un ser humano a hacer un movimiento más hacia arriba a sabiendas de que puede significar su perdición.

Una cordada de dos escaladores constituye un universo psicológico propio, tan único como el que forman las parejas sentimentales. No es lo mismo escalar atado a un amigo que a alguien por otras circunstancias. Posiblemente, todo alpinista que haya estado poseído en algún momento de su vida por la fiebre de enfrentarse a las paredes se ha encordado con alguien con el que no tenía química alguna. Llega un momento en el que parece importar más acumular retos y ascensiones que hacerlo unido a una compañía saludable. Es un tipo de enfermedad sin diagnóstico. Cuando mis mejores amigos dejaron la escalada, me vi forzado a prescindir de cualquier rigor selectivo con tal de seguir subiendo montañas. A largo plazo, pude constatar que cometí un error: al margen de los intercambios propios de la acción, los viajes, los tiempos de espera, las veladas, las aproximaciones acabaron por convertirse en largas pérdidas de tiempo. Sencillamente, dejé de disfrutar y ni siquiera las mejores ascensiones me satisfacían. Es más que posible que mis compañeros pensasen como yo: la sintonía ha de ser compartida. Poco a poco fui llegando a la conclusión de que prefería escalar menos a cambio de hacerlo con una persona con la que disfrutase de todos los aspectos del viaje.

En el seno de una cordada se dan los mismos juegos, a veces perversos, que en el de un matrimonio: es muy complicado que ambos integrantes alcancen un equilibrio en su relación, la misma capacidad para tomar al unísono las decisiones correctas. Se pueden dar múltiples casuísticas: un líder que decide por los dos; dos líderes que compiten para no revelar debilidad alguna; un buen reparto de las tareas en función de los puntos fuertes que exhiba cada cual; un trabajo en equipo en el que una simple mirada basta para entenderse y que se basa en el reconocimiento y la admiración mutuos; dos potenciales enormes que se arruinan enfangados por sus egos; uno que ejecuta y otro que sigue, como mero espectador de las capacidades ajenas; uno que abusa de la debilidad del otro; un egoísta que solo pide que le aseguren sin importarle qué opine el otro...

Por eso conviene regresar a los libros para ahondar en la psicología de los grandes alpinistas, para dar con respuestas. No es casualidad que el premio más prestigioso de literatura de montaña se apellide Boardman-Tasker, en referencia a aquellos dos profesionales que tuvieron ocasión de escribir dos libros cada uno antes de morir, a los treinta y dos años el primero y cumplidos los treinta y cuatro el segundo. Si las cuatro obras son especiales, *La montaña resplandeciente*, escrita por Peter Boardman, es un manual de psicología aplicada a las grandes paredes del Himalaya que casi se lee como un thriller.

La primera vez que esta emblemática pareja escaló junta, hizo historia y se apuntó la terrible cara oeste del Changabang (6.864 m), en el Himalaya indio. Antes de emprender su viaje, en 1976, fueron despedidos por un aluvión de comentarios de apoyo: «Es un plan absurdo». «No parece una ruta para un hombre casado». «¿Vais los dos solos? Me parece una crueldad». «Alguien tendrá que ver si es posible, pero meted algún jersey de más...». A sabiendas de las penurias que iban a afrontar, decidieron probar su material de altura y sus hamacas en una cámara frigorífica del almacén de comida en el que trabajaba, en el turno de noche, Joe Tasker, que durmió muchas noches de invierno en su balcón probando su saco de plumas. No se prepararon, en cambio, para convivir.

El granito blanco de la oeste del Changabang refulge cuando el sol recorre su perfil, otorgándole ese singular aspecto resplandeciente. No se había visto con anterioridad un equipo tan ambicioso y tan escuálido a los pies de una montaña del Himalaya. En aquel entonces, el estilo más empleado para ascender esa pared seguía siendo el de asedio, es decir, con cantidades ingentes de comida y material para equipar la montaña, campos de altura, trabajadores por doquier y muchos expedicionarios que se relevan cuando flaquean los de punta. No fue ese el caso de Boardman y Tasker: una vez alcanzado el campo base, tardaron cuarenta días en volver a ver a un ser humano. Cuando lo hicieron, tuvieron que enterrar a cuatro alpinistas que se habían despeñado en una cima vecina.

Si su lucha por ganar metros a la pared fue durísima, su relación rayó con la crueldad. No eran amigos cuando partieron rumbo a India, tan solo dos alpinistas jóvenes, ambiciosos y muy buenos que se respetaban profundamente. Dos estrellas que necesitaban sincronizar sus ambiciones. Los buenos alpinistas que no llegan a despuntar sucumben ante el evidente miedo a morir. Pero algunos albergan temores que van mucho más allá de perder la vida. Sienten un miedo patológico ante la posibilidad de traicionarse, ante la mera posibilidad de no estar a la altura y renunciar en plena ascensión por miedo escénico. Uno puede matarse o sentirse muerto aun estando vivo: es al fracaso a lo que más temen ciertas personas. La revelación última de que no desean tanto esa aventura como pensaban. Por eso resulta tan importante la cordada en el alpinismo, por esa razón es una actividad solitaria y al mismo tiempo fraternal: buscamos en el otro aquello que puede llegar a faltarnos en un momento dado y aceptamos, igualmente, que otros nos busquen para ir, juntos, un paso más allá.

Si Boardman era una persona serena y con tendencia al despiste, Tasker hacía gala de un fuerte carácter controlador, rayano en lo desagradable. Había pasado por un seminario entre los trece y los veintiún años, experiencia que, decían, explicaba su carácter abrupto. A priori, no parecía que fuesen a encajar: su tremenda ambición, su pasión, sus deseos de lograr el objetivo cimentó, sin embargo, la solidez de la cordada. Pero, sobre todo, fue su capacidad para hacerse daño a sí mismos lo que les permitió realizar proezas en el Himalaya. En *La montaña resplandeciente* discurren en paralelo dos tramas, la de la propia ascensión y la de la relación que se establece entre dos personas que se necesitan no tanto para sobrevivir como para lograr su objetivo. Y siempre parece que lo último es más importante que lo primero. «Valor solo significa hacer lo que te da miedo hacer» o «la vida tiene muchas sutilezas crueles y manejarlas requiere mucha más audacia que los peligros de la escalada, tan evidentes»: Peter Boardman apenas tarda unos párrafos en relativizar su propia importancia, en señalar la futilidad del alpinismo. Es un asunto personal que no merece la pena valorar pero sí explicar, cosa que logra con maestría mientras es capaz de preguntarse si él no es más que «un parásito escapista que juega a ser aventurero». Como apenas se conocían, su relación durante la expedición resultó un compendio de tensión, comunicación funcional y pragmatismo desconcertante. ¿Puede uno jugarse la vida estando tan incómodo con su compañero de cuerda? Boardman y Tasker no dejan de escrutarse, de esconderse el uno del otro, sin perder la ocasión de demostrar lo que llevan dentro. Así, cuando uno de ellos está al límite de romperse psicológicamente, el otro se impone para borrar toda opción de retirada en un juego masoquista que perdura varias semanas mientras la montaña los castiga sin piedad. Una vez en la cima, ni siquiera se tocaron. No hubo abrazos ni lágrimas, ni siquiera un apretón de manos. Unas fotos, media hora de silencio y un penoso descenso por delante. «Su barba y su boca estaban incrustadas de hielo, y sus gafas de sol de espejo ocultaban toda expresión en sus ojos. En aquel espejo solo vi mi reflejo. ¿Cómo saber a qué profundidades se había retirado?», escribe Boardman. Allí, en lo más alto del Changabang, parecían dos náufragos aislados de cualquier humanidad, dos supervivientes de sí mismos incapaces de pronunciar un discurso adecuado.

Si el alpinismo es un gesto inútil, carente de importancia y que aporta Dios sabe qué a sus protagonistas, el extraño «deporte» de escalar montañas tiene un valor innegable: el esfuerzo de trasladar a las páginas de un libro el relato de unas experiencias difícilmente asumibles o explicables. «Hemos sido unos monomaniacos. No hemos demostrado nada que no se hubiera demostrado ya antes: si te empeñas lo suficiente en escalar cualquier cosa, terminarás por conseguirlo», escribió Boardman a su regreso del Changabang.

En su viaje eterno hacia la cima, lo que más temió cada uno de ellos fue la vergüenza de defraudar al otro, de ser aquel que tirase la toalla y abandonase al compañero, de ser el verbo disuasorio que los llevase al fracaso. Y, debido a ese miedo tan inmaduro, se sometieron a un combate psicológico tan cruel como necesario para avanzar: en cuanto uno de los dos se ablandase, todo se iría al traste. «Era como estar en un pelotón de soldados, en el que en realidad nadie quiere pelear, pero cada uno hace lo que cree que sus camaradas esperan de él», reflexionaba Boardman, cuyo cuerpo fue hallado en 1992 muy cerca de donde se lo había visto por última vez, tendido sobre la nieve como si la muerte lo hubiese sorprendido tomándose un descanso. No se hallaron los restos de Tasker, pero es indudable que se encuentran muy cerca. Quizá no acertaron a decirse el uno al otro que habían llegado tan lejos que ya era hora de regresar.

El Ogro

La imagen me resultaba un tanto confusa, pero desprendía tanta fuerza que atrapaba la mirada. Podría decirse que tenía algo hipnótico. Transmitía verticalidad. Frío. Severidad. Parecía incluso revelar los sonidos del viento. El paisaje era de nieve, roca, y de una perpendicularidad que infundía desasosiego. También había dos personajes a los que no se les veía la cara: uno vestía entero de rojo, incluso la mochila, y el otro iba de azul, como si llevase un mono de trabajo, el típico que llevan los mecánicos en los garajes. Después, estaban los detalles. Lo que más sorprendía era la posición del cuerpo del hombre de azul: estaba de rodillas, con la única mano visible hundida en la nieve, hasta la muñeca. No había crampones en sus botas. No se veía que llevase piolet. Estaba conectado mediante una cuerda al compañero de rojo, que se encontraba unos cinco metros por delante. Parecía que estaban tratando de descender de la montaña, o quizá estuviesen siguiendo la arista, arriba y abajo, para salvarse. Otra cuerda, esta muy tensa, salía del arnés del de azul hacia el espectador, en este caso el fotógrafo. Pensé que en esas circunstancias yo jamás hubiese decidido sacar una foto. ¿Quién era el autor y de dónde extraía semejante sangre fría? Volví a concentrarme en los detalles: sí, el hombre de azul estaba gateando sobre la nieve, de eso no cabía duda. Consumido por la curiosidad, busqué el pie de foto, que estaba en la página posterior de la revista que había caído en mis manos minutos antes. Supe entonces que el hombre de azul se llamaba Doug Scott y que estaba en una montaña bautizada como el Ogro, una cima de 7.285 metros en la que acababa de romperse las dos piernas. El autor de la imagen se llamaba Chris Bonington.

Quise saber mucho más y adquirí el libro en el que Doug Scott narra su odisea. Creo que no hay mejor historia escrita acerca de un rescate. El pie de foto, en su libro, al menos en la traducción al castellano, reza así: «Arrastrándome, avanzo desde la cumbre oeste hasta lo alto del Pilar Rojo. En la imagen se distingue a Clive (Rowland), y Mo (Anthoine) iba por delante instalando rápeles. Chris me aseguraba con la cuerda tensa mientras hacía la fotografía». La instantánea fue tomada en 1977. Doug Scott y Chris Bonington habrían sido John Lennon y Paul McCartney si les hubiese dado por el pop. De hecho, el parecido físico de Scott con el autor de «Imagine» es asombroso. Ambos son los representantes genuinos, los motores absolutos de la mejor generación de alpinistas que ha dado Reino Unido. Juntos lideraron la revolución que trasladó al Himalaya todas las mejores costumbres de los Alpes: la osadía, el estilo, los equipos humanos cada vez más reducidos, el apetito voraz por conquistar una montaña tras otra sin asediarlas. Bonington era un maestro absoluto en el arte de lograr la financiación necesaria para cubrir los gastos de las expediciones himaláyicas. Además, era un soberbio escalador y tenía una ambición inagotable. Pero esta vez fue Scott quien organizó el viaje al Ogro e invitó a Bonington, para devolverle el favor. Si ahora es habitual ver atrevidas expediciones de apenas dos personas, en los años setenta los grupos ya no contaban una docena de miembros como en el pasado (amén del ejército de porteadores de altura), pero sí cuatro o cinco. Todos con un elevado espíritu de trabajo: no en vano habían suprimido de la ecuación a los sherpas. Deseaban escalar las cumbres más elevadas como lo hacían en los Alpes. Doug Scott reunió a un equipo formidable para medirse a una montaña conocida en Pakistán como Baintha Brakk, más tarde rebautizada como el Ogro sencillamente porque su prominencia, verticalidad y aspecto general infundían, e infunden, pavor. La elección de los acompañantes por parte de Scott acabó salvándole la vida. Además de Bonington, viajaron Clive Rowland, Mo Anthoine, Tut Braithwaite y Nick Estcourt. Dougal Haston también debería haber estado, pero una avalancha lo sorprendió mientras esquiaba en Suiza y acabó con su vida meses antes de partir. La noticia fue un mazazo terrible, pero no alteró los planes. Las dinámicas de grupo en estas expediciones inglesas solían ser, cuando menos, sorprendentes. Podían ser todos amigos, pero unos lo eran más que otros y así se emparejaban, por pura afinidad. No obstante, no los movía la amistad, sino una ambición despiadada que hacía que se manejasen en los límites de un humor cáustico, sombrío, como si fuese imposible escalar una montaña sin demostrar las más finas dotes para la ironía. Ya que eran conscientes de que iban a jugarse la vida, lo más adecuado era afrontar el riesgo tirando de socarronería y cinismo. Todos habían visto fallecer a compañeros en las montañas, todos habían sentido el alivio de no ser ellos los caídos. Si tenían miedo al acercarse a sus objetivos, lo disimulaban con una determinación fanática.

Una vez en el campo base, el equipo se partió en dos: Doug Scott y Tut Braithwaite decidieron escalar el pilar sur, mientras que el resto (la cordada compuesta por Estcourt y Bonington, por un lado, y la de Rowland y Anthoine, por otro) atacarían de la mano una ruta que conducía hasta la ancha plataforma del collado oeste.

Gran parte de las expediciones que conquistaron las catorce montañas más elevadas del planeta, los llamados «catorce ochomiles», observaban cierta concepción de corte militar, con un marcado líder de la expedición que ordenaba a sus hombres como si fuesen piezas de un puzle que debía encajar en la cima. En el caso del Ogro, Scott no deseaba asumir esa jefatura. Bonington, invitado, estaba aliviado de no tener que hacerlo, como era su costumbre, así que cada cual escogió el plan y el compañero que quiso. Scott y Tut deseaban escalar en roca, enfrentarse al atractivo pilar sur de la montaña, de unos mil metros de desnivel, mientras que el resto se inclinaba por algo menos laborioso y más alpino, así que optaron por encarar el espolón sudoeste. Nada más empezar la aproximación a su objetivo, Scott desprendió una roca mientras iba en cabeza, y esta impactó de lleno en el muslo de Tut. Fue un milagro que el golpe no le quebrase el fémur, pero en ese instante su expedición quedó finiquitada... y Scott se quedó sin plan ni objetivo. Irónicamente, después de organizar el viaje, se veía en la necesidad de ser «aceptado» en alguna de las dos cordadas que aún quedaban operativas. Mo y Clive lo acogieron enseguida. Bonington y Estcourt habían decidido, una vez alcanzado el collado oeste, seguir hacia la cima en estilo alpino. Fue una decisión unilateral, no consensuada con Mo y Clive, un acto tan impuesto como egoísta a ojos de cualquiera. Habían trabajado juntos equipando con cuerdas fijas el acceso al collado, pero justo cuando el asunto se ponía interesante los dos primeros se lanzaron sin pestañear a por su objetivo. Mo y Clive no se atrevieron a seguirlos: tenían menos experiencia en grandes altitudes y sentían que aún no estaban lo suficientemente aclimatados, con lo que decidieron regresar al campo base para descansar y aprovisionarse. Allí los esperaba Scott, ansioso por unirse a cualquiera de ellos.

Los «separatistas» Bonington y Estcourt (así los describe Scott) hicieron una ascensión formidable hasta la cumbre oeste, pero no alcanzaron la principal: les faltó algo de aclimatación y de comida. La ascensión les llevó mucho más tiempo de lo esperado y Estcourt bajó tan al límite de su resistencia que no volvió a pisar la montaña. Mo y Clive no disimularon su alegría: seguía abierta la puerta para firmar la primera a la cima principal y, si bien admiraban el valiente intento de sus dos compañeros, no podían por menos que olvidar su gesto de indisimulado egoísmo. Ahora, si cabía una posibilidad de alcanzar la cima, estaba en manos de Mo, Clive y Doug… Solo que Bonington también quería estar en la partida. Perdonaron su arrogante gesto con generosidad y decidieron esperar a que descansase un par de días. Además, conocía bien la parte final de la ruta y esa información podía ahorrarles tiempo. Así, se crearon dos cordadas: Bonington-Scott y Anthoine-Rowland. Los cuatro remontaron las cuerdas fijas cargados como mulas con material, comida y gas, y se instalaron en el collado oeste, a 6.300 metros, donde empezaba realmente lo más severo de la ascensión. Desde ese punto, trabajaron con precisión y a buen ritmo: en lugar de escoger la ruta de Bonington y Estcourt hasta la cima oeste, decidieron inaugurar una vía nueva a través de un pilar de roca que bautizaron como el Pilar Rojo. En los tramos más verticales, fijaron cuerda para asegurarse un descenso menos comprometido. Fue un acierto. Tras dejar atrás la cumbre oeste, descendieron hasta un pequeño collado, excavaron una cueva en la nieve y se dispusieron a afrontar los doscientos cincuenta metros de desnivel vertical que los separaban de la cima verdadera. No iba a resultar fácil, convinieron. Además, solo les quedaba comida para un día más: iban a pasar hambre de regreso al campo base. Scott y Bonington salieron al amanecer en cabeza. Anthoine y Rowland se entretuvieron filmando y dijeron que los alcanzarían después. Era evidente que Bonington no se había recuperado de su anterior intento, se movía con lentitud y con una torpeza inaudita en él. Así que su compañero decidió liderar la subida, mucho más técnica de lo que esperaban: se vieron forzados a escalar largos de roca muy difíciles por encima de los siete mil metros, donde solo caminar ya es una pequeña hazaña. A esas alturas, la pareja rezagada había perdido más tiempo de lo conveniente filmando y decidió regresar al vivac e intentarlo al día siguiente para evitar que les alcanzase la noche. Ajenos a todo lo que no fuese ganar metros a la montaña, Scott y Bonington avanzaban animados por un tiempo radiante, sin viento, sin frío, lo que les permitía incluso escalar sobre un granito de ensueño con las manos libres de los engorrosos guantes. El sol desapareció en el horizonte justo cuando Scott alcanzó la cima y se dispuso a asegurar a su amigo. Eran las siete de la tarde del 13 de julio de 1977. Todo a su alrededor parecía un océano encrespado, las montañas como olas fijas unidas entre sí por vastas autopistas glaciares. En ese universo de cimas por doquier se sentía realmente donde deseaba estar. Habían tardado más tiempo de lo esperado, carecían de sacos de dormir, que habían dejado en la cueva de nieve junto con sus lámparas frontales, y Scott inició la lenta y peligrosa tarea de rapelar, sacudido ahora por un viento helador. Recordó que había un par de pitones clavados en la roca, abandonados durante el ascenso para agilizar las maniobras de descenso. Los buscó con la mirada y los encontró, pero quedaban varios metros a la izquierda del eje de su rápel. Entonces, empujó con las piernas sobre la roca como si caminase, se balanceó y, estirándose para alcanzarlos, volvió a hacer fuerza con las piernas elevándolos un poco para equilibrarse, solo que esta vez no advirtió que los pies no se impulsaban sobre el granito sino sobre una fina y resbaladiza lámina de hielo. Enseguida salió disparado en la dirección opuesta, ganando velocidad y girando sobre la cuerda como una peonza. Con creciente asombro vio desfilar los muros de roca ante sus ojos, preguntándose dónde y cómo acabaría su pequeño viaje pendular. Obtuvo la respuesta cuando las piernas se estrellaron contra la pared, seguidas del resto del cuerpo. Quedó suspendido de la cuerda. Imposible alcanzar los pitones. Tenía que improvisar un nuevo rápel. Empujó la pared con la pierna izquierda para llegar a una repisa y sintió un dolor punzante. Lo intentó con la otra pierna, y el dolor fue aún más terrible. Se había fracturado las dos piernas por encima de los tobillos. Pese a todo, logró arrodillarse en la repisa y montar un sólido punto de anclaje. Cuando Bonington rapeló hasta donde se encontraba, le dijo que no se asustara, que no iba a morir. «Te bajaremos sea como sea, suceda lo que suceda», fueron sus palabras. Scott le respondió que no tenía intención de perecer ahí. Anthoine había salido de la cueva de nieve para seguir el descenso de sus amigos, vio el accidente y oyó decir a Scott que se había roto ambas piernas. La pareja rezagada no tenía material de escalada suficiente para acudir a ayudarlos, así que esperó a que amaneciese, desesperada. Mientras, Scott y Bonington pasaron la noche al raso, sentados en una minúscula repisa de nieve, sin más abrigo que lo puesto. Lejos de dejarse llevar por la desesperación, Scott colaboraba de todas las formas posibles teniendo en cuenta su incapacidad, preocupado por ser un fardo y, al mismo tiempo, aliviado por estar rodeado de amigos que nunca lo abandonarían. Por turnos, él y Bonington se masajearon los dedos de los pies para evitar congelaciones. Cuando la luz empezó a hacerse sitio, reanudaron los rápeles y alcanzaron la base de la torre de granito, donde los esperaban Anthoine y Rowland. Scott empezó a gatear, acostumbrándose a la que sería su forma más eficaz de avanzar. Rapelar y arrastrarse: ese era su plan de escape. Siempre tuvo a un compañero que lo asegurase con una cuerda, en corto. Llegaron a la cueva de nieve y decidieron entrar a pasar el día, recuperarse y descender a la mañana siguiente. Pero el 15 de julio amaneció tormentoso, un caos de nieve y viento. Sin comida, y a siete mil metros de altitud, esperar habría sido morir, así que Anthoine y Rowland salieron hacia la cumbre oeste, abriendo huella en la nieve profunda, seguidos por la otra pareja. El trabajo de Anthoine resultó apabullante: iba el primero, instalando minuciosamente los rápeles, tirando de ingenio y experiencia para minimizar el impacto que suponía la falta del material abandonado tras el accidente. Siempre tuvo una broma a punto, jamás hizo una concesión a la desesperación por avanzar tan lentamente. No hay nada más cruel que desear escapar de una montaña, de una ventisca atroz, y no poder hacerlo con rapidez porque un herido necesita con urgencia tu ayuda para sobrevivir. Anthoine y Rowland, que no se consideraban alpinistas profesionales, se concentraron en salvar al grupo y, si bien su gesta quedó olvidada injustamente por los relatos posteriores, Scott no duda en precisar que fueron ángeles de la guarda. Su descenso se convirtió deprisa en una agonía: no avanzaban, lastrados por un Scott que hacía lo imposible por no empeorar el estado de sus fracturas y no caer en el desánimo. Pasaron una noche más por encima de los siete mil metros, sin comida y con los sacos de pluma absolutamente empapados, salvo el de Bonington, porque alguien le había prestado una funda con un tejido nuevo, Gore-Tex. Hoy en día, nadie sale a la montaña sin esta membrana cortavientos e impermeable. Cuando alcanzaron la parte superior del Pilar Rojo, la tormenta era un huracán. En uno de los rápeles, una cuerda quedó más corta que la otra, y Scott no pudo oír los gritos de advertencia de Rowland. Se escurrió de las cuerdas y, cuando parecía que le esperaba una caída de más de mil quinientos metros de desnivel, logró agarrarse con un brazo a otra cuerda, colocada milagrosamente por Anthoine. Cuando le llegó el turno a Bonington, le ocurrió lo mismo. Cayó seis metros y se empotró contra un bloque de roca que frenó en seco su caída hacia la muerte. Las costillas se llevaron la peor parte y mermaron enormemente su capacidad. Anthoine llegó el primero a las tiendas de campaña del campo 3, las desenterró y las recuperó: resultó un ejercicio alucinante de orientación sin visibilidad en un terreno mortal. Pasaron la noche ahí, e hicieron cuentas: llevaban tres días sin comer nada, pero encontraron en la tienda bolsas de té utilizadas, terrones de azúcar y cubitos de caldo, gracias a lo cual pudieron hidratarse. Incluso tuvieron humor para jugar a las cartas antes del anochecer. Al día siguiente alcanzaron el collado oeste, a 6.300 metros, donde Scott se ofreció para abrir huella: el hecho de gatear le confería cierta ventaja porque repartía mejor su peso sobre la nieve fresca y no se hundía tanto como sus compañeros. Se sentía tan culpable por haber provocado una situación tan desesperada que no perdía ocasión de aliviar un poco sus remordimientos. Desde este punto, llegaron a las cuerdas fijas e invirtieron otro día más en bajar hasta el glaciar. Habían pasado ocho jornadas desde el accidente, y aún tardarían otra más en regresar al campo base... donde nadie los aguardaba. Tut Braithwaite y Nick Estcourt los habían dado por muertos y esa misma mañana habían abandonado el lugar dejando una nota y comida escondida. Nunca creyeron que alguien la encontraría y aprovecharía los alimentos. Tras leerla, Anthoine comió algo y, pese a sus pies congelados, echó a correr valle abajo en busca de sus amigos y de ayuda. Estaba tan agotado que corría una hora y paraba a dormir unos minutos. Así hasta que llegó, día y medio después, tras recorrer cincuenta kilómetros, a la aldea de Askole. Mientras, Rowland se había quedado en el campo base cuidando de Scott y de Bonington. Pasaron cinco días y, cuando apenas les quedaban unos caramelos, varios porteadores aparecieron de improviso acompañados de Nick Estcourt. Fabricaron una camilla con mantas, cuerdas y palos, y la comitiva llegó, tres días más tarde, a Askole. Es decir, trece jornadas después de que Scott sufriese el accidente. En el año 2002, cuando pasé por Askole, la aldea seguía siendo de una pobreza y marginalidad indescriptibles. Sin embargo, sus gentes mostraban una generosidad desconcertante. Seguramente, las vidas de los montañeros les resultan indescifrables y ausentes de sentido, pero asumen nuestras evidentes carencias con una naturalidad y una hospitalidad descorazonadoras. En 1977, la mitad de los niños que nacían en Askole no superaban los cinco años de esperanza de vida: el agua que bebían, infectada por excrementos animales y humanos, los mataba. Scott se empeñó en remediar el asunto. Reunió diez mil dólares, contactó con el Programa de Apoyo Rural del Aga Khan, en Skardu, se localizó un manantial y se desvió agua pura hasta la aldea. El 4 de agosto de 1977, tres semanas y un día después del accidente, Scott llegó al hospital de Nottingham, donde fue operado con éxito de sus fracturas. Entremedias, estuvo a punto de perder la vida. El helicóptero que lo recogió en Askole y lo trasladó a Skardu se averió de súbito cuando realizaba la maniobra de aterrizaje y cayó a plomo los últimos seis metros. Sencillamente, el motor dijo basta. Pero podría haberse parado a ochocientos metros del suelo...

En 1978, un equipo japonés se quedó apenas a diez metros de desnivel de la cumbre principal del Ogro. En 2001, el grandísimo alpinista alemán Thomas Huber, junto con otros dos compañeros, firmó el segundo ascenso a la montaña, y se quedó profundamente impresionado por la gesta de Scott y Bonington. En 2012, los estadounidenses Hayden Kennedy y Kyle Dempster alcanzaron también la cima en impecable estilo alpino y, aunque merecieron un Piolet de Oro, el máximo galardón al que puede aspirar un alpinista, su ascenso pasó desapercibido para el gran público. En cambio, la epopeya de Scott le concedió una notoriedad descomunal en Reino Unido, aunque menor que la que se labró Bonington, mucho más comercial. Conforme fue decayendo su forma física, Doug Scott se centró en el desarrollo de Community Action Nepal, una organización que gestiona multitud de proyectos benéficos en las áreas de montaña. Falleció el 7 de diciembre de 2020 a los setenta y nueve años. Nunca olvidó la avalancha que lo arrastró en la arista oeste del K2, junto con Nick Estcourt. Tampoco la soledad que experimentó al emerger de la nieve, justo a los pies de un cortado abismal. El mismo abismo que se llevó a su amigo Estcourt.

Dar de comer a una rata

Ciertos alpinistas, y de los buenos, se enfocan en el éxito, y para alcanzarlo prescinden de muchas otras consideraciones. Escogen a un compañero curtido, fuerte, de gran nivel técnico, se encuerdan y a su regreso hacen cuentas: ¿sirve lo que han hecho para salir en los medios y merecer una prolongación de su patrocinio? Algunos ni siquiera esperan a volver: mandan fotos y vídeos desde la cima; cosas de la inmediatez. Lo raro, desde que el profesionalismo irrumpió en el mundo alpino, es escoger a un compañero en función de su sentido del humor, de su personalidad, de la experiencia que supondrá iniciar un viaje en el que casi todo, salvo las risas, es incierto. Lo raro, en la profesionalización, son los amigos, porque los «colegas» y compañeros ocasionales ocupan su lugar: el músculo antes que el calor de una broma. El alpinismo siempre se ha vendido como un asunto serio, un ejercicio donde las carcajadas escasean y las muertes abundan. No es así ni tiene por qué serlo, aunque a ratos las tragedias aniquilen momentos sublimes. Ya hemos hablado de la leyenda de Chris Bonington y Doug Scott. Lo mejor de estos dos no fue la capacidad para adelantarse a su tiempo, el éxito incontestable de sus numerosas expediciones ni la capacidad para reunir dinero… Lo mejor fueron los personajes que gravitaron a su alrededor, tipos radicalmente libres, diferentes e incapaces de darse importancia. Don Whillans, por ejemplo, tan gran alpinista como adicto a las borracheras, a las tabernas, al alcoholismo como posicionamiento vital. O Mo Anthoine, prácticamente un desconocido coetáneo de ambos y protagonista de un libro delicioso, *Alimentar a la bestia*, de Al Alvarez. Mo Anthoine pudo ser famoso, pero no le dio la gana. No obstante, esa decisión no le impidió vivir para escalar, siempre con amigos independientemente de cuál fuese su nivel; él los cuidaba, los protegía, los reconfortaba con su humor cínico e inteligente. Eso es lo que, se supone, ha de hacer un compañero de cuerda. Uno de sus asiduos era el poeta y escritor Al Alvarez, apasionado escalador y tan incondicional del aventurero que le escribió un libro. El título original, *Feeding the Rat* («Alimentando a la rata»), describe de forma gráfica la pulsión de Mo Anthoine por escapar de una vida desprovista de las emociones que anhelaba, asomarse a sus entrañas y salir a buscar su límite físico, pero sobre todo mental, en las montañas de medio planeta, en las más elevadas o en las paredes modestas de su tierra: salir afuera para mirarse, buscarse y conocerse con el fin de medirse con la realidad, sin esconderse tras cortinas de humo. «No concibo nada más triste que morir sin saber quién eres o sin saber de lo que eres capaz», confiesa en el libro. En la búsqueda de ese conocimiento, no solo escaló. También fundó una empresa de material de montaña, revolucionando de paso artículos de seguridad o prendas de escalada, y fue doble de acción, cámara, constructor ocasional... Famoso nunca deseó serlo, consciente de lo mucho que podía perder a cambio de no ganar casi nada. Al Alvarez también vivió de acuerdo con códigos similares: profesor de Literatura en Oxford y crítico literario, mandó todo esto a paseo para escribir acerca de los pensamientos que le quitaban el sueño. Su obra indaga, por ejemplo, la idea del suicidio, la noche o la poesía.

Doug Scott narró en un libro tremendo su odisea para escapar con vida del Ogro, en 1977. Scott y Bonington descendieron, el primero con las piernas rotas y el segundo con las costillas también rotas, gracias a Anthoine y Rowland (véase el capítulo «El Ogro»). Pero estos dos últimos enseguida desaparecieron del relato; sin duda, los medios de la época juzgaron que cuatro héroes eran multitud para una hazaña que, a la fuerza, debía ser más sencilla. Al Alvarez recorre varios episodios de la vida de Mo Anthoine y varias de las ascensiones que compartieron, emocionando al lector con la modestia de su amigo, su fortaleza y su integridad. El suyo es un relato que desprende calor, es una historia de lealtades, de búsqueda de cierta integridad, de lucha por permanecer fiel a sí mismo, desafiando cualquier corriente impuesta. Uno desearía disponer de una chimenea para poder leerlo al calor del fuego.

La montaña no mató prematuramente a Mo Anthoine, pero sí un tumor con el que convivió fingiendo que no estaba; en el medio natural fue un maestro a la hora de relativizar las situaciones más crueles, actitud que extendió a toda su existencia. ¿Para qué quejarse de lo que has elegido cuando las cosas no son tal y como deseas? En su caso, siempre supo disculpar las miserias inherentes a su pasión. Por eso se le llama «pasión». Aseguran que existen pasiones que matan, algo que puede tomarse en sentido literal, vista la cantidad de hombres y mujeres que han perecido en las montañas desde que se inventó el juego del alpinismo. Lo que no es menos cierto es que la pasión de escalar genera, en ocasiones, cierta adicción y se transforma en el eje central de muchas existencias. Muchos apasionados ni siquiera son yonquis de algo tan manido como la adrenalina: simplemente, nunca se cansan de buscar experiencias que los lleven a dar lo mejor de sí, a sorprenderse creciendo cuando pensaban haber alcanzado un techo. Cada pequeña victoria alimenta esa llama y, un buen día, esa luz oscurece todo lo demás: familia, trabajo, amigos... todo supeditado a una nueva expedición, a un nuevo encadenamiento, a una vuelta de tuerca a los retos habituales. Mo Anthoine nunca perdió de vista sus raíces, su anclaje a la realidad. Más de cuatrocientas personas asistieron a su funeral. Y todas hubiesen querido reclamar que un día fueron sus amigos.

Una repisa pequeña y solitaria y una lata de queso

«No existe película de Hollywood capaz de superar la aventura que viví en la Torre de Trango», escribiría el japonés Takeyasu Minamiura, un perfecto desconocido incluso para los más entendidos y estudiosos de la alocada historia del alpinismo. Leí su relato con los ojos abiertos como platos en el verano de 2005, en el undécimo número de la preciosa y prestigiosa revista estadounidense *Alpinist*. Recuerdo acechar la llegada del cartero, mostrando un punto ansioso e ilusionado: aquel ejemplar que aterrizó en el buzón de mi casa llevaba un artículo mío. Es decir, escrito por mi mano, pero firmado por los hermanos Iker y Eneko Pou como si yo, en este caso, fuese un pequeño *ghost writer*. Solo que no cobré por él, o sí: aún sigo sonriendo cada vez que lo leo, traducido al inglés y escrito en primera persona como si yo también fuese un hermano Pou.

El artículo que antecedía al «mío» era un perfil de la Torre de Trango a través de algunas de sus vías más emblemáticas, un repaso cronológico de las batallas libradas en esta imponente edificación de granito del Karakórum paquistaní. Allí escribían leyendas como Martin Boysen, Michel Piola, Voytek Kurtyka, Kurt Albert... y un tal Takeyasu Minamiura. Como jamás había oído hablar de él, leí su contribución y quedé asombrado. Efectivamente, ningún guion de cine hubiera podido imaginar un relato semejante. Tanto es así que, en el primer párrafo, el autor recalcaba que la suya era una historia verdadera, por mucho que al lector le costase creerla, e incluso imaginarla: «Más allá, solo debe llegar la muerte. Considero la mía como la experiencia más grandiosa jamás vivida por un escalador». Su epopeya se dio en 1990, y para apreciar de veras la grandeza de afrontar la Torre de Trango decidió hacerlo en solitario. Pero no solo eso: su empresa debía coronarse con un despegue desde la cumbre con un parapente, su otra pasión, y ciertamente una manera rápida y elegante de descender. Se conoce a la Torre de Trango como «la torre sin nombre», un formidable pináculo rocoso que culmina a 6.239 metros, es decir, una altitud donde caminar es un problema y escalar, una odisea. Un lugar donde el hielo cubre las fisuras de la roca y las nevadas y los fuertes vientos obligan a los alpinistas a pasar semanas jugando a las cartas en el campo base.

Minamiura contaba treinta y tres años de edad y había viajado con cuatro amigos más: Masanori Hoshina, Satoshi Kimoto, Masahiro Kosaka y Takaaki Sasakura. Sin él, habían invertido veinticuatro días en la ruta noruega antes de que el mal tiempo les impidiese alcanzar la cima. Mientras tanto, Minamiura se encargó de lanzar un primer ataque, pero tuvo que desistir cuando llevaba casi trescientos metros de ascenso. Regresó, y esta vez sí logró alcanzar la cima. En total, estuvo casi cuarenta días en la pared, escalando a menudo en artificial (es decir, colgándose a cada paso del material que él mismo colocaba en la roca, como pitones o fisureros, para progresar de la forma más segura posible en un estilo lento y laborioso) y luchando con el enorme peso que debía arrastrar por la pared: unos cien kilos, que incluían un parapente y otro de emergencia, material para vivaquear, comida, gas, radio, pilas, cuerdas de repuesto... Perdió tanto peso que al finalizar parecía un adolescente famélico. Los últimos cinco días de su ascensión tuvo que pelear con tormentas, hielo en la pared, agresivos vientos... Llegó a caerse hasta cuatro veces, poniendo a prueba su técnica de autoseguros. Por las noches podía contemplar el vecino Masherbrum, majestuosa montaña que había escalado cinco años atrás y que le permitía albergar esperanzas de volver a casa con un nuevo éxito.

Una vez en la cima, entendió que el tiempo estaba empeorando y que se acercaban grandes problemas. Tenía que ejecutar su plan y descender lo antes posible. Se trataba ya de una cuestión de mera supervivencia puesto que con la llegada de la tormenta no podría volar en varias jornadas, así que, sin demorarse y tras filmar y fotografiar el paisaje desde lo más alto, rapeló veinte metros, alcanzó un hombro nevado, extendió su tela y se puso a esperar una brisa favorable. Antes había recogido todo su material y las escasas provisiones que le quedaban, lo metió todo en su petate y lo lanzó al vacío atado a un diminuto paracaídas. Ahora sí, se había quedado desnudo, sin otra forma de sobrevivir que volando bajo la tela de su parapente. Las últimas luces del día se apagaban cuando, finalmente, la tela se hinchó, se desató del lugar al que se había anclado para no resbalar, corrió por la pendiente nevada y despegó. A sus pies, contempló dos mil metros de vacío y calculó que en diez minutos estaría en el glaciar, a salvo. Pero, en vez de eso, enseguida se encontró cabeza abajo. Algo había salido mal: un viento lateral lo había atrapado, desestabilizado y lanzado contra la pared con enorme fuerza: «Traté de convencerme de que se trataba de un mal sueño, pero el impacto en mi espalda me devolvió a la realidad». De no ser por el piolet que llevaba en la mochila, se hubiese roto la espina dorsal. Colgando del vacío, el dolor apenas le permitía respirar ni observar su situación. Cuando pudo hacerlo, sintió ganas de llorar. Un mínimo trozo de tela de su parapente se había enganchado en un pequeño saliente rocoso, frenando su caída. Observó con calma y detenimiento sus posibilidades, sacó la radio y resumió con frialdad su situación: necesitaba un rescate en helicóptero. Calculaba que estaba muy cerca del hombro del que había despegado y que, si el helicóptero se posaba ahí, enseguida lo sacarían del apuro. En el campo base, sus cuatro amigos se organizaron de inmediato: dos de ellos salieron a la carrera hacia el puesto militar más cercano, sito a varios kilómetros de distancia.

Minamiura pasó esa noche colgado de su arnés, algo sumamente peligroso que puede derivar en el conocido síndrome del arnés, que produce algo parecido a un torniquete, pues frena la circulación de la sangre. Cuando se libera la presión que ejerce el arnés y la sangre vuelve a circular libre puede causar daño en los órganos vitales e, incluso, provocar un paro cardiaco. Consciente de esta realidad, el japonés trató de mover las piernas durante toda la noche, y por la mañana vio que, apenas a cinco metros de donde colgaba, una pequeña repisa de medio metro podía acogerle. Haciendo equilibrios en el vacío, la alcanzó y se tapó con el parapente de reserva. No tenía dónde atarse;

allí sentado, las piernas colgadas sobre el vacío, pasó seis días sin comer ni beber y rogando para no resbalar. El helicóptero despegó y logró ubicar a Minamiura, pero en Pakistán no existe un servicio de rescate en montaña, solo vuelan aparatos del ejército, y estos no están preparados para superar ciertas cotas de altitud. No habría rescate desde el aire. Entonces «me desesperé. Pero enseguida recobré la moral: decidí esperar hasta el final a mis dos amigos Kimoto y Hoshina. Y si no lograban llegar a mí entonces haría salto base desde mi repisa con la vela de reserva... Pero no me engañaba. Lo más seguro era que no lo lograse».

Masanori Hoshina y Satoshi Kimoto pidieron al piloto que los dejase en el lado opuesto de la Torre de Trango para intentar escalar desde ahí la primera vía abierta, una ascensión británica que nunca nadie había repetido. Decir que su plan era osado es algo así como no decir nada. Tenían que volar montaña arriba por un terreno vertical, técnico y que encontraron helado y nevado. Aquella ruta inglesa había sido conquistada en dos ataques diferentes: el asunto había empezado en 1975 y finalizado en 1976. La rodilla izquierda de Martin Boysen tuvo la culpa. Tras varios días de pelea, Boysen y Mo Anthoine se hallaban cerca del final de sus penurias cuando el primero encaró un tramo que presentaba una amplia fisura. Sin apenas material, fue reptando, colocó su único pitón y, segundos después, su rodilla quedó encastrada en la fisura. Lo que parecía un incidente acabó convirtiéndose en la peor de las pesadillas: no había manera de extraer la rodilla de la oquedad. Boysen lo intentó todo, pero llegó un momento en el que supo que moriría ahí, estúpidamente. Maldijo el débil equilibrio entre su pasión por escalar y su pasión por la vida. Lamentó el hecho de no volver a ver a su mujer y a su hija. Se lo iba a perder todo. Entonces recordó que tenía una navaja. Cortó con ella la tela de sus pantalones, la de sus mallas también, cortó incluso la carne... pero nada servía. Extenuado, pensó en dejarse morir, pero entonces la rodilla resbaló hacia fuera, liberándolo y cayendo brevemente hasta que el pitón que había colocado horas antes frenó su vuelo. Mo Anthoine lo descolgó y allí mismo se deshizo en lágrimas. Un año después regresaron y finalizaron lo empezado.

Masanori Hoshina y Satoshi Kimoto tuvieron la fortuna de encontrar una enorme cantidad de material en la ruta británica, especialmente de cuerdas fijadas. Los ingleses no habían sido nada limpios en su retirada (eran otros tiempos y otras éticas), pero eso salvó a Minamiura. Aunque habían pasado catorce años, las cuerdas observaban un estado razonablemente seguro. Agarrados a ellas, pudieron ganar altura a gran velocidad. Eso sí, según contarían después al alpinista norteamericano Greg Child, pasaron «mucho miedo temiendo que las cuerdas se rompiesen». En apenas tres días, la pareja nipona alcanzó el hombro y encontró a Minamiura sentado en la repisa: parecía un pajarito sin alas. Mientras escalaban, el helicóptero regresó un par de veces lanzando provisiones, pero todas rodaban pared abajo. «Recuerdo un *brick* de zumo de mango estallando junto a mí. Solo pude rescatar su aroma y unas gotas... Me entró la risa. Cuando el frío y el hambre me resultaban insoportables, llamaba por radio a Takaaki Sasakura y hablábamos de lo que comeríamos al regresar a casa. Después llegó la sed, pero mi cuerpo no toleraba morder o chupar hielo», escribiría Minamiura. Tres días después del primer lanzamiento, el segundo llegó y también fracasó. Pero el piloto pudo ver que una lata de queso había quedado emplazada justo donde la tela del parapente se había enganchado. El problema era que, para alcanzarla, el japonés debía escalar cinco metros. Resultaron los cinco metros más expuestos y terribles de su existencia. Al ponerse en pie, las piernas le flaquearon y casi se cayó. Necesitó un tiempo para recobrar fuerzas y, guiado por el hambre, se movió a cámara lenta hasta dar con el botín. Ese queso era lo primero que comía en seis días, y el piloto entendió que allí podía lanzar más provisiones, cosa que hizo de inmediato. Poco después, sus dos amigos se asomaron, apareciendo de la nada. Los tres descendieron en rápel por la vía eslovena y en día y medio celebraban el reencuentro con la sobriedad propia de los nipones.

Minamiura no volvió a participar en grandes expediciones, pero sigue escalando. «Estoy feliz porque las cosas van como deben. Sin embargo —escribió en 2005—, sigo poniéndome nervioso cuando veo pasar un helicóptero. Y aquella pequeña y solitaria repisa me vuelve a la cabeza ciertos atardeceres, justo después de un gran día de escalada, y me trae un pensamiento: "¿Y si aún estuviese allí?"».

El último samurái del alpinismo

El primer día de escalada en la vida de Yasushi Yamanoi resultó tan solitario como violento. Lo habitual, cuando alguien decide escalar, es hacerlo en pareja, encontrar un compañero y relevarse en la tarea de asegurar al otro cuando este progresa por la pendiente. Pero ¿con quién escalas cuando no conoces a nadie que lo haga, cuando no hay tradición alguna a tu alrededor y sientes, pese a todo, que el gesto de enfrentarte a una pared de roca es una necesidad tan concreta y tirana que enloquecerás si no te abandonas a ella? Poco antes de tomar el tren que debía acercarlo al objetivo robó una cuerda en una obra, pero después de tocar la roca y de haber escogido una vía de unos treinta metros de alto tuvo que reconocer que el hurto había sido un éxito a medias: no sabía cómo usarla. Así que, sin gran ceremonia, depositó la soga a sus pies, palpó con una mano un posible agarre, lo descartó, escogió otro que se acomodase a sus dedos, encontró otro similar para la otra mano, subió un pie, cargó el peso del cuerpo, casi ingrávido, y, milagro, despegó no solo pared arriba, sino hacia la vida que le esperaba.

Yamanoi tenía apenas quince años, pero había decidido, tras ver la película *Muerte de un guía* de Jacques Ertaud, que sería alpinista. Y punto. Desde ese instante, todo en su vida quedaría supeditado, por importante que fuese, a medirse a las paredes del planeta entero. Así que empezó a escalar con sus zapatillas de senderista, a pelo. Apenas llevaba ocho metros ascendidos cuando el ácido láctico empezó a quejarse en unos brazos nada musculados, más bien enclenques. Desesperado, vio a su derecha un agarre de un tamaño que consideró generoso, así que tomó impulso balanceándose sobre las presas que sujetaban sus manos y se lanzó, un movimiento que no quedó ahí: el joven siguió volando después de que el agarre que debía salvarle se partiese. Aterrizó con estruendo. Pudo haberse matado, pero no fue una caída grave. Regresó a casa como si se hubiese peleado con una jauría de perros. Sucio, sudoroso y arañado, debió admitir frente a sus padres que ese día en concreto había empezado a escalar. Su progenitor se lo prohibió apenas concluyó la confesión, a lo que el hijo respondió que se quitaría la vida clavándose un cuchillo en el estómago. Su padre lo miró desconcertado, pero lo retó a que cogiese un cuchillo de la cocina. Yasushi lo hizo, intentó clavárselo a fondo pero, apenas penetró la hoja en la carne, el dolor le hizo desistir y soltó el afilado instrumento con una mueca de sorpresa. Profundamente impresionado, el padre resolvió que, si su hijo estaba dispuesto a llegar tan lejos, podía seguir escalando. Nunca ha dejado de hacerlo desde entonces, ni siquiera después de recibir en 2021 un Piolet de Oro honorífico al conjunto de su carrera. Escalar montañas sigue siendo lo único que realmente necesita en su vida.

Dijo el inmenso Walter Bonatti que para ser alpinista lo primero que hay que hacer es aprender a lidiar con el miedo que todos llevamos dentro. ¿Puede un alpinista ser miedoso? Yamanoi, como tantos otros, lo es: «Siempre, pensando en una montaña que deseaba escalar, sentía un miedo tan profundo que se me ocurría que mis órganos internos se pudrirían en mi interior. Era algo insufrible… Hasta que empezaba a escalar… y toda la aprensión desaparecía», explica en una serie de entrevistas que forman el precioso documental *Mushin. Being Yasushi Yamanoi*, creado por Grivel, uno de sus patrocinadores.

«Conocer las montañas, descubrirlas, me convirtió en un loco. Sigo siéndolo. Quiero escalarlas todas», reconoce. Y si no las ha superado todas ya, ha subido a tantas que la lista, pulcramente recogida en un cuaderno del que no se separa, es abrumadora. Muchos alpinistas tienen libretas similares. La primera que vi con mis ojos pertenecía a un gran guía de alta montaña pirenaico, Rainier Munsch, conocido como Bunny. Contacté con él por teléfono y me invitó a su casa, donde realizamos una entrevista que fue la primera que publiqué en la revista de montaña *Campobase*. Recuerdo que, en un momento dado, tras preguntarle por una vía determinada, se levantó de un salto murmurando entre dientes algo así como «eso debo de tenerlo yo anotado…». Entonces, extrajo con precisión un cuaderno de su estantería de libros de montaña, se sentó de nuevo a mi lado y empezó a hojear sus páginas. De pronto, descubrí que en aquella figura alta y desgarbada, fibrosa, madura, se escondía sin gran disimulo un niño. Se trataba de un adulto que había sabido conservar una ilusión antigua, una pasión que no desfallecía ni con el paso del tiempo, ni con las expectativas ampliamente cumplidas. A primera vista, cuando me incliné sobre las páginas movido por la curiosidad, solo parecía haber una mancha deforme cubriendo la blancura de cada hoja. Pero, acercándome aún más, pude ver líneas y líneas donde Munsch había recogido durante años cada una de sus salidas a la montaña. Ahí figuraban el nombre de la pared, el de la vía, su dificultad, desnivel… y los que lo habían acompañado. «Muchas de las vías que he escalado han sido con clientes a los que "engañaba" para repetir las nuevas vías que mis colegas abrían…», confesó con una risotada. Solo con ojear esa escritura minúscula, apretada y precisa, Rainier podía reseguir su vida, rememorar cuantiosos momentos de felicidad. Podía revivir gestos, miradas, pensamientos, episodios de tensión, vacilaciones o certezas que se quedan grabados a fuego mientras uno se enfrenta a una pared. Son instantes de tal intensidad que quedan fijados en la memoria como si alguien los hubiese estampado con un acero candente. El cuaderno era en sí mismo un testamento y una evocación de una vida de pasión.

Yamanoi también se parecía a Rainier Munsch: su cuaderno era él, y él era su cuaderno. El japonés empezó a destacar como un especialista de la escalada en fisuras y del artificial, pero enseguida se convirtió en un tremendo alpinista, un adicto al estilo alpino. El 30 por ciento de sus ascensiones las ha realizado en solitario. A veces, busca su libreta fetiche, en la que línea tras línea ha apuntado todas las subidas de su vida y las repasa, recordando los momentos que conforman su biografía: nueva vía al monte Thor, en la isla de Baffin (1988); primer ascenso al Fitz Roy en invierno y en solitario (fue en 1990 y pasó meses sin compañía, en una cabaña, esperando las mejores condiciones); apertura en la cara oeste del Ama Dablam en invierno (1992);

nueva vía al Cho Oyu en estilo alpino por la vertiente sudoeste (1994); el K2 en solitario en cuarenta y ocho horas (2000)… En 2002, con su mujer, Taeko Nagao, como compañera de cordada, se empeñó en repetir la vía eslovena al Gyachung Kang, la decimoquinta montaña más elevada del planeta con sus 7.952 metros, ubicada en el flanco este de Nepal, en la frontera con Tíbet. Casi nadie conoce esta cima, sin embargo, por un simple capricho: si en lugar de medir las montañas con el sistema métrico se hiciera en pies, en la lista de las más elevadas no entrarían catorce. Podrían ser más o ser menos, según donde se colocase el corte. Los cuarenta y ocho metros que le faltan para ser considerada un ochomil explican su anonimato, el hecho de que la colosal cumbre reciba tan pocas visitas. Yamanoi y Nagao avanzaron sin problemas hasta la cota de los 7.600 metros, pero entonces, cuando llevaban casi tres días de ascenso, con dos vivacs (dormir en la pared, con o sin tienda de campaña), el tiempo cambió, empeoró y llegaron las nevadas. La cima estaba tan cerca que el hombre decidió alcanzarla en solitario; su mujer estaba demasiado cansada y prefería guardar fuerzas antes de acometer el descenso. Así que ambos se reunieron de nuevo para vivaquear, por tercera vez. Se hallaban a 7.500 metros y la tormenta persistía. A la mañana siguiente, empezaron su retirada. Invirtieron una jornada entera para perder apenas trescientos metros de desnivel y se vieron obligados a realizar un nuevo vivac, el cuarto. Al despertar, Yamanoi retomó la rutina de los rápeles. Seguía nevando. Al acabar uno de ellos, montó una reunión con pitones a los que se ancló. Justo entonces, una avalancha arrastró a su mujer cuando esta empezaba a rapelar, lanzándola al vacío. Su caída se vio frenada de forma milagrosa unos treinta metros por debajo de Yamanoi. Este tiró de la cuerda de apenas siete milímetros de grosor, tan fina que parecía un simple cordel. La cuerda cedió con facilidad y al final de esta comprobó, horrorizado, que estaba cortada. Llamó a gritos a su esposa, y esta respondió: estaba bien, pero había perdido un guante y no veía por un ojo. Yamanoi, sin cuerda suficiente para volver a rapelar, desescaló hasta su compañera, autoprotegiéndose en las fisuras, una labor terrible sin visibilidad que lo obligó a quitarse los guantes para poder agarrar convenientemente la roca. Si caía, ambos morirían. Al final de esa jornada, los aguardaba un quinto vivac: ella solo tenía visión en un ojo y él había perdido la vista en ambos. Al despertar, las tornas se invirtieron: él veía con el ojo izquierdo y ella se había quedado ciega por completo. Pese a todo, lograron alcanzar el campo base avanzado para comprobar, estupefactos, que no había nadie de su equipo de apoyo. Todos se habían marchado, dándolos por muertos. Marchando como dos espectros abrazados, tirando el uno del otro por un terreno técnicamente sencillo, sufrieron un último vivac en el glaciar, muy cerca del campo base, al que regresaron exactamente ocho días después de su partida. Allí sí, les ayudaron a ingresar en el hospital de la capital de Nepal, Katmandú. Él perdería todos los dedos del pie derecho así como el meñique y el anular de ambas manos. Pese a ello, reaprendió a escalar en fisuras adaptándose a sus amputaciones y después, con cincuenta y ocho años, aún aspiraba a atacar una de las fisuras más famosas y severas del planeta: Green Spit, en el valle del Orco italiano. «Si lo consigo, puedo morir en paz. Necesito añadir esa línea a mi lista», ríe.

Yamanoi sabe lo que supone dialogar varias veces con la muerte. Sabe lo que significa pelear con todo para escapar de una cumbre. Su mejor aliada fue su mujer, un caso verdaderamente raro en la historia del alpinismo, donde no abundan los matrimonios capaces de entenderse y ayudarse en alta montaña. En 1998, una avalancha en el Manaslu los arrastró: ella lo desenterró, la boca llena de nieve, incapaz de mover un músculo, aterrorizado. Después, se preguntaría si los amigos que un día fallecieron sepultados por una avalancha sintieron ese miedo, si fue tan doloroso. Y más aún. En 2008, salió a correr cerca de su casa y, al pasar por los alrededores del lago Okutama, mientras trotaba concentrado por un sendero estrecho y pedregoso, levantó la mirada y vio un oso lanzándose a su encuentro. «No sé cómo explicarlo, pero que me atacase un oso fue realmente una bonita experiencia, es un bello recuerdo. Cuando vi a la osa corriendo hacia mí, pensé que estaba perdido. Primero me mordió en el brazo, por encima del codo, sacudió la cabeza y con su fuerza enorme salí disparado. Después me mordió en la cara, durante un minuto más o menos, pero recuerdo su gruñido, sus ojos repletos de odio, su saliva, todo mezclado. Mientras, yo le daba puñetazos con ambos puños, con todas mis fuerzas hasta que perdí la voluntad de seguir luchando… Fue entonces cuando la osa perdió su interés en mí, se marchó. Yo sangraba tanto por la nariz que me mareé. Con una mano me tapé la herida del brazo y con la otra las de la cara, y así llegué a casa… Pero no había nadie, y los vecinos pidieron una ambulancia. No puedo olvidar el tacto de su pelo rugoso, porque normalmente nadie puede llegar a tocar un oso en su vida si este está libre», rememora. El ataque le supuso veinte puntos de sutura en el brazo e hicieron falta setenta para recomponerle la cara, parcialmente arrancada.

Mientras duró su visita a Italia para filmar el documental, Yamanoi intentó varios días escalar en libre la fisura Green Spit. Pero temía que sus mejores días hubieran quedado atrás: «Ser consciente de tu capacidad física real es crucial para un alpinista si desea sobrevivir en la montaña», concede. De hecho, considera que cada uno ha de asumir su destino cuando sale a escalar: «Voy a la montaña para estar solo con la montaña, por eso no llevo radio ni teléfono para pedir auxilio, ni pido partes meteorológicos. Acepto lo que me toca. Quiero escalar casi desnudo. Quizá estoy desfasado», se plantea. Los que han tratado más con él lo consideran un «señor, un hombre de principios, un samurái», y conocen bien su aspiración más querida: alcanzar un estado mental llamado *mushin* («sin mente»), concepto de carácter psicológico que remite a la posibilidad de actuar en la montaña, o en la vida diaria, sin que medie el enfado, el miedo o el ego.

Una tienda de campaña resbala en la noche

Mueren más senderistas que grandes alpinistas en la montaña, sobre todo porque el volumen de paseantes es infinitamente mayor que el de especialistas en el arte de escalar. Pero también porque los profesionales enfocan toda su energía y conocimientos en salir vivos de los lugares peligrosos. Lo llaman «el juego del alpinismo». Cuando pierdes, lo pierdes todo. La inmensa mayoría de las muertes en montaña se explican por errores humanos, ya sean técnicos o de estimación de los peligros objetivos... y subjetivos. Pero también, pese a quien pese, existe la mala suerte, la ironía del destino o el destino en su manifestación más evidente y mayúscula. El gran escalador y alpinista Kurt Albert, autor de enormes proezas y de expediciones en solitario, murió ¡en una vía ferrata! El francés Louis Lachenal sobrevivió a la conquista del primer ochomil, el Annapurna, para terminar en el fondo de una grieta en el valle Blanco, en el macizo del Mont Blanc, donde había esquiado cientos de veces. Lionel Terray, otro de los alpinistas galos de leyenda, autor del imprescindible libro *Los conquistadores de lo inútil*, falleció junto a su compañero en una inexplicable caída de casi trescientos metros cuando escalaba no muy lejos de su casa. Mi primo, uno de mis seres más queridos, que siempre enfocaba esta actividad desde el punto de vista de la seguridad, subió una pared y se encontró un bloque de roca en el sendero por el que descendía plácidamente. La bajada, ciertamente inclinada, no presentaba mayor dificultad que la de caminar, pero cuando apoyó el pie en el bloque este cedió, encaró el vacío, se llevó consigo la tierra donde reposaba y arrastró a mi primo, que cayó a continuación. Falleció casi en el acto. Un par de años después conocí, cenando en un refugio, a la pareja de escaladores que aquel día habían pasado por ese mismo lugar minutos antes: ambos se habían apoyado en el bloque y no se había movido un centímetro. Si no es eso el destino, ¿qué es? ¿La mala fortuna? ¿Nada más?

A Dmitri Golovchenko lo mató su tienda de campaña. A Serguéi Nilov lo mató, en diferido, la muerte de su mejor amigo. Lo primero ocurrió a finales de agosto de 2023. Eran rusos y, también, dos de los alpinistas más respetados del siglo XXI. Eran maridos y padres de dos y cuatro hijas, respectivamente, y pasaban las vacaciones juntos formando una enorme y bulliciosa familia. Juntos habían logrado dos Piolets de Oro, el máximo galardón que se concede en el sector. Siempre escalaban las enormes montañas del Himalaya asumiendo un compromiso descomunal en lugares donde la palabra «rescate» suscita una sonrisa irónica. Sus dos Piolets de Oro fueron fruto de épicos y obstinados ascensos: en 2012, junto con Alexander Lange, pasaron diecisiete días en el espolón nordeste de la Torre Muztagh (Pakistán, 7.284 m), mientras que en 2016 se unieron a Dmitri Grigóriev para escalar el pilar norte del Thalay Sagar (Himalaya indio, 6.904 m). Pero cuando realmente fascinaron a medio planeta fue tras salir airosos de una pesadilla en el Jannu. La dureza y la obstinación de los alpinistas rusos son legendarias, pero el viaje de Golovchenko y Nilov por las entrañas del Jannu (cuya denominación oficial es Kumbhakarna) supera casi todos los relatos de supervivencia en altura. Si existe una montaña intimidante, feroz (así la describió el sherpa Tenzing Norgay, el primero junto con Hillary en escalar el Everest), es el Jannu, objetivo declarado de los alpinistas más audaces. No existe camino sencillo hasta su cima, de 7.710 metros, conquistada en 1962 por un poderoso equipo francés, en el que figuraba Lionel Terray, desde su vertiente sur. Su cara norte apenas cuenta dos vías reconocidas, una japonesa y otra, directa, rusa. Por otra parte, la zona central de su pared este no había conocido ascensión alguna, algo que ellos deseaban remediar en estilo alpino: dos hombres, su material de escalada, sus mochilas con comida, gas, saco de dormir y una tienda de campaña que apenas pudieron usar porque la verticalidad de la pared no dejaba margen para instalarla. El dúo fue primero un trío que incluía al polaco Marcin Tomaszewski, pero este abandonó al considerar que no estaba lo suficientemente aclimatado, y, también, todavía estaba afectado por la muerte en el Nanga Parbat de su amigo Tom Ballard, con el que había abierto una vía en la cara norte del Eiger.

El Jannu da miedo por las dificultades técnicas que presenta y por el insoportable peligro de aludes y la mala climatología con los que saluda a sus visitantes. «No hay camino sencillo, cada paso es un paso hacia lo desconocido que nos obligará a superarnos», reconocía el también alpinista ruso Valeri Babánov, poco antes de firmar un alucinante primer ascenso del pilar oeste de la montaña, en estilo alpino, junto con Serguéi Kofánov, en 2007.

Escasamente aclimatados pero bien provistos de comida, gas y optimismo, Dmitri Golovchenko y Serguéi Nilov arrancaron montaña arriba el 16 de marzo de 2019, ganando metros con lentitud, esquivando peligros, aludes y mal tiempo y lastrados por el peso de sus mochilas. Apenas cuatro días después de iniciar su ascenso, tras alcanzar la cota de 6.300 metros, una enorme avalancha barrió la zona baja de la pared. Se habían quedado atrapados, no serían capaces de descender por donde habían subido y solo saldrían con vida si lograban llegar hasta la cima o la arista sur, en el lado izquierdo de la pared. Pronto, el avance lentísimo los obligó a racionar gas y comida mientras los aludes los rozaban, el frío arreciaba y se anunciaban vientos muy fuertes en altura. Apenas encontraban minúsculas repisas donde sentarse a pasar las gélidas noches. Deseaban atacar el pilar central de la pared, pero tuvieron que abandonar la idea para centrarse en alcanzar la arista, prescindir de la cima y descender por un terreno desconocido para ellos. Eligieron vivir, o al menos tratar de hacerlo. Tras doce días de ascensión llegaron a la arista, a 7.360 metros. La cima, 350 metros más alta, no estuvo en sus manos. El descenso fue un suplicio, perdidos en la niebla, obligados a remontar más de una vez y lidiando con un terreno más complejo de lo que cabía esperar. Peleaban por sobrevivir, esquivando precipicios y grietas. Lograron rescatar unas pasas y unos albaricoques secos por toda alimentación, pero los dos últimos días los pasaron sin víveres. En el diario de su periplo, publicado por *Mountain.ru*, Dmitri Golovchenko escribiría, tras diecisiete días en la montaña: «No estamos bromeando. ¡Realmente queremos bajar!».

Sus compañeros, al pie de la pared, decidieron desmontar el campo base e ir a buscarlos al pie de la arista sur. Siempre estuvieron en contacto vía satélite, pero verlos con vida remitía a uno de esos milagros que el alpinismo concede muy de tarde en tarde. Habían perdido diez kilos cada uno y Nilov, con la barba enorme y el cuerpo consumido, parecía un monje en estado de trance. Contra todo pronóstico, en las entrevistas posteriores, nunca se quejaron de sufrimiento alguno, ni llegaron a dudar de que saldrían vivos de la experiencia: «Hubiera sido peligroso intentar la cima y no deseábamos exponernos más. Tenemos una vida fuera de las montañas: Serguéi tiene cuatro hijas, yo una y quiero otra. Nuestras familias nos necesitan vivos y con salud […] así que mantuvimos la lucidez y prescindimos de la cumbre», confiaría Golovchenko.

Cuatro años después, y con la guerra en Ucrania enquistada, la pareja anunció un reto mayor a través de la web de uno de sus escasos patrocinadores, la revista *Mountain.ru*, uno de los primeros medios de prensa que se desmarcó del régimen de Putin condenando el ataque a Ucrania. Ambos se dirigían al Gasherbrum IV, es decir, al encuentro con la historia del himalayismo. Una montaña puede ser escalada de muchas maneras, la única diferencia estriba en la ética de cada ascensión: se puede plantar un equipo de veinticinco alpinistas al pie de la pared, coserla a base de cuerdas fijas y material, trabajar por turnos y acabar fabricando una suerte de escalera artificial hasta la misma cima. O se puede viajar con un amigo, portar el material mínimo y tratar de colocarse a la altura del objetivo sin rebajarlo a base de artificios. Huelga decir que esta segunda opción no solo es mucho más meritoria, sino infinitamente más comprometida. A cambio, el juego es mucho más excitante porque se desconoce su desenlace.

Ocurre que, a veces, la partida acaba así, de forma brutal: un hombre al límite de su resistencia física y psíquica busca enloquecido el cadáver de su amigo en el glaciar al pie de una montaña terrible, el Gasherbrum IV (7.925 m, Pakistán). Es lo que tuvo que sufrir Serguéi Nilov. Cuando al fin encontró los restos de su camarada, los envolvió en la tela de su tienda de campaña y siguió bajando, como un espectro, hacia su campo base. La soledad, insondable, puede hacerse materia y acompañar como una sombra siniestra. La incomprensión se mezcla con la más dolorosa de las tristezas. En 1976, tras ascender el Changabang, Peter Boardman afirmó que no existe montaña insuperable si de verdad te empeñas, credo compartido por Nilov y Golovchenko, dos que no necesitaban mirar el parte meteorológico antes de enfrentarse a una pared. Si esperas a que llegue el buen tiempo, nunca serás alpinista, opinaban. Cada triunfo conducía al éxtasis y retroalimentaba su voracidad, llevándolos de un lugar a otro, caminando cada vez más sobre un filo invisible.

Así, soportando viento, nevadas y sin apenas visibilidad, llevaban en la virgen arista sudeste del Gasherbrum IV desde el 21 de agosto de 2023. Avanzando a tientas y a mordiscos. Lanzando vía satélite escuetos mensajes para ahorrar batería: «Mal tiempo. Viento. Nieve. Pensamos en cómo no comer». De hecho, ambos sabían perfectamente cómo no comer para que los víveres que portaban durasen el máximo. Solo debían recordar su experiencia en el Jannu. En la arista sudeste del Gasherbrum IV nada fue rodado. Alcanzar el pie de la pared fue una pequeña aventura en sí misma, un trayecto complicado por un glaciar laberíntico y traicionero y, al fin, un poco de paz para plantar una tienda a siete mil metros y encarar desde ese punto la parte más técnica de la ruta. *Mountain.ru* colgaba a diario sus telegramas con la misma militancia con la que había denunciado un año antes la invasión de Ucrania. Hasta que, de sopetón, llegó el anuncio de la muerte de Golovchenko. Nilov había sobrevivido, estaba en un hospital paquistaní pero necesitaba tiempo para explicar lo ocurrido.

El Gasherbrum IV apenas cuenta diecisiete ascensos (en 2008, Alberto Iñurrategi, Ferran Latorre, Mikel Zabalza, Juan Vallejo y José Carlos Tamayo alcanzaron la cima norte escalando la arista noroeste), y los que se enfrentan a esta montaña se miden igualmente al peso de la historia, de sus grandes apellidos. En 1958, el incomparable Walter Bonatti y su compatriota italiano Carlo Mauri firmaron el primer ascenso, en este caso por la arista nordeste, en una expedición dirigida por el no menos legendario Riccardo Cassin. Si su escalada fue una hazaña notable, la epopeya del polaco Voytek Kurtyka y del austriaco Robert Schauer en 1985 quedó reseñada para siempre como la actividad más salvaje, comprometida y visionaria jamás realizada (véase el capítulo «El año en que Kurtyka y Schauer "asesinaron" el alpinismo»).

Afirmar, como es habitual, que fueron más allá de cualquier límite físico y psicológico aceptable es no decir nada.

Nilov también conoció ese tipo de desesperación por sobrevivir. Pero antes había conocido el horror.

«Serguéi, me estoy cayendo». Las últimas palabras de Dmitri Golovchenko no fueron una exclamación de pánico, tampoco un grito de aviso desesperado… Apenas expresó una gélida constatación: caía hacia su muerte, asumiéndola con la serenidad del que sabe que solo un detalle estúpido podría aniquilarlo. «Serguéi, me estoy cayendo». La mente embotada de Serguéi Nilov no era la de un alpinista egoístamente feliz de haberse salvado. Era la de una persona abandonada a su suerte por culpa de una tragicomedia, de un delirante infortunio en el que resulta casi imposible saber si el superviviente sigue con vida o ha muerto y aún no lo sabe. En ese momento tuvo que sentarse para ordenar sus ideas. Estaba varado a 7.684 metros de altitud, descansando sobre una cuerda sin apenas ropa de abrigo y en mitad de la noche. Había perdido a su gran amigo de una forma tan impensable que nada parecía ya conectado a la realidad. Tenía que decidir si él también debía morir, si no sería ese el atajo más sensato. Hizo cuentas: llevaban diez días escalando, casi siempre en la niebla, sometidos al viento y a nevadas que aparecían y desaparecían caprichosamente. Pero todo iba bien en su rutina de resistencia. Pasaron alguna noche sentados en minúsculas repisas, temblando, bien pegados el uno al otro para compartir algo de calor. Nunca anunciaron intención alguna de abandonar. Así, avanzando a tientas, racionando el gas para derretir la nieve y su comida, alcanzaron un punto bien cercano ya a la cima. Allí, en un minúsculo collado sobre un corredor de nieve, plantaron su tienda de campaña, lograron fijar una cuerda de seguridad en la roca y se ataron a ella mientras tomaban té en el interior y se preparaban para dormir. Pero pronto comprobaron que su habitáculo carecía de estabilidad y amenazaba con resbalar ladera abajo. Serguéi salió para añadir nieve y piedras bajo la lona con el fin de fabricar una plataforma más ancha y estable. Era el 31 de agosto. Una vez en el exterior, Serguéi volvió a atarse a la cuerda de seguridad, dibujó un nudo y se la envió a su amigo para que este se anclara igualmente mientras recogía los enseres del interior sin perder ninguna pieza de su valioso material. No tuvo tiempo. En un parpadeo, la tienda basculó bajo el peso de su ocupante y se deslizó imparable ladera abajo. Donde antes había una tienda no quedaba otra cosa que una cuerda de seguridad. Y un vacío de incomprensión y angustia.

El amanecer puso en marcha a Nilov, ataviado únicamente con su primera capa de ropa. Decidió rapelar por la línea de caída de su amigo y fue encontrando restos de material que le salvaron la vida. Eso y que la mayor parte de su equipo técnico no se encontraba en el interior de la tienda, sino atado a la roca. Gracias a este importante detalle pudo realizar quince rápeles, sufriendo un calvario para crear anclajes sólidos por donde pasar la cuerda. Encontró un saco de dormir, durmió en cuevas excavadas en la nieve, no comió (las aves se lo habían llevado todo) y tampoco pudo beber porque, aunque encontró el hornillo, estaba destrozado. Buscó y halló en el glaciar el cuerpo de su amigo y, tras envolverlo en lo que quedaba de la tela de la tienda y prometerse que regresaría a recuperarlo, siguió su camino hacia el campo base, que alcanzó cinco días después del accidente. Era un milagro que siguiera vivo.

Los grandes alpinistas, como Golovchenko, rara vez mueren en pleno gesto de escalar. Saben no caerse. Saben extremar el cuidado. Saben sobrevivir. Pero no saben predecir cuándo se acabará su cuota de fortuna. No saben dónde los espera, si es que es así, una roca certera en la cabeza, una cornisa que se rompe, una grieta, un detalle que hace que todo cambie para siempre cuando nadie lo imagina. Un año después, la Federación Rusa de Alpinismo logró reunir un equipo de tres escaladores para acompañar a Nilov de regreso al Gasherbrum IV. Solo pretendían recuperar los restos de Golovchenko. Afectado por una aclimatación apresurada, un miembro del equipo decidió quedarse en el campo base mientras los demás, una pequeña y circunspecta comitiva de tres, avanzaban glaciar arriba con Nilov al frente, ansioso por encontrar al fin el cadáver de su amigo. Enseguida, Nilov empezó a destacarse del resto, tomó ventaja sobre sus dos compañeros, aceleró casi sin desearlo realmente, ganando metros de altitud con facilidad y avanzando entre grietas dominadas por las imponentes torres de hielo bautizadas como *seracs*. Estas caprichosas formaciones constituyen una de las amenazas más indescifrables que existen en alta montaña. Se sabe que caen con frecuencia y arrasan todo a su paso, toneladas de hielo en movimiento que generan aludes de pesadilla. Lo que no se sabe es cuándo van a caer, cuándo no soportarán más la fuerza de la gravedad. No queda más remedio que pasar bajo ellas a la carrera, rezando para que no sea ese preciso momento el de su colapso. Nilov no tuvo tiempo de gritar ni de correr: quedó engullido y triturado en cuestión de segundos. Sus dos acompañantes tuvieron más suerte; estaban algo más lejos, algo más escorados, no tanto en la línea de caída de la masa de hielo. Uno de ellos sufrió fracturas y tuvo que ser rescatado in extremis. De Nilov solo se encontró su mochila. Vuelve a estar con Golovchenko. No puede ser solo una casualidad.

Hasta la cima del Mont Blanc

De Marie Paradis a Henriette d'Angeville: el nacimiento del marketing y de la pasión por la montaña

El gran asunto del alpinismo, su mayor misterio, no tiene que ver con montañas sino con personas. En las motivaciones de sus actores y actrices encontramos casi toda la base épica y literaria de una actividad tan fácil de explicar como complicada de entender. Aunque, a veces, no haya nada que explicar porque la motivación resulta obvia y pública. Fue el caso de Marie Paradis, la primera mujer que escaló el Mont Blanc (4.810 m), en 1808: no esgrimió argumentos científicos o curiosidad alguna por descubrir el misterio de las alturas. Su motivación fue absolutamente prosaica y, de hecho, puede decirse que fue quien inauguró el marketing en el alpinismo. Sencillamente, sumó dos más dos y entendió que si se hacía famosa podría ganarse mejor la vida sirviendo comidas en Chamonix. Necesitaba salir de la pobreza. No sabía ni leer ni escribir, pero se convirtió en una de las primeras personas ajenas a las élites burguesas y aristocráticas en pisar el Mont Blanc, iniciativa alentada por los guías de montaña locales que se empeñaron en que el pueblo llano participase de la aventura de las cimas. A su manera, fue una pionera. También una mujer valiente y lo suficientemente sagaz como para usar la «moda» incipiente del alpinismo como palanca para extraerse de su miseria.

En 1786, el guía Jacques Balmat y el médico Michel-Gabriel Paccard conquistaron el Mont Blanc, pero veintidós años después la alta montaña seguía siendo un espacio misterioso y tenebroso para cualquiera que no fuese el primero, que seguía acudiendo para llevar hasta lo más alto a aristócratas suizos e ingleses. Desde su sonada conquista, la cumbre del Mont Blanc apenas había conocido una veintena de ascensiones. Cabe recordar que el techo de Europa continuaba siendo un lugar inhóspito, peligroso, en el que era preciso vivaquear en mitad de la ascensión (la primera cabaña-refugio llegaría en 1853 y se ubicaría en los Grands Mulets), portear un peso enorme de material y todo esto en un espacio misterioso, intimidante y tan remoto para los lugareños como lo es la Luna para el común de los mortales.

Los relatos de la época difieren: unos dicen que fue Balmat quien le insistió a Marie Paradis para que se midiese a la montaña, pero en un texto del escritor Alexandre Dumas (autor, entre otros, de *Los tres mosqueteros*) se refiere que fue ella quien salió al paso del experto para pedirle hueco en la expedición que lideraba guiando a cinco varones, todos habitantes de Chamonix. Paradis tenía entonces treinta años y trabajaba como posadera. Deseaba una vida mejor, lo que explica su arrojo, tan impropio para esa época. Pero sus ideas estaban muy claras.

La «excursión» duró tres días y fue un calvario para ella: en las cercanías de la cumbre, el mal de altura afectó severamente a la aventurera, vestida con falda, como marcaban los cánones estéticos y púdicos del momento. Resbalaba, jadeaba y sufría tanto que en un momento habría pedido que la tirasen «al fondo de una grieta y que cada cual se marche adonde le plazca». Había llegado tan lejos y a tanta profundidad en el túnel del sufrimiento que perder la vida le parecía el mejor atajo para dejar de padecer. Pero nadie la abandonó: Balmat y el resto de sus acompañantes tiraron de ella, la empujaron y se relevaron para sujetarla ladera arriba. «Sentí que las piernas me desfallecían y le pedí a Balmat que aminorase la marcha como si fuese a él a quien le faltase el aire», escribiría Dumas tras entrevistarla. Algunos relatos llegan a afirmar que alcanzó la cima (el 14 de julio) a lomos de sus acompañantes; otros, en cambio, aseguran que fue capaz de plantarse en lo más alto por sí misma. Todos felices en el punto más elevado, rieron y le ofrecieron toda la extensión que alcanzasen sus ojos como dote. En la cima se celebró una modesta fiesta en *petit comité*, la exaltación de una amistad nacida de la generosidad de unos varones ciertamente menos machistas y petulantes que los que llegarían siglos después.

De regreso, Chamonix también quiso festejar su gesta y la heroína Marie Paradis comenzó a encaminarse hacia sus sueños: dispondría desde entonces de una casa donde cocinaría para dar de cenar a todas las expediciones que regresasen del Mont Blanc. Con todo, la historia del montañismo encuentra dificultades y reparos para reconocerla como la primera alpinista de la historia. No se discuten los hechos, sino las motivaciones. Y esto explica que las crónicas se inclinen por señalar a Henriette d'Angeville como la auténtica pionera de raza: fue la segunda mujer en pisar la cima del techo de Europa, treinta años después que Paradis. Las diferencias entre ambos casos son enormes. Aristócrata soltera y sin hijos, D'Angeville sintió un verdadero flechazo la primera vez que divisó la silueta del Mont Blanc, y sintió la necesidad de pisar un día sus laderas. Privilegios de su clase, pudo prepararse a conciencia. Visitó en Ginebra a su médico, el doctor Coindet, y le hizo la consulta más extravagante que ningún paciente hubiese efectuado antes: necesitaba saber cómo combatir y anticiparse a la fatiga de afrontar la escalada del Mont Blanc. Sorprendido pero profesional, el doctor la instruyó acerca de los peligros del mal de altura, garantizándole fuertes dolores de cabeza. Nada de lo que preocuparse salvo que empezase a escupir sangre, le aseguró. Llegó incluso a entrenar: desde pequeña había realizado grandes paseos de media montaña y sabía que unas piernas «robustas» eran necesarias para medirse al reto, así que se dispuso a realizar todas las excursiones a la moda en los alrededores de Chamonix. También sabía que necesitaba disponer de las máximas comodidades in situ para tener todo de su parte: sus seis guías (que ella misma había escogido) viajaban cargados como mulas con provisiones para tres días y todo lo necesario para pasar la noche a tres mil metros sobre el nivel del mar. Todavía no existían los refugios de montaña, así que la aristócrata se dispuso a dormir entre pieles y mantas y, allí mismo, cambiaba su falda por una especie de pantalón que se había hecho coser para estar más cómoda. Nadie podía verla así en sociedad, porque resultaba «indecente» para la época, pero todo valía camino de su anhelado sueño. Estaba incluso cuidando especialmente su dieta: decidió cambiar el té caliente por el habitual vino, y comer poco pero ingerir alimentos que le diesen fuerza. Además, había leído hasta la saciedad todos los relatos que había encontrado acerca de las ascensiones previas y sacó sus propias conclusiones: casi todos los accidentes del pasado se habían debido a imprudencias y actitudes temerarias.

La figura de Henriette d'Angeville aporta algo fundamental a la historia del alpinismo: una pasión genuina, un amor por las cimas que va más allá del capricho de una mujer rica a la que aburren las distracciones mundanas. El alpinismo recreativo no llegaría hasta 1860, más o menos, pero ella reivindicaba su libertad para expresarse de acuerdo con un sentimiento verdadero como es la necesidad de salir al encuentro de la naturaleza más salvaje.

Su ascensión al Mont Blanc no fue un camino de rosas. Por si acaso, escribió su testamento antes de partir, cosa que hizo sin apoyos; las élites ginebrinas se convencieron de que había enloquecido. Solo su médico, tras interrogarla con cautela, entendió que la dama obedecía a una pasión ciega por las montañas. Ella misma explicaría que ni los cantos de una pequeña «vanidad femenina», ni la promesa de unas fabulosas vistas bien merecidas, ni ninguna otra consideración superficial estimulaban su empeño de acometer la escalada. Tan solo deseaba, y esto es de una precocidad sorprendente, alcanzar una forma de expresión a la altura de su temperamento que la elevase por encima de las distracciones reservadas a los de su clase. Buscaba desafíos. Exploración. Compromiso. ¿No son estos los atributos del alpinismo auténtico?

Efectivamente, durante el ascenso sufrió mal de altura, pero nunca se vio tentada a renunciar e incluso tomó notas para su diario y se midió el pulso a diferentes altitudes: tenía 64 pulsaciones en reposo y llegó a contabilizar 136 mientras esperaba a que sus guías tallasen peldaños en la nieve helada. Cuando la debilidad acechaba, les pedía que, si fallecía, la llevasen hasta la cima y la dejasen allí. Pero nada trágico ocurrió: consideró que las vistas desde la cima no estaban a la altura de sus expectativas, asegurando que, hacia el sur, no pudo ver nada interesante. Su guía principal, Joseph-Marie Couttet, saltándose los códigos de la época, la abrazó, y junto con otro guía la elevaron del suelo para que constase que ella había llegado más alto que «cualquier otro hombre». «Estoy contenta de haber sido valiente», escribiría la heroína en su diario. De regreso, Chamonix organizó una gran recepción y una fiesta para celebrar el triunfo de la aristócrata, que contaba cuarenta y cuatro años de edad. Solo los guías de Chamonix desentonaban en los prolegómenos: «Sin duda, señorita, su ascensión al Mont Blanc ha sido meritoria, pero es preciso convenir que escalar el Mont Blanc será mucho menos importante ahora que las mujeres son capaces de hacerlo…». La presencia de las mujeres ha sido constante en la historia del montañismo, pero en una proporción infinitamente inferior a la de los hombres. Durante décadas, apenas se ha valorado la calidad del alpinismo femenino, siempre ensombrecido por las grandes gestas masculinas. A nadie se le escapa que los hombres se han comportado, habitualmente, con un evidente paternalismo respecto a las mujeres, siempre protegidas, casi siempre integradas en el seno de cordadas masculinas. Por cada heroína se citan cientos de héroes. Solo ahora empieza la mujer a incorporarse en mayores porcentajes a la escena del alpinismo o a la de la escalada, evidenciando algo que parecía obvio pero que antes se silenciaba: ellas son tan capaces o más que ellos.

La primera en felicitar de corazón a Henriette d'Angeville fue Marie Paradis, que contaba ya sesenta años y moriría uno después. De hecho, quiso dejar claro que el honor de la primera ascensión real debía recaer en D'Angeville: «A mí me arrastraron, portearon y empujaron ladera arriba», reconocía sin rubor. Desde entonces, se conoce a Henriette d'Angeville como la Novia del Mont Blanc. Ella, por su parte, siguió acumulando cimas hasta los sesenta y nueve años, demostrando que su pasión no solo era genuina, sino adelantada a su época.

Han pasado más de doscientos años desde los sufrimientos de Marie Paradis en las pendientes hoy domadas del célebre pico, pero los guías siguen encordando a clientes variopintos: unos camino de la aventura de sus vidas y otros en busca de una foto que acumule *likes* en las redes sociales. La montaña (especialmente las cimas más comerciales) se ha convertido en un objeto más de consumo, un espacio en el que la mujer gana terreno, poco a poco, sin importar sus motivaciones: aquí lo interesante es comprobar cómo un universo masculino se transforma en un lugar más inclusivo… doscientos años después de que una mujer, precisamente, entendiese el interés que una cima puede suscitar.

Los «Alpes homicidas»:
el primer drama mediático de la historia del alpinismo

Tras conquistar el Cervino en 1865, el gran guía Michel Croz y tres de sus clientes ingleses fallecieron en el descenso. La prensa cargó contra Edward Whymper, líder de la expedición, y la reina Victoria amenazó incluso con prohibir las actividades de montaña.

Cada vez que recorro la calle principal de Zermatt, en Suiza, tengo un pensamiento para Edward Whymper y otro para Michel Croz. Casi siempre conduzco desde la localidad de Le Tour, donde paso irremediablemente junto a la casa del gran Croz, todavía esbelta con su madera ennegrecida. Después, en la arteria principal de Zermatt, me detengo brevemente junto a una placa adosada a la fachada de uno de los hoteles más importantes de esta ciudad turística. Ese fue el alojamiento desde el que Whymper salió para conquistar el Cervino, que en Suiza llaman Matterhorn. Muchas veces son clientes ingleses los que me acompañan. Ninguno sabe quién fue su célebre compatriota, y ese desconocimiento me resulta un tanto descorazonador.

Si el primer ascenso al Mont Blanc ocurrió en 1786, en 1860 la afilada figura del Cervino seguía infundiendo pánico a los que soñaban con alcanzar su cima virgen. Sus aristas afiladísimas y sus laderas de vértigo resultaban tan atractivas a la vista como repelentes a la imaginación de los más audaces, a excepción del inglés Edward Whymper y del italiano Jean-Antoine Carrel. El primero había descubierto los Alpes como ilustrador y se había lanzado a la conquista de sus cumbres vírgenes con un apetito desmedido y un éxito descomunal. Su impulso alucinante catapultó el alpinismo hacia su edad dorada, cifrada entre 1860 y la fecha fatídica en la que logró coronar el Cervino, 1865. En una época en que la aristocracia y la burguesía inglesas, inventoras de este juego, consideraban a sus guías más como siervos que como figuras indispensables en sus viajes a la montaña, Whymper descubrió en Michel Croz un espejo, idéntica pasión, y unas aptitudes técnicas de las que él carecía. Lo bautizó como «el príncipe de los guías» y lo respetaba como a un igual. Croz, nacido en Le Tour, una de las últimas aldeas del valle de Chamonix, junto a la frontera con Suiza, dejaba su oficio de curtidor para guiar en verano. La casa en la que nació está ahora decorada con coloridas flores, una placa y una imagen en la que posa con su pipa y la cuerda cruzada sobre los hombros. Su muerte prematura parece haberle borrado de la lista de grandes figuras del valle, y esto pese a que su destreza y determinación propiciaron grandes primeras como la de la punta Croz a las Grandes Jorasses, la arista del Moine a la Aiguille Verte, la Dent Blanche o la Barre des Écrins. El hueco que merece en la historia es enorme. Entre 1854 y 1865, fueron coronadas 31 de las 39 cimas más elevadas de los Alpes a cargo de «aficionados» ingleses acompañados de guías suizos y franceses.

Obsesionado hasta la médula, a Whymper empezaron a conocerlo como «el loco del Cervino», y entre 1860 y 1865 realizó varios intentos desde el lado italiano, con o sin guías, hasta que se convenció de dos extremos: debía unirse a Michel Croz y lanzar su ataque por la vertiente suiza, un poco más amable. La primera tentativa debería haberse dado el 9 y 10 de julio de 1865 con el muy solvente guía transalpino Carrel. Un compromiso previo de Croz le impidió unirse a la partida. Pero el mal tiempo truncó el ataque y Whymper se encontró solo: Croz había sido contratado por el reverendo Hudson, y Carrel, obligado por el orgullo nacional y la presión del gobierno local, escogió la vertiente italiana para conquistar la montaña sin contar con Whymper. La «traición» casi enloqueció al inglés, quien, desesperado, tuvo la fortuna de encontrarse con lord Francis Douglas y los Taugwalder (padre e hijo), dos guías suizos que lo aceptaron en el seno de su cordada. Fue la primera competición por lograr el primer ascenso a una montaña, novedad que se pondría de moda no mucho después. A última hora, el número de aspirantes aún crecería. En Zermatt, la hoy exclusiva localidad suiza a los pies de la célebre montaña, Whymper se topó con el reverendo Hudson, un alpinista excelente que viajaba con Michel Croz, interesados en descubrir el Cervino. Whymper sabía en su fuero interno que Croz era la llave maestra para alcanzar, al fin, la cima. Convenció al reverendo para unir sus fuerzas y no competir, pero Whymper hubo de aceptar a cambio a un último pasajero, el joven Douglas Hadow, de diecinueve años, que carecía de la experiencia necesaria en montaña, por no decir que era un poco «torpe» manejándose en terreno helado, según describían los que lo habían visto desenvolverse allí. A cambio, exhibía una fortaleza física impresionante.

Por su lado, Carrel lanzó su ataque dos días antes de que Whymper y sus seis acompañantes se pusiesen manos a la obra. Sin embargo, estos últimos avanzaron con enorme solvencia y el 14 de julio alcanzaron la cima de la vertiente suiza. Apenas a unos cien metros en línea recta estaba la cima italiana. Whymper y Croz se desataron y echaron a correr, propiciando una escena surrealista en su pretensión de descubrir alguna huella de sus rivales italianos. No encontraron nada. Asomados al vacío, vieron a Carrel y a su equipo aún en la pared, lejos. Para desanimarlos, les lanzaron bloques de roca que forzaron su abandono. Whymper nunca hubiera permitido que Carrel alcanzase la cima ese mismo día, horas después, así que su éxito fue absoluto. Tras dejar la blusa de Croz a modo de bandera, los siete iniciaron el descenso por unas pendientes de nieve helada sumamente inclinadas. Entonces no existían crampones, ni piolets, ni cuerdas dinámicas. Aún resulta sobrecogedor imaginarlos haciendo equilibrios para no caer, tirando de una técnica tan depurada como extenuante. Asustado por la torpeza manifiesta de Hadow, Croz, que debería haber viajado en la cola del grupo gestionando la seguridad de la cordada, tuvo que colocarse en cabeza para tallar de nuevo peldaños en la nieve con su hacha y colocar adecuadamente los pies de Hadow en posición segura. Tras el muchacho, descendían Douglas y Hudson, los cuatro unidos por una cuerda sólida. Después, una soga más fina los conectaba con la cordada formada por Whymper y los Taugwalder, siendo el padre el encargado de asegurar a ambos grupos. Croz se giró hacia el vacío para perder un poco de altura y ayudar de nuevo a Hadow, pero este resbaló, impactó contra el guía y ambos cayeron, arrastrando de inmediato al reverendo y al lord. Entonces, ocurrió lo impensable: la cuerda que los unía al resto se partió. Horrorizado, Whymper explicaría ante el juez que los vio resbalar unos segundos, agitando los brazos, tratando de aferrarse a algún saliente de roca antes de desaparecer en la cara norte y aterrizar mil doscientos metros más abajo.

La prensa inglesa se hizo de inmediato eco del drama, con titulares como «Alpes homicidas». *The Times* llegó a calificar el alpinismo como un asunto de «piruetas de simios y ardillas». El juego en la montaña había chocado de manera brutal contra sus límites, y la novedad indignó tanto a la prensa como a la propia reina Victoria, emparentada con el desaparecido lord Francis Douglas. Ninguna tragedia de esa magnitud había ensombrecido aún una primera ascensión. Edward Whymper y Peter Taugwalder comparecieron ante el juez para aclarar las circunstancias del accidente: ¿por qué era tan fina la cuerda que unía a los fallecidos con los supervivientes? Sin duda fue una negligencia, pero entonces se desconocía que una cuerda podía romperse no solo por rozamiento, sino por el llamado «efecto látigo». El museo de la montaña de Zermatt exhibe todavía hoy la cuerda en cuestión. El juez resolvió que la culpa había sido de Hadow, más exactamente de su incompetencia. Taugwalder padre no soportó las habladurías que llegaron a acusarle de cortar la cuerda y se exilió en Estados Unidos. Su hijo llegó a guiar ciento veinticinco escaladas al Cervino. Tras el accidente, mientras aún descendían, ambos mostraron un comportamiento que asqueó a Whymper: con la imagen todavía fresca de la espantosa caída venían prometiéndose un futuro dorado, repleto de clientes que pagarían una fortuna por ser guiados hasta la cima de la codiciada montaña. Whymper llegó incluso a temer por su vida, ya que su ausencia hubiera allanado aún más el camino de la fama a los Taugwalder. Nada ocurrió, sin embargo. Por su parte, Carrel escaló el Cervino dos días después, desde Italia. La tristeza y la amargura presidieron los últimos años de vida de Edward Whymper: dejó de perseguir grandes ascensiones pero nunca faltó a su cita con la montaña, y no era difícil cruzarse con él en los alrededores de Chamonix, incluso a una edad avanzada, delgado, afilado, en forma pero taciturno, un hombre que era un espectro de alegría perdida. Diez guías de Chamonix portaron su féretro antes de darle sepultura en el cementerio local. Michel Croz, en cambio, sigue enterrado en Zermatt.

El equipo inglés que se midió a la cara norte del Everest en 1924. De pie, el primero por la izquierda es Andrew Irvine y a su lado figura George Mallory (Royal Geographical Society vía Getty).

Una comitiva de porteadores recorre el glaciar Godwin-Austen durante la expedición del duque de los Abruzos de 1909 al K2 (Dea / M. Ranzani vía Getty).

La alpinista británica Alison Hargreaves (PA Images vía Getty).

"WE SAW A TOE - IT SEEMED TO BELONG TO MOORE - WE SAW REYNAUD A FLYING BODY."

Grabado acerca de las peripecias alpinas de Edward Whymper (Heritage Images / Hulton Archive vía Getty).

Vista del Cervino desde la localidad suiza de Zermatt (Universal Images Group Editorial vía Getty).

Retrato de Walter Bonatti antes de
a ascenso en solitario a la cara
orte del Cervino en 1965 (Album /
Mario De Biasi vía Mondadori
Portfolio).

Los alpinistas Louis Lachenal
(en brazos, debido a las graves
congelaciones que sufrió) y Lionel
Terray, tras escalar en 1950 el
Annapurnna (Keystone-France /
Gamma-Rapho vía Getty).

Alex Honnold, escalando con cuerda en 2022 (Everett / Cordon Press).

Paul Preuss y su hermana Mina, en una imagen de 1911 (Wikimedia Commons).

Bernard Grenier asegura a Jean Ravier en la ruta del Diedro Amarillo, en la cara norte del Vignemale, en 1964 (cortesía de la colección Ravier).

Lynn Hill practicando la escalada en bloque (Tony Duffy vía Getty).

La solemnidad de El Capitán, en el californiano valle de Yosemite (George Rose / Hulton Archive vía Getty).

Patrick Berhault, a la izquierda, junto a Patrick Edlinger (Ediciones Desnivel).

Esteban Vicente, en la época en la que competía como piragüista.

Walter Bonatti, dios y hombre

Me interesa todo acerca de la vida de Walter Bonatti, pero especialmente el hombre que escondía el alpinista. No es que sus logros en las montañas, únicos, inmensos, imposibles revelados posibles, no merezcan horas de debate: podría recitar de memoria sus gestas en el K2, en el Dru, en el Grand Pilier d'Angle, en el Frêney, en la norte del Cervino, en el Capucin, en el Gasherbrum IV... Pero aún queda algo más interesante por descifrar: ¿quién fue Bonatti, el dios del alpinismo, el hombre que logró todo lo que se propuso entre 1950 y 1965? Me interesa la persona por encima del mito, quizá porque los mitos dejan de ser de carne y hueso. El ser humano que, pese a vivir una vida de película, jamás estuvo en paz. Jamás encontró la serenidad que, se supone, debe conceder la felicidad prolongada en el tiempo. O eso parece.

El dato biográfico de Walter Bonatti que siempre me ha sorprendido tiene que ver con la manera en la que, de la noche a la mañana y tras abrir en solitario y en invierno una nueva (y terrible) vía en la cara norte del Cervino, dio por finiquitados sus días de gestas. Una reverencia, y adiós. Apenas contaba treinta y cinco años de edad, el mejor momento en la vida de un escalador. «Abandoné el alpinismo extremo porque con los medios tradicionales, a los que había jurado fidelidad, solo podía aspirar a repetirme», explicaría en 2009 tras recibir el Piolet de Oro honorífico. Pero mucho más reveladoras son las declaraciones que hizo al abandonar el universo al que pertenecía. «Dejo atrás un alpinismo fatigado, vaciado de su sustancia por la mediocridad, la envidia y la incomprensión». Para Bonatti, tan importante era no traicionarse que nunca supo lidiar con las deslealtades ajenas. Y eso que las sufrió en cantidad suficiente como para que el mundo le produjese náuseas. Por ese flanco expuesto empezó a quebrarse por dentro. Por fuera, siempre resultó hercúleo.

«Bonatti se llevaba mal con casi todos los guías de Courmayeur porque tenía un carácter fuerte, lo que no significa que tuviese mal carácter», puntualizó Oliviero Gobbi, cuyo abuelo Toni había escalado y compartido profesión con Walter. Un matiz que explica muchas cosas.

Todo empezó, y quizá también murió, en el K2. En 1954 aún nadie sabía cómo escalarlo, un asunto que Italia se tomaba como una ofensa personal. Tras la Segunda Guerra Mundial, varios países acudieron al Himalaya a la caza de no se sabe bien qué: ¿el honor perdido?, ¿la nostalgia de una superioridad?, ¿el hambre de un nuevo nacionalismo?... El caso es que alemanes, franceses, italianos, estadounidenses o austriacos se empeñaron en conquistar los catorce ochomiles del planeta. O, al menos, uno. Italia decidió que la historia del montañismo patrio la orientaba hacia el K2: el duque de los Abruzos, Luis Amadeo de Saboya, había recorrido ya en 1909 una parte de la ruta que hoy se conoce como «normal» a la cima, y que quedaría bautizada como «el espolón de los Abruzos».

Seleccionado como figurante en un equipo nacional transalpino, el joven Bonatti, con apenas veintitrés años, demostraría una fortaleza y un vigor sobrenaturales. No era la estrella del equipo, pero todos intuyeron que su carrera iba a ser tremenda. Por eso le entregaron las tareas más duras y desagradecidas. Era un peón, una mula de carga que permitiría a otros llevarse la gloria. Después lo traicionarían, y seguirían haciéndolo durante décadas. Allí donde debía reinar el compañerismo, triunfó la *omertà* que silenció los gritos de Walter. Encaramados en el último campo de altura, al día siguiente iba a ser jornada de cima para Lino Lacedelli y Achille Compagnoni. Tan solo les faltaba el suministro de oxígeno embotellado, porque enfrentarse a lo desconocido a 8.600 metros de altitud sin las preciadas bombonas podía ser un suicidio. Todo dependía ahora de Bonatti y del porteador procedente del valle de Hunza (en la división de Gilgit-Baltistán, Pakistán) de apellido Mahdi, que acarreaban el peso ladera arriba.

Llegaron con las últimas luces del día y no encontraron la tienda de campaña de sus compañeros, puesto que la habían trasladado varios metros por encima del punto establecido en un inicio. A gritos, lograron ubicarse unos frente a otros, pero no había sitio en la tienda para Bonatti y Mahdi: se les obligó a descender. Lamentablemente, eso no era posible en la oscuridad, así que ambos cavaron un agujero en la nieve, a 8.100 metros, y fueron las primeras personas en sufrir un vivac a pelo a semejante altitud. El italiano cuidó toda la noche del paquistaní, le recordó una y otra vez que debía mover los dedos de pies y manos, lo despertó, lo animó, le dio un poco de su calor. Con el alba, emprendieron el descenso. El hunza perdió todos los dedos de los pies y casi todos los de las manos; su compañero, la fe en el ser humano. Un contrato firmado antes de la expedición lo obligó a acallar su apetito de denuncia, y en mitad de los festejos de la cima nadie quiso escuchar su lamento. Finalmente, escribió un libro en el que narraría la atroz experiencia y demostraría que los habían abandonado a sabiendas y que, además, mintieron al decir que no habían usado oxígeno artificial para conquistar el K2. Pasaron cincuenta años, varios juicios y miles de páginas escritas hasta que el Club Alpino Italiano dio la razón a Bonatti y lo rehabilitó.

Para aplacar su frustración de regreso a Europa, firmó una obra maestra al escalar el pilar sudoeste del Dru, una icónica y puntiaguda montaña de granito que era el orgullo de Chamonix. Ya no creía en el prójimo, deseaba ser autónomo, abrazar las cimas sin tener que depender de nadie. Sin que pudiesen traicionarle. Pero ni siquiera esto le proporcionó una satisfacción definitiva: en 2005 el pilar entero colapsó, se desmoronó, sus restos quedaron repartidos en un caos de bloques que aterrizaron en la base de la pared y saltaron hasta la morrena glaciar, llevándose para siempre su obra. Matándolo un poco a él también.

Bonatti encadenaría éxito tras éxito y, al parecer, se difuminaba un tanto la negrura de la sombra del K2. Aun así, le quedaba un problema por resolver en la vertiente italiana del Mont Blanc: el pilar central del Frêney, un majestuoso monolito de granito anaranjado que conduce casi hasta la misma cima, un reto al que se había enfrentado en otras ocasiones y que se le resistía. El inicio de la arista Küffner, sobre el glaciar de la Brenva, acogía una diminuta cabaña conocida como Vivac de La Fourche, desde donde se iniciaba la aproximación al Frêney. La canícula que asoló los Alpes en 2022 y la pérdida progresiva del permafrost propiciaron el derrumbe de la plataforma sobre la que reposaba el vivac, pero entre sus muros de madera se fraguó, en el verano de 1961, uno de los encuentros más trágicos de la historia del alpinismo. Una cordada francesa liderada por Pierre Mazeaud, y compuesta además por Robert Guillaume, Antoine Vieille y Pierre Kohlmann, se refugió en La Fourche antes de atacar el Frêney. Al caer la noche, la puerta se abrió y entró Walter Bonatti, acompañado por Roberto Gallieni y Andrea Oggioni. Fue algo parecido a una irrupción fantasmagórica. Los italianos también perseguían el mismo objetivo. Bonatti pidió que les dejasen atacar primero la pared, a lo que muy diplomáticamente Mazeaud se opuso, ofreciendo a cambio formar una única cordada de siete individuos. Trabajar juntos y repartirse el honor de una primera muy deseada. Bonatti accedió y, al día siguiente, se aproximaron juntos al objetivo. La muerte los acechaba a casi todos, el infierno se les acercaba mientras pasaban la noche sentados en minúsculas repisas, fumando relajados, riendo. El 11 de julio, el grupo alcanzó el pie de la Chandelle, un muro fisurado de ochenta metros que era el tramo clave en la ruta. Mazeaud y Kohlmann deseaban escalar un largo de cuerda antes de que anocheciera. La electricidad estática lo envolvía todo anunciando una tormenta, así que se alejaron de todo objeto metálico... Pero Kohlmann olvidó quitarse su aparato auditivo y un rayo lo alcanzó. Ninguno sabía que se hallaban en mitad de una tormenta de proporciones desconocidas, un frente enorme, poderoso y que iba a durar mucho más de lo habitual. Por eso, estando tan cerca de alcanzar su meta, decidieron esperar hasta que pasase la tormenta. Fue el error que desató el drama. Tres días después, seguían esperando en vano, y Bonatti resolvió que la vida estaba en la renuncia: no podían salir por arriba, así que tenían que deshacer lo escalado a base de rápeles, por muy peligroso que resultase. Todos estaban cada vez más débiles. Kohlmann seguía vivo pero estaba sordo y era un muñeco de trapo. Le ayudaron a descender, ralentizando aún más una huida en la que todo parecía funcionar a cámara lenta. Ya no quedaba rastro de las risas de la primera noche, del calor corporal bien retenido entre las ropas. El hielo, la nieve y el viento se colaban por todas las rendijas de su equipamiento, penetraban hasta la carne y buscaban abrirse paso hasta sus entrañas. Imposible beber ni tragar. Solo podían bajar, pero la tormenta les cortaba poco a poco cualquier nexo de unión con la vida. Antoine Vieille murió el primero, al día siguiente. Tenía veintidós años y era el más joven del grupo. Enseguida pereció también Robert Guillaume. Cuando, tras más de cincuenta rápeles, los supervivientes alcanzaron el glaciar, Mazeaud y Oggioni estaban tan al límite que solo pudieron sentarse en la nieve a esperar un milagro. Bonatti y Gallieni empezaron a arrastrarse hasta el vivac Gamba seguidos por un Kohlmann que enloqueció definitivamente y se lanzó al cuello de Gallieni, acusándole de querer matarlo con un revólver. Apenas tuvieron fuerzas para quitárselo de encima y dejarlo tumbado en la nieve. Murió enseguida. Oggioni apoyó la cabeza contra el hombro de Mazeaud. Buscaba calor y descanso. Una tregua, al menos. Encontró una muerte dulce, al fin. El socorro llegó tarde pero rescató al francés, uno de los tres supervivientes finales. Si Bonatti sobrevivió, y gracias a él lo hicieron los otros dos, la prensa italiana no lo entendió así y lo acusó, sin fundamento alguno, de ser el responsable de la tragedia. A la culpa propia de los supervivientes se sumó el dedo señalador sobre Bonatti, de nuevo víctima de una injusticia, víctima de la imagen de héroe moderno que esa misma prensa había fabricado y que ahora necesitaba destruir para seguir vendiendo periódicos. Si en Francia es una figura respetada, en Italia nadie logra ponerse de acuerdo. El dolor y la frustración fueron tan grandes que empezó a hacer cuentas, a señalarse a sí mismo la puerta de salida. Aún le quedaban cuatro años de alpinismo, cuatro años más para epatar a todos los que le habían fallado. Para elevarse de la inmundicia humana que lo manchaba por todos los flancos.

Bonatti se retiró tan joven que puede decirse que le quedaban al menos dos vidas más por vivir. Inmediatamente se recicló como reportero para la revista *Época*, y cambió la aventura vertical por otra algo menos intensa pero igualmente apasionante. Su segunda vida discurrió plácida entre viajes y escritura hasta que recibió la llamada telefónica de un amigo. «¿Has oído lo que la Podestà ha dicho de ti en la tele?». Walter no había oído nada. Debía de ser el único hombre en Italia que desconocía que la famosa actriz (divorciada recientemente) lo hubiera elegido para llevárselo a una isla desierta, según acababa de confesar en una entrevista. Bonatti se sintió halagado pero no, no pensaba llamarla, tal y como lo apremiaba su amigo. Pero este le insistió, lo acosó. Y Walter cedió, realizó la llamada y concertó una cita con la actriz… seis meses después. Rossana Podestà, mito erótico de la gran pantalla, internacionalmente conocida por su papel de Helena de Troya en el largometraje homónimo filmado en 1956 por Robert Wise, pensó que el alpinista era un tipo raro: ¿quién fija una cita a seis meses vista? El amigo de Bonatti tampoco daba crédito a lo que oía e instó a Walter a que acortase el plazo. ¿Al cabo de dos meses? Tampoco. Se verían días después en Roma, pero Bonatti confundió la iglesia en la que habían quedado y Podestà se lo encontró dos horas más tarde en el templo equivocado. Corría el año 1981 y ya no volverían a separarse. Rossana le mostró sus carencias, y él le devolvió un amor incondicional y la posibilidad de vivir libre, no como una actriz sino como una persona anónima. Bonatti aprendería así a aceptar el cariño y a sacudirse el dolor que se le había hecho un nudo en las tripas.

El genial alpinista italiano falleció el 13 de septiembre de 2011, a los ochenta y un años, víctima de un cáncer de páncreas. Murió más bien solo, en un hospital católico de Roma, que no permitió que su compañera lo visitase porque no estaban casados, hecho que ella misma denunció públicamente. La exactriz lo siguió apenas un año después, y en 2021 la RAI estrenó una docuficción dirigida por Stefano Vicario, hijo de la Podestà y su primer marido. «Es la historia de un amor feliz que duró treinta años, un amor tan grande que no sobrevivieron el uno sin el otro, aunque fuesen dos polos opuestos. Walter era cauteloso, siempre tenía que estar en contra de alguien y de algo para sentirse vivo, era una persona que no se dejaba llevar fácilmente. En casa no mediaba, ni para bien ni para mal, pero llamaban la atención su sinceridad y su franqueza. Fue el ejemplo de que nunca hay que rendirse. Mi madre, en cambio, era la luz, al llegar a casa traía una sonrisa. Era una persona de gran humanidad, sumamente alegre, sociable sin ser mundana. Supo entrar en el corazón de los demás porque sabía escuchar y ser cercana. Ella actuó como su interfaz con el mundo», explicaría el director durante la presentación de su obra. Después recordaría el último arrebato de orgullo de Bonatti: «Su último día de vida apenas podía ya caminar, llevaba muletas y no quiso que le ayudase a subir las escaleras. Se sintió fatal y me miró igual de mal antes de pedirme que lo dejase, que eran sus cosas. Dio esos pasos como si abordase una cima, con una fuerza que me emocionó. Sabía que iba a morir, pero por última vez se sintió hombre».

Terray, Lachenal y Rébuffat, héroes del alpinismo moderno

En 1921 se celebró el primer siglo de existencia de la Compañía de Guías de Chamonix. Pero si cabe recordar ese año no es tanto por dicha efeméride, sino por el nacimiento de tres figuras (posteriormente convertidas en guías) que marcarían el alpinismo tras la Segunda Guerra Mundial: los franceses Lionel Terray, Louis Lachenal y Gaston Rébuffat. No puede ser casualidad que los tres iconos naciesen el mismo año.

Chamonix conmemoraba dos siglos de rodaje de su célebre compañía en el año 2021, un momento idóneo para recordar que también se cumplían cien años del nacimiento de estas tres figuras clave para entender el alpinismo tal y como se lee hoy en día. Terray representa al visionario, al cerebro, al ideólogo; Lachenal es el genio y la velocidad; Rébuffat encarna la elegancia y la reflexión. Terray figura en el vértice superior de un triángulo mágico, primero tirando del lado de Rébuffat y, más tarde, formando una cordada de ensueño con Lachenal.

La expedición al Annapurna de 1950, una de las más famosas que existen y en la que los tres participaron, derivó en la conquista de la primera montaña de más de ocho mil metros, pero dinamitó sus existencias y los acabó separando para siempre. Los libros escritos por cada uno de ellos forjaron un modelo: no había aspirante a alpinista que no soñase con su pasión, su gusto por la aventura o la conquista y un sentido profundo y auténtico de la amistad. De haberlos conocido, John Ford hubiera filmado un *western* legendario.

Corría el año 1941 cuando Terray y Rébuffat se conocieron en Juventud y Montaña, una institución de corte militar, donde el primero sorprendió al segundo con una concepción del alpinismo adelantada a su época. Amigos, compartían el trabajo en la granja de Terray en Les Houchess. Esa vida no les entusiasmaba, pero estaban en el lugar perfecto para escalar y juntos fueron descubriendo el terreno de juego alpino. Terray era, además, un esquiador excepcional, daba clases en invierno y, como Rébuffat, quería vivir por y para la montaña. Un lustro más tarde, Terray se encontró con Louis Lachenal. Nunca dejarían de ser amigos. De la mano, batieron récords de velocidad en las caras norte alpinas y firmaron la segunda ascensión a la terrible cara norte del Eiger. Era la cordada soñada, capaz de revigorizar el ritmo del alpinismo con un impulso diferente. Terray definía así a Lachenal: «Fue el alpinista con más talento que jamás conocí, un virtuoso, un genio. Los horarios que era capaz de completar eran sencillamente increíbles: la séptima ascensión de la cara nordeste del Badile en siete horas y media, ¡cuando las seis cordadas precedentes habían tardado veinte! Podría llenar páginas y páginas con las vías que repitió rebajando el mejor tiempo a la mitad o incluso más. No realizó, ni intentó, primeras ascensiones (salvo la del Annapurna) porque en su concepción del alpinismo no perseguía las escaladas de gran dificultad, sino los grandes recorridos alpinos, donde buscaba la perfección estética y técnica, ir más allá de sí mismo».

Cuando llegó la fiebre nacionalista por conquistar los ochomiles del planeta, Francia organizó una gran expedición escogiendo a sus élites. Terray, Lachenal y Rébuffat no podían faltar. Maurice Herzog y Louis Lachenal firmarían la primera ascensión a un ochomil, el Annapurna, pero solo lograron sobrevivir gracias a la ayuda de Rébuffat y de Terray. Herzog se llevó la fama, un puesto en el Gobierno y la amputación de los dedos de las manos. Sin apenas reconocimiento público, Lachenal perdió todos los dedos de los pies y entregó su vida de alpinista. «La montaña no era mi pasatiempo dominical; era la vida que me pertenecía», diría entre operación y operación. Necesitaba comprensión, al menos. Esta es la imagen del sufrimiento: Lachenal, apenas un saco de huesos incapaz de caminar y con los pies vendados y congelados, en brazos de Terray, tras bajarse del avión en París.

Entre quirófano y rehabilitación, descubrió la velocidad y los coches. En 1955 se rompió el cuello al caer al fondo de una grieta de 28 metros cuando descendía esquiando el valle blanco de Chamonix y empezaba a soñar con recuperar cierta vida de alpinista.

El Annapurna catapultó, en cambio, a Lionel Terray. Bulímico, logró dejar su huella en casi todas las grandes montañas del planeta: entre 1952 y 1964 logró las primeras ascensiones al Fitz Roy (Patagonia), al Chomo Lonzo, al Makalu y al Jannu (Himalaya), al Chacraraju y al Taulliraju (Andes de Perú) o al Mount Huntington (Alaska). En el Jannu, consiguió filmar por vez primera a más de siete mil metros, regalando para la posteridad unas imágenes alucinantes en la afiladísima arista final. De carácter severo y a menudo inflexible, impuso la presencia en la expedición de Jean Ravier, despreciado por el ala financiera y gestora de la expedición por su procedencia pirenaica (durante años, en Chamonix se ninguneó a todo aquel que no fuese originario del valle), y se aseguró de que los dos sherpas de la expedición también conociesen el éxito de pisar la cima. Terray solía decir de sí mismo que, con sus ochenta kilos y sus brazos anormalmente cortos, combatía la roca en vez de escalarla: «Estoy morfológicamente mal hecho para escaladas extremas».

Cuando regresó del Huntington, en 1964, su mujer, Mariane, fue entrevistada en televisión e inevitablemente se le preguntó si temía por la vida de su marido: «Sé en qué momento ha de regresar a casa, y mientras no se demore, no me preocupo. Evidentemente, cada vez que se retrasa me digo: ¿será hoy, quizá?». Un año más tarde, su cuerpo y el de su joven amigo y guía Marc Martinetti fueron hallados a los pies de una pared de trescientos metros no muy lejos de donde había crecido. No se sabe qué pudo ocurrir, pero sí que ambos estaban a punto de acabar su escalada y que murieron a las 18.30, la hora que aparecía fijada en sus relojes rotos. Su obra *Los conquistadores de lo inútil* se convirtió en una pieza de culto, el manual humano para abrazar el alpinismo, una explicación que servía para justificar la pasión por las montañas o para aborrecer a sus fieles. En su funeral, Maurice Herzog dijo: «Ningún conquistador resultó más útil: sin él, seguiría en el fondo de una grieta en el Annapurna. Había aceptado envejecer y le dije a un amigo común: "He aquí un gran alpinista que va a sobrevivir…"».

Terray había renunciado, a sus cuarenta y cuatro años, a las grandes expediciones, pero no a la vida vertical, y su muerte tardó en ser asumida. Llegó a dar la impresión de que era mucho más fuerte que la montaña.

Gaston Rébuffat volvió asqueado del Annapurna en 1950. Las largas esperas lo aburrieron y el alpinismo nacionalista y de conquista lo saturó, así como el deseo de gloria de algunos (Herzog). A su regreso, decidió no participar en más expediciones, y consagrarse a difundir su pasión por las montañas a través de su oficio de guía, de sus numerosos libros, fotografías, películas y charlas. De los tres, fue de lejos el que vivió de forma más intensa la profesión de guiar. Había logrado el título a los veintiún años, cuando la edad mínima requerida hasta entonces era de veintitrés. «Al entrar en la compañía de guías de Chamonix me convertí en el capitán de mi existencia», escribiría años después. Dotado de una técnica exquisita y de una elegancia admirable, Rébuffat apenas escribe de gestas y sus líneas son graves o poéticas. No se lo recuerda como alguien dicharachero o divertido, sino más bien como un tipo solemne, de principios inquebrantables, determinado, disciplinado y, sobre todo, apasionado. A diferencia de la mayoría, su tema no era su persona, sino el alpinismo como «alimento del alma». Si la montaña, como a tantos otros, no lo mató, lo hizo un cáncer en 1985. Françoise Darde, su mujer, relataría así el día más duro que compartieron: «Gaston llevaba cinco años tratando de vencer el cáncer que lo devoraba y al que, sabía, no batiría. Una mañana entendí que acababa de dar el paso más difícil de su existencia: fue a la Compañía de Guías y solicitó que lo borrasen de la lista de guías activos. ¿Cuánto tiempo llevaba pensando en ello? Hacerlo significaba morir antes de morir. Cuando regresó a casa ni siquiera nos miramos: la intensidad emocional de su gesto nos impuso el silencio».

Para los que se pregunten qué demonios es el alpinismo, ojalá sirva esta definición de Lionel Terray: «Es un juego, un deporte que se practica en un cuadro majestuoso, que da al ser humano un sentido de belleza y grandeza. También aporta una aventura al encuentro de la naturaleza, al encuentro de elementos simples que el ser humano lleva dentro desde los orígenes y que algunos pocos necesitan recuperar en esta época de maquinarias y materialismo. También concede el placer de ser dueño de sí mismo. Claro está, todo esto puede parecer muy egoísta, pero si algunos encuentran así su felicidad, ¿por qué impedírselo?». A los jóvenes montañeros del presente, los apellidos Terray, Rébuffat o Lachenal no les dicen nada. Los más curiosos pueden rebuscar en algún vídeo, pero se desaniman cuando ven imágenes en blanco y negro. Si estos tres franceses continúan siendo importantes hoy en día a ojos de la historia del alpinismo es, sencillamente, porque sentaron las bases de una ética. Curiosamente, los mejores alpinistas siguen hoy en día dicha ética… sin saber de dónde procede realmente. Los libros de Terray y Rébuffat contienen las respuestas a las preguntas filosóficas de los escaladores, defienden ideas precisas: la amistad en el seno de la cordada, el sacrificio por el bien común, la aventura como valor supremo del alpinismo, el respeto hacia el medio natural como punto de partida, el humanismo integrado en un universo salvaje.

Toni Gobbi sale de la sombra

Si uno remonta al volante el valle de Aosta, apenas se dará cuenta de que conduce hacia las entrañas del Mont Blanc, el techo de los Alpes, el lugar donde se inventó el alpinismo. Italia, a diferencia de la vecina Francia, no ha hecho gran cosa para explotar su poderoso reclamo y, gracias a cierta displicencia, localidades como Courmayeur no son exactamente la copia de la vecina Chamonix, convertida en un bullicioso parque temático para los deportes de montaña. Courmayeur sigue custodiando el acceso al Mont Blanc desde Italia, sí, pero conserva cierto aroma a antiguo, como si en esta vertiente el tiempo fluyese con serenidad incrustada en mitad de un paisaje sobrecogedor.

El día en que Toni Gobbi murió, quedó prohibido mencionar su nombre en Courmayeur. Fue una jornada terrible, un seísmo. No se trataba de un asunto oficial, no hubo un bando municipal que impusiese tal silencio. Fue una consecuencia emocional, la del dolor, la incredulidad de la pérdida, un agujero que desterró de las conversaciones el nombre y apellido del guía de montaña más querido, carismático y revolucionario que el pueblo había conocido. Para no tener que soportar la herida abierta de su desaparición, todos fingieron que un mal sueño se lo había llevado. Así que, en cierta manera, decidieron olvidarlo, al menos de puertas afuera. Los que habían tenido alguna relación con él, del tipo que fuese, lo mantuvieron más o menos intacto en sus recuerdos. De puertas afuera, Gobbi había llegado como un forastero y se había marchado cuando nadie deseaba que lo hiciese. Y si bien dejó numerosos motivos para celebrar su vida, lo cierto es que, al irse, solo dejó una herida abierta.

Oliviero Gobbi, su nieto, no llegó a conocerlo. Su figura siempre le pareció fantasmagórica, porque ni su padre, ni su madre, ni su abuela hablaban de él. «Pero yo iba a casa de mi abuela, y aquello, esa casa, sus habitaciones, era como una imagen congelada en la que podía ver las chaquetas de montaña de Toni, sus crampones, su piolet, sus esquís... Todo parecía preparado para que regresase del monte de un momento a otro», explica solo que eso jamás ocurrió, . Una avalancha lo había matado, junto con tres de sus clientes, en una salida sencilla de esquí de montaña al Sassopiatto, en 1970, cuando contaba cincuenta y seis años. Todos creían, sin embargo, que moriría al volante, porque había aprendido a conducir tarde y le encantaba pisar el acelerador. Nadie aceptaría jamás que la montaña se lo hubiese llevado. Algo similar ocurrió con el grandísimo guía francés Louis Lachenal, el mismo que perdió los dedos de los pies por acompañar a la cima del Annapurna a Maurice Herzog: todos estaban de acuerdo en que lo mataría su pasión por la velocidad al volante. Pero se lo tragó una grieta del valle Blanco, en Chamonix, en 1955. Como Gobbi, su pérdida resultó inaceptable.

Al morir su abuela en 2008, Oliviero decidió sacar a la luz la herencia de su abuelo, «resucitarlo» en cierta forma. Le parecía demasiado triste que el olvido lo rematase. Quince años después estrenaría un documental, *La huella de Toni*, que es tanto un homenaje a la figura perdida como un legado para las nuevas generaciones de guías y alpinistas que deseen entender su forma de relacionarse con la montaña.

Toni Gobbi fue, seguramente, el primer guía de Courmayeur que no había nacido allí. Procedía del Véneto y había estudiado Derecho. Era un tipo culto, sumamente elegante, con porte de actor y un amor irrefrenable por las montañas, pero todo esto solo eran trabas para su objetivo de ser aceptado en el pueblo y, al fin, ingresar en la compañía de guías. En una comunidad rural, aislada (el túnel del Mont Blanc no se había construido aún), los forasteros lo eran de por vida. Gobbi descubrió el alpinismo por imitación: en Vicenza existía una fuerte tradición montañera y en la década de 1930 empezó a escalar, a practicar esquí alpino e incluso a participar en carreras a pie por la montaña. En aquella época, lo normal era desplazarse andando, los afortunados podían permitirse una bicicleta y solo unos pocos accedían al coche. Pese a pertenecer a una familia de clase media-alta, se quedó en el escalón de la bici y todas sus aventuras, fuesen del tipo que fuesen, empezaban sobre pedales. Resulta irónico que hoy en día muchos alpinistas prescindan del coche o del avión y acudan en bicicleta al inicio de sus rutas: lo que hoy parece moderno es, en realidad, pura imitación. Gobbi empezó trabajando de maestro, y junto con su esposa abrió una librería en Courmayeur, así como una tienda de venta de artículos de montaña, y en 1946 logró ser aceptado como guía local: «Tenía la inteligencia de no forzar nuestro mundo con su presencia y, al mismo tiempo, trajo un soplo de aire fresco, con educación», recuerda Ruggero Pellin, colega suyo y uno de los entrevistados por Oliviero.

Si Toni regentó una tienda, su nieto Oliviero es ahora consejero delegado y propietario de Grivel, empresa de fama mundial en la fabricación de, sobre todo, crampones y piolets, y que patrocina a buena parte de la élite del alpinismo. En la web de la compañía puede leerse un extenso artículo firmado por Oliviero en el que recoge las diferentes fases de la vida de su abuelo (en un principio solo pretendía homenajearlo por escrito, pero las entrevistas que llevó a cabo a diversos supervivientes ya ancianos y el material gráfico que halló lo animaron a realizar más adelante el documental). En el texto encontramos joyas escritas por el mismo Gobbi acerca de, por ejemplo, el siempre delicado viaje a las montañas, del efecto que una despedida provoca en la familia cercana: «Salgo de casa, monto en mi bicicleta y lanzo una última mirada a la casa. Mientras me dirijo al portal, oigo que se abre una ventana; es mi madre, que se ha levantado para verme partir sin ser vista. No quiere que comprenda su inquietud. Ahora, en la oscuridad, se va a santiguar para bendecirme y a rezar al Señor para que no me ocurra nada grave. Me gustaría volver a casa, abrazarla y decirle todo lo que la quiero, y disculparme por infligirle semejante ansiedad. Me detendría si me lo pidiese. Vuelvo a mirar las montañas, cada vez más claras, y atraído por su encanto irresistible pedaleo a toda velocidad hacia la felicidad».

En la década de 1950, brillaba como un faro la estampa de Walter Bonatti. Si Bonatti era Dios, aquellos que eran aceptados como compañeros de cuerda podían ser designados como sus apóstoles. Toni Gobbi fue uno de los elegidos, y juntos resolvieron la primera ascensión al Grand Pilier d'Angle, una mole de roca y hielo de 4.243 metros cuya cima permanecía inalcanzada y que figura como uno de los guardianes del Mont Blanc. Resulta reveladora la elección del material escogido para afrontar esa primera ascensión, algo pesado para los estándares actuales pero muy ligero para la época. En total llevaban dos cuerdas de 41 metros, una de 8,5 y la otra de 10 milímetros de grosor; 35 pitones variados; cinco estribos; cinco falcas de madera; dos piolets Grivel; un solo par de crampones; una tienda para vivaquear; medio kilo de confitura; azúcar; chocolate; galletas y leche en polvo. Ni botellas de agua ni hornillo. Deseaban ir lo más ligeros posible, aunque esto implicase que, en terreno de hielo, el segundo de la cordada, sin crampones, tuviese que escalar como si en realidad levitase. Su ascensión fue un éxito sonadísimo, les llevó dos vivacs en la pared y, en boca de Gobbi, fue la cordada de «un viejo [él mismo] y un joven». Walter Bonatti escribiría en sus memorias que se trató de «un itinerario difícil y elegante en un cuadro grandioso».

El documental recupera una entrevista televisiva en la que el periodista pregunta a los protagonistas si volverían a hacerlo: «¿Para qué, si acabamos de regresar?», replica Bonatti con cierta sorna y con un indisimulado fastidio. Más correcto, Gobbi trata de explicar que existen muchos retos por afrontar y que el alpinismo no es una mera repetición de la misma jugada. Toni Gobbi siempre estaba dispuesto a crear una atmósfera sana, y no se engañaba acerca de sus capacidades. Era un hombre hecho a sí mismo, sin ningún don particular para escalar pero con una clarividencia que le permitía suplir muchas lagunas: «Los músculos no sirven para nada sin un corazón que los dirija y una pasión que los exalte», escribiría en 1944. «Pero tenía un lado un poco oscuro, digamos: en montaña mostraba un comportamiento militar con sus clientes y, si decía que esto era blanco, lo era. Podía abroncarlos si no hacían lo que él decía, pero creo que el guía ha de ser autoritario a la hora de tomar decisiones que afectan a la seguridad del grupo», explica Oliviero, haciéndose eco de otros testimonios que aseguran que sus ojos grises podían oscilar entre la dulzura y el frío. «Tenía un carácter fuerte y orgulloso, y eso le permitía ejercer una superioridad incontestable tanto en el plano técnico como en el humano; era prácticamente imposible escapar del carisma y de la influencia que emanaban de su persona, imposible huir sin quedar parcialmente subyugado. Podías no estar de acuerdo con algunas de sus opiniones, pero no te atreverías a obviar su constancia inimitable y la seriedad de sus principios», explica un amigo de la época.

«Bonatti y Gobbi se llevaban muy bien», explica Oliviero. En 1958, ambos volvieron a unirse en una gran expedición italiana para medirse al Gasherbrum IV (7.925 m), montaña que, si bien no alcanza por poco los ocho mil metros, resulta mucho más técnica y compleja que cualquiera de los ochomiles que la rodean. En esta ocasión, todos sabían que Bonatti había escogido a Carlo Mauri para llegar arriba, y Gobbi (que contaba cuarenta y cuatro años, dieciséis más que los dos que alcanzarían la cima) fue de los que más trabajó en este sentido, aceptando que perdería protagonismo «sin que la pena me consumiese, pero con una tristeza razonada». Su capacidad para leer la montaña y organizar la estrategia fue una de las razones del éxito de la expedición.

El proceso de indagar en la vida de su abuelo concedió a Oliviero una perspectiva única de su figura y le proporcionó numerosas sorpresas: «Es increíble con qué intensidad y claridad recordaban estas personas de noventa años a mi abuelo: anécdotas, fechas, todo como si hubiese ocurrido no hace cincuenta o sesenta años, sino ayer mismo. Encontramos casi cuatro horas de vídeos filmados por diferentes clientes en los que aparece él, y eso fue lo que hizo que me decidiera a hacer un documental en vez de escribir solo su historia». Uno de los testimonios más precisos procede de la hermana menor de Toni, Marilena, quien nació diecisiete años más tarde. Toni había sido casi un padre para ella, y ahora, pese a sus noventa y dos años, emociona a la cámara con un discurso cargado de sinceridad.

Posiblemente, la gran hazaña de Toni Gobbi fue revolucionar la forma de guiar, que apenas había cambiado en ciento cincuenta años de historia. «Los jóvenes guías de ahora valorarán este documental sobre todo porque desconocen cómo era su labor hace setenta años. Antes, sus homólogos trabajaban en julio y agosto porque no existía la escalada deportiva, ni en hielo, ni el esquí de montaña como lo conocemos ahora. Mi abuelo quiso que pudiesen emplearse todo el año, o el máximo de meses al año. Hoy en día un guía puede trabajar siempre, viajando, claro. Mi abuelo fue quien introdujo el esquí de montaña en la cultura del guiado. Fue revolucionario porque su educación era superior y era muy emprendedor con los negocios. También porque su pasión era enorme y se esforzó mucho para poder vivir de lo que amaba. Creo que hoy en día no le gustaría ver que existen muchos guías taxista, que podrían ser cualquier cosa y que no tienen ni pasión ni cultura de montaña. Él siempre decía que el guía es útil porque ofrece un servicio público», razona Oliviero. Pocos profesionales saben que Gobbi impulsó la creación de la Unión Internacional de Asociaciones de Guías de Montaña. En última instancia, asegura, la razón de su documental tiene que ver no solo con la búsqueda del «mito», sino con la necesidad que tiene el alpinismo de contarse, porque «más que una actividad es una actitud ante la vida». Por eso lamenta que la muerte prematura de su abuelo lo privase de escribir varios libros en forma de legado: «Tenía claro que hay que explicar el alpinismo». Y una de las cuestiones más delicadas de resolver tiene que ver con los motivos para acudir una y otra vez a un escenario que puede matarte. Gobbi desgranaría en una entrevista concedida poco antes de fallecer sus motivos para adorar el alpinismo: «Cada hombre tiene su respuesta. Como en el amor o en la amistad, cada uno aporta a la montaña lo que tiene y le pide lo que le falta. En mis recuerdos de alpinista podría repartir a mis compañeros en tres o cuatro grandes categorías: los hay, pocos, la verdad, que buscan en el riesgo de escalar el sustituto de las hazañas de guerra; los hay que necesitan medirse a un obstáculo, ver hasta qué punto pueden superar las adversidades externas y los miedos que llevan consigo; está el alpinista que persigue en las cumbres un espejismo, la evasión, el silencio, la pureza y la sinceridad de las relaciones, la alegría del esfuerzo físico y esa suerte de droga sutil que proporciona la altitud. Personalmente, amaba y buscaba las cimas por todo esto que acabo de exponer y por una razón más: el miedo a envejecer, a ser testigo del deterioro de mi cuerpo como vemos una pendiente de nieve inmaculada echarse a perder cuando llegan las hordas de turistas. La montaña me ayuda a fijar mi juventud».

Los que conocieron y sobrevivieron a Toni Gobbi aún no logran sacudirse la sorpresa de su ausencia, como su hermana Marilena: «Hubo un punto en el que todos odiamos las montañas, cómo no […], pero no podíamos odiarlas porque Toni las amaba tanto…».

Vincendon y Henry

El ruido de los helicópteros que revolotean constantemente sobre el macizo del Mont Blanc empieza a ser un problema. Hace unas décadas, el problema era justamente el contrario: no había helicópteros, por mucho que hiciesen falta. Hoy en día, sin embargo, parece imposible encontrar cierta paz escalando en algún rincón perdido de la geografía de este parque de atracciones en el que se ha convertido el valle de Chamonix. Aquí, evadirse física y mentalmente de una civilización cada vez más agresiva y estresante es un reto: siempre hay cobertura y se oye de forma incesante el rugido de los rotores a pleno rendimiento de unas aeronaves que nunca descansan. Los refugios se abastecen desde el aire, y la afluencia de montañeros obliga a reponer materiales, comida y bebida de forma ininterrumpida… y existe un gran número de puestos que atender en el macizo. Después están los vuelos con el fin de mostrar a los turistas las vistas de sus glaciares y cimas icónicas, que conviven con los zumbidos de los aparatos de rescate, más necesarios y atareados que nunca. Cada vez que veo un helicóptero de este tipo no puedo evitar acordarme de Jean Vincendon y François Henry. Nunca los conocí. Fallecieron años antes de que yo naciese, y no fue hasta muy tarde en mi vida cuando supe de su trágica historia. A veces me pregunto si me habría dedicado a escalar o a guiar si me hubiera enterado de su terrible epopeya. Es posible que sí, porque nadie escarmienta en cabeza ajena, porque el alpinismo es un juego tenso entre el gozo y la desesperación.

Jean Vincendon, de pelo y ojos castaños, estatura media, parisino, tenía veinticuatro años cuando conoció al belga François Henry, rubio, ojos azules, alto, de veintitrés. Corría el año 1955. Ambos eran soñadores, idealistas y extraordinariamente apasionados. También eran escaladores de roca, pero anhelaban convertirse en alpinistas, recorrer las paredes de leyenda y, aunque ese escenario quedase lejos del medio urbano en el que residían, pusieron todo de su parte para estar preparados cuando les llegase el momento de enfrentarse a la alta montaña, a sus glaciares, a su terreno mixto de roca y hielo, a la falta de oxígeno, al frío, dificultades que deseaban superar para hacerse un nombre en el sector. Ambos se movían con destreza en la roca y compartían un idealismo un tanto ingenuo, así como una determinación inquebrantable en el caso de Henry, pero algo más volátil y precavida en el de Vincendon. Los dos tenían unas ganas enormes de destacar y ser seleccionados para alguna expedición al Himalaya, y soñaban con viajar de la mano de Lionel Terray, con emular a Gaston Rébuffat o a Louis Lachenal. Querían ser como Walter Bonatti, el dios del alpinismo. Sus vidas se alimentaban de grandes sueños, vibraban con la posibilidad de una existencia de aventuras, épica, amistad y valentía. Su libro de cabecera, su biblia, era la obra de Rébuffat titulada *Estrellas y borrascas*, un viaje de gran humanidad por las entrañas de las sombrías caras norte alpinas: Eiger, Cervino, Grandes Jorasses... Su lectura les mostraba un camino, el camino de la vida, de la amistad y de la montaña compartidas, del honor, de la valentía... Era un motor de felicidad, de ensoñación, alimentado por el combustible de los deseos y del movimiento. Ni uno ni otro eran suicidas o temerarios. Amaban demasiado la vida y no deseaban perderla de forma brutal, pero esto no era óbice para que soñasen al acostarse. Escribió Rébuffat que el compañero de cordada debe alcanzar las cotas más elevadas en la escala de la amistad, una máxima que quedaría grabada a fuego en las mentes de Vincendon y Henry.

A falta de grandes escenarios alpinos con paredes de roca, los parisinos tienen un lugar mágico, un bosque salpicado de pequeños bloques llamado Fontainebleau, que es algo así como una maqueta para alpinistas que están en el proceso de serlo. Los que escalan ahí son llamados *bleausards*. Vincendon era un asiduo del lugar, pero aquel escenario cuyas paredes subía sin ayuda de cuerda pronto se le quedó pequeño y carente de épica. En aquella época, el bosque de Fontainebleau era un banco de pruebas, un lugar donde acostumbrarse a los movimientos propios de la escalada en roca que, después, hacía falta completar con el manejo de la cuerda en paredes mucho más interesantes y elevadas. Fontainebleau no era un fin en sí mismo, sino un trampolín, por mucho que en la actualidad existan personas que no usan cuerdas, especialistas de la escalada en «bloque»: tapizan el suelo de colchonetas para evitar romperse un hueso si se caen y no sueñan con ser alpinistas.

A mediados de la década de 1950, Vincendon y Henry jamás hubiesen aceptado limitarse a un horizonte tan local: soñaban con llegar mucho más alto, conquistar las montañas del Himalaya. Pero, para alcanzar el anhelado éxtasis, los dos jóvenes necesitaban realizar su primera gran ascensión, sentar las bases de su calidad, afirmar su ambición: juntos decidieron escalar el espolón de la Brenva, en la vertiente este del Mont Blanc. Se trata de una ruta de nieve y hielo no demasiado técnica pero sí larga. Su punto culminante es la cima del Mont Blanc, a 4.808 metros sobre el nivel del mar. Lo que añadía el compromiso a la aventura era el deseo de afrontar aquella ascensión en pleno invierno, una experiencia que muy pocos alpinistas han conocido. Vincendon acababa de ser admitido en la escuela de guías como aspirante, y solo figurar como estudiante de la ENSA (École Nationale de Ski et d'Alpinisme) era motivo de un gran orgullo. Pero ni él ni Henry tenían una gran experiencia en alta montaña, y mucho menos en temporada invernal. De hecho, los compañeros de Vincendon recelaban de su falta de destreza en el medio helado. Su elemento natural, decían, era la roca, y dudaban de sus capacidades en la nieve o en el hielo. Henry tenía aún menos experiencia en este último terreno. Puede que estuvieran sobrevalorando sus capacidades, pero nada lograría detenerlos: decidieron pasar la Navidad en el Mont Blanc y se prepararon a conciencia para ello. Durante meses escalaron todo lo que pudieron, salieron a correr, se informaron, preguntaron a los más cercanos, estudiaron mapas y se aplicaron en tejer la mejor logística posible. Todo esto mientras mantenían en secreto sus intenciones para esquivar las previsibles críticas. Ambos compartían las mismas ilusiones, se encontraban en el preámbulo de una experiencia que los cambiaría, que les permitiría abstraerse de la monotonía de la vida burguesa para abrazar el sentido de la aventura. Estaban más vivos que la mayoría de los jóvenes de su época, pero deseaban más. Deseaban vivir más. Y mejor.

De entrada, fruto de su inexperiencia, cometieron un grave error. Una semana antes, dos de sus amigos, Dufourmantelle y Caseneuve, habían completado la misma ruta que ellos ansiaban, invirtiendo apenas dos días y medio. Habían escogido la velocidad como cómplice y, cargados con lo estrictamente necesario y con un tiempo estable, habían completado la ascensión en un visto y no visto. En cambio, las mochilas de Vincendon y Henry incluían una tienda de campaña, sacos y comida para permanecer en el exterior durante varios días. En lugar de avanzar ligeros, se hundían en la nieve bajo el enorme peso de sus macutos: llevaban el mismo lastre que los sherpas en las expediciones himaláyicas. La víspera de su salida, cenaron con Dufourmantelle y Caseneuve, ávidos de consejos, de información. Estos dos últimos se rieron del tamaño de las mochilas de sus amigos, y les pidieron que en caso de mal tiempo regresasen sobre sus pasos. También les explicaron que podrían escaparse desde la Brenva hacia el refugio de Grands Mulets atravesando hacia la derecha el glaciar, pero otro colega acababa de decirles que esa opción era peligrosa, puesto que el lugar era un verdadero laberinto de amenazadoras grietas. «No, lo más adecuado es pasar por la cima del Mont Blanc y descender rápida y fácilmente hasta el abrigo Vallot, un antiguo observatorio astronómico plantado a 4.360 metros donde hay mantas, cuatro paredes y víveres», les recomendó de forma más que insistente Philippe Dreux, quien conocía bien la vía y el lugar por haberla escalado en verano.

El 22 de diciembre de 1956, Vincendon y Henry cogieron el teleférico de la Aiguille du Midi a las siete de la mañana. Su viaje debía durar dos o tres días a lo sumo. Cinco jornadas más tarde, en Navidad, sus amigos dieron la voz de alarma, inquietos ante la falta de noticias y convencidos de que un accidente los retenía en la montaña.

En lo alto de la Aiguille du Midi, a 3.800 metros, el viento débil movía con pereza la nieve, extremadamente suelta y fría. La temperatura rondaba los veinte grados bajo cero, pero el cielo lucía azul y soleado. El pronóstico a corto plazo era bueno y la aproximación al refugio de La Fourche, donde arranca la verdadera ruta hacia la Brenva, parecía sencilla: primero debían descender por el valle blanco y después remontar en dirección al refugio italiano de Torino, para luego desviarse a la derecha y encaramarse a la arista donde se esconde la diminuta caseta de madera y chapa. Con buena nieve, invertirían de tres a cuatro horas, pero la nieve era tan profunda que se hundieron sin remedio bajo el enorme peso de sus mochilas, y lo que debería haber sido un agradable paseo se convirtió enseguida en una agonía. De hecho, de haber sabido esquiar medianamente bien, hubieran podido ahorrarse horas de esfuerzo, pero su falta de habilidad les obligó a abandonar los esquís al poco de empezar la travesía... Quizá por este motivo, y por el frío punzante que les cortaba la cara, cambiaron de planes y durmieron en Torino la noche del 22 al 23. La siguiente la pasaron en La Fourche. Sin embargo, ni Vincendon ni Henry comprendieron que habían cometido un error de bulto, de principiantes: si el tiempo era bueno y la actividad apenas llevaba dos o tres jornadas, les sobraba una cantidad ingente de «porsiacasos», material y comida, empezando por la pesada tienda de campaña. La pareja no parecía estar al corriente del axioma de que, en montaña, velocidad es sinónimo de seguridad. O sí, porque tras una noche en La Fourche y un tímido intento de ascenso, renunciaron y decidieron replegarse hacia la Aiguille du Midi con la intención de abandonar su empresa. El destino, sin embargo, puso a Walter Bonatti en su camino.

Vincendon y Henry descendían penosamente la ladera que lleva hacia Francia cuando una cordada se aproximó en sentido contrario. Ambos se frotaron los ojos: era Bonatti, acompañado por un cliente llamado Silvano Gheser. No se trataba solo de un guía, de un héroe, de una leyenda del alpinismo. Pese a contar apenas veinticinco años, ya era considerado una divinidad. Maltratado por sus compañeros durante la expedición de 1954 al K2, el primer ascenso histórico de la segunda montaña más elevada del planeta solo le reportó un vivac sin cumbre a ocho mil metros y una rabia que lo acompañaría de por vida (véase el capítulo «Walter Bonatti, dios y hombre»). Esa furia le serviría también para escalar en solitario el pilar sudoeste de los Drus en 1955, invirtiendo seis días en completar seiscientos metros de granito anaranjado y vertical. Las montañas son bellas y los hombres, asquerosos, vino a decir. Bonatti era un atleta, un gimnasta dotado de una resistencia y de una capacidad de sufrimiento inhumanos, pero su lado romántico, apasionado y sensible lo convertía en un ser que sufría y ardía por dentro. Pese a todo esto, charló amistosamente con los dos muchachos franceses, los reconfortó y les confesó que iba a intentar el primer ascenso a la Poire, una vía que discurre en paralelo a la Brenva y que no había sido aún escalada en invierno. La serenidad y confianza en sí mismo que desprendía Bonatti los obligó a replantearse su decisión. ¿Por qué abandonar cuando ya estaban en marcha y el tiempo parecía óptimo? ¿No era una suerte poder compartir una noche en el refugio con la leyenda italiana, hacer un tramo del camino juntos, contárselo después a los amigos y eludir así sus risas sarcásticas? El orgullo y el amor propio de ambos jóvenes hicieron el resto: dieron media vuelta y regresaron sobre sus pasos.

Esa misma tarde, Bonatti y Gheser salieron a inspeccionar el tramo de glaciar que conducía al collado Moore, pero al regresar, mientras el primero tallaba peldaños en la nieve, el mango de su piolet se resquebrajó. El asunto era grave porque Bonatti debía suspender la ascensión o, como mínimo, regresar a Courmayeur, hacerse con una herramienta nueva y perder un día en la operación. Entonces, François Henry le ofreció el suyo: «No es tan importante yendo de segundo», razonó. Bonatti dudó, pero terminó por aceptar tan generoso ofrecimiento. Intercambiaron sus piolets, remendando con un cordino el mango defectuoso. Los franceses le cayeron muy bien a Bonatti, quien los invitó incluso a unirse a su cordada. Días después escribiría un relato para el Club Alpino Italiano titulado «Navidad en el Mont Blanc», en el que se referiría a la pareja como «verdaderos alpinistas, gente capaz, modesta y distinguida». Parecía un sueño: una primera invernal en compañía de Dios todopoderoso el día de Navidad. Aceptaron… pero al día siguiente, cuando llegaron al punto donde la Brenva partía hacia la derecha, los muchachos escogieron seguir su propio camino, quizá por pudor, quizá por no ir más allá de sus posibilidades aunque fuese bajo el paraguas de una leyenda.

Bonatti y Gheser observaron con el ceño fruncido el inicio de su vía: las condiciones ahí eran peores de lo esperado y no se veían capaces de acometer la ascensión con la velocidad suficiente para evitar las purgas de nieve que podían caer sobre esa vía al atardecer. Así que trazaron una diagonal a su derecha, donde esperaban dar con las huellas de los franceses, que a esas horas tenían que haber avanzado considerablemente. Para su sorpresa, no había rastro de su paso… porque aún estaban por debajo: avanzaban muy lentamente, pero al menos ahora solo debían seguir la huella del italiano y de su cliente. En la parte más vertical, Bonatti talló peldaños en la nieve y alcanzó un punto a unos cien metros por debajo del collado de la Brenva. Desde ahí, en cerca de dos horas podían plantarse en la cima del Mont Blanc y llegar enseguida al refugio Vallot. Pero el tiempo se había deteriorado de forma tan rápida como sorprendente que de repente se encontraron en el centro de una tormenta de gran violencia que los zarandeaba sin piedad, con vientos terribles de hasta ochenta kilómetros por hora, una visibilidad casi nula y una temperatura que se desplomaba terriblemente: el termómetro rondaba los treinta grados bajo cero. Bonatti explicaría después que lo habitual, antes de sufrir semejante cambio de tiempo, es que haya un empeoramiento progresivo, lo que les hubiera permitido renunciar y descender por donde habían escalado. Sin embargo, la tormenta los sorprendió tan arriba y tan de sopetón que resolvió que lo más seguro sería seguir ascendiendo. Aunque no esa jornada: Bonatti encontró un agujero entre dos masas de hielo, lo agrandó a golpe de piolet y se acurrucó junto a Gheser para pasar la noche. Este último no sentía los pies; solo llevaba calcetines de algodón, no de lana, y empezaba a notar síntomas de congelación. A las ocho y media de la mañana del día siguiente, Bonatti oyó los gritos de los franceses y resolvió anudar sus dos cuerdas para descender ochenta metros. Una vez a su lado los ayudó, y juntos remontaron hasta el vivac tirando de la cuerda. Lo más juicioso hubiera sido, en su caso, regresar sobre sus pasos, pero la presencia del genio italiano los reconfortó de nuevo y decidieron continuar de su mano. Bonatti ató con él al trío y empezó a buscar un camino entre los *seracs* hacia la cima del Mont Blanc. No veía nada, pero se guiaba por su instinto. Todos luchaban ya descaradamente por seguir vivos, pero solo el italiano parecía tener la llave de su destino. A las tres de la tarde, el cielo se abrió y contemplaron la cima del Mont Blanc, de la que apenas los separaba un desnivel de trescientos metros: estaban salvados. Bonatti sopesó bajar a su derecha, hacia el refugio de Grands Mulets, pero era un descenso directo por un terreno propicio a las avalanchas. También podían cruzar en diagonal hacia el refugio Vallot, pero el glaciar resultaba muy peligroso al estar cubierto de una nieve fresca que escondía las grietas. No, aunque fuera la opción más fatigosa, lo mejor era pasar por la cima del Mont Blanc, aprovechando la nieve dura trabajada por el viento.

Unidos por la misma cuerda, los cuatro avanzaban a duras penas. El viento era un látigo que los castigaba, los desesperaba, los zarandeaba. Respirar el aire congelado era una dolorosa necesidad. Bonatti abría la huella y el trío se aplicó en calcarla, porque hacerlo era una garantía de vida. Vincendon empezó a quedarse atrás, tensando la cuerda, retrasando al grupo. Quería comer, una tregua para su sufrimiento, respirar un aire cálido y rico en oxígeno. Pero Bonatti ni quería ni podía parar porque no sabía si superarían otra noche al raso. Los días en invierno eran tan cortos... El italiano trató de explicar a los franceses los motivos para seguir, la urgencia de su situación, pero estos se negaron; deseaban descansar y no parecían entender que dormir de nuevo al descubierto era sumamente peligroso. Decidieron separarse. Ya no volverían a verse. Gheser explicaría tiempo después que los muchachos se quitaron las mochilas y que él hizo lo mismo, pero Bonatti lo abroncó con severidad: los minutos perdidos podían acabar con su vida. Los franceses hicieron gestos explicando que enseguida seguirían sus huellas, pero ya era noche cerrada cuando Bonatti y su cliente alcanzaron el refugio de Vallot. Al día siguiente, no vieron rastro alguno de Vincendon y Henry.

Los amigos de los dos jóvenes franceses se enfrentaban a un grave problema en Chamonix: no existía un servicio de rescate en invierno. Y el que había tampoco era un servicio profesional, tal y como lo conocemos ahora, sino un acuerdo entre tres partes coordinado por la Sociedad de Prevención y Socorro en la Montaña (SPSM, por sus siglas en francés), más conocida como «la Chamoniarde», que involucraba a los guías de la oficina de Chamonix, a la Escuela Militar de Alta Montaña (EMHM, por sus siglas en francés) y a los guías que trabajaban como profesores en la Escuela Nacional de Esquí y Alpinismo (ENSA, por sus siglas en francés). Pero este acuerdo para socorrer voluntariamente a los alpinistas solo era válido en verano, durante los meses de julio y agosto, el único periodo en el que se concebía el oficio de guiar. A partir de septiembre, los guías regresaban a sus oficios de invierno: maestros, carpinteros, etc. Así que, en 1956, no había nadie designado para realizar un rescate invernal en el macizo del Mont Blanc... ni voluntarios a la vista. En verano, los salvamentos se llevaban a cabo mediante caravanas de guías que salían a pie a la caza de un herido. Ninguno cobraba. Es el método tradicional; lento, pero bastante fiable. Entre 1954 y 1955, un helicóptero había empezado a trabajar en la zona, participando con éxito en rescates en torno a los tres mil metros. Algunos intuían un futuro para ese tipo de acciones desde el aire, aunque los aparatos no estaban preparados aún para dicha tarea. Con todo, la sociedad francesa Sud Aviation llevaba un tiempo probando con buen pronóstico un modelo de helicóptero más ligero y adaptado a las necesidades de la alta montaña, el Alouette («Alondra»), que se reveló mucho más eficaz en altura que los voluminosos Sikorsky, dotados de motores de pistón, que empleaba el ejército. Dartigue, presidente de la Chamoniarde, pidió dos Alouette a la prefectura, a sabiendas de que existían muy pocos pilotos con una mínima experiencia en vuelos de montaña.

El ambiente en Chamonix empezó a enrarecerse: los guías locales no querían salir a buscar a nadie en pleno invierno, argumentando que existía un evidente peligro de aludes. Los gestores de la ENSA aseguraban que sus profesores estaban todos ocupados con los cursos, así que tampoco se ofrecieron para salvar a los muchachos. Unos y otros criticaron la estupidez de los parisinos, su prepotencia al abordar escaladas invernales. Las relaciones entre los locales y los foráneos, especialmente los capitalinos, nunca han sido buenas: los de la gran urbe ven a los *chamoniards* como pueblerinos celosos de sus costumbres ancestrales, y estos no soportan la soberbia con la que aquellos desembarcan en sus tierras. El ejército, a través de su escuela, la EHM, se mantuvo en silencio. Así, el 27 de diciembre solo tres amigos de Vincendon y Henry tomaron la ruta del Mont Blanc por Goûter para intentar salvarlos... sin saber siquiera dónde dar con ellos. De todas formas, la nieve profunda les impediría llegar muy lejos.

Mientras tanto, desde las laderas del Brévent, un mirador incomparable del Mont Blanc, uno de los cajeros del teleférico había dado con los desaparecidos gracias a un telescopio: se encontraban sobre las Rocas Rojas, relativamente cerca del abrigo Vallot, en una zona glaciar compleja a unos 4.500 metros de altitud. Al parecer, estaban varados en ese lugar y habían pasado ya dos noches a la intemperie. Con toda probabilidad estaban agotados, y si no intentaban salir del atolladero por sí mismos era, sencillamente, porque carecían de la fuerza suficiente. Un helicóptero Sikorsky S-55 se les acercó. Los alpinistas, inmóviles, vieron el aparato pero no fueron vistos por los tripulantes. El Sikorsky abandonó la zona, colocando a la pareja ante una perspectiva sombría: una tercera noche sin protección, pues no habían montado la tienda, y soportando temperaturas de treinta grados bajo cero, una bofetada para una moral que se adivinaba maltrecha.

Al día siguiente, el Sikorsky trató de aterrizar en el glaciar para realizar una recuperación directa, pero había demasiada nieve, demasiadas grietas y, peor aún, la pendiente era peligrosamente pronunciada. Imposible. El aparato tampoco podía inmovilizarse en vuelo estacionario sobre los dos alpinistas; si lo intentaba, corría el riesgo de desplomarse fatalmente. Vincendon y Henry seguían vivos, junto a sus mochilas. Uno de ellos agitó un fular, de pie, mientras observaba los intentos al límite por rescatarlos, testigo de la impotencia que atenazaba al piloto, dividido entre el deseo de ayudar y la posibilidad de provocar una catástrofe. La cordura se impuso. El aparato giró, lanzó víveres, abrigos y varios mensajes idénticos embotellados con indicaciones precisas para que los muchachos tratasen de alcanzar a pie el cercano Grand Plateau, donde sí era posible recogerlos. Pero ni uno ni otro se movieron del lugar. Ni siquiera alcanzaron los víveres, que cayeron veinte metros a su izquierda, o las mantas, cincuenta metros ladera arriba. Las fotos tomadas desde el aparato mostraban a uno de ellos tumbado sobre la nieve, recogido sobre sí mismo como un perro tembloroso. El otro estaba en pie, pero un lado de la cara presentaba serias congelaciones.

En el valle, la Chamoniarde no pudo hacer nada más que desesperarse: los pilotos habían hecho todo lo posible sin caer en el riesgo de suicidio, y los toscos aparatos que manejaban estaban muy bien para la guerra de Indochina pero eran un peligro en la atmósfera enrarecida del Mont Blanc. Además, la Chamoniarde no conseguía que ningún guía asomase la cabeza para ir en busca de los dos desapareci-dos. Tenía cierto poder, pero carecía de personal que lo ejecutase en invierno. En esta situación, la presión de los medios de comunicación sirvió al menos para que alguien diese un paso al frente: el ejército, a través de la EMHM, una institución creada en 1932 e integrada por guías que formaban a militares en el medio montañoso. Como sus in-tegrantes eran funcionarios, al menos no había que pagarles un extra para que saliesen a rescatar a los accidentados y su pedigrí como pro-fesionales estaba fuera de toda duda. Al frente de la EMHM figuraba Yves Le Gall, más militar que alpinista, un patrón que no era el de guía de alta montaña. Era un tipo extremadamente estricto y cuadri-culado. Él mismo, al comprobar que sus hombres contemplaban con horror la situación de Vincendon y Henry, solicitó a la Chamoniarde hacerse con las riendas de la operación… y con todos los poderes. También se atribuyó, de paso, la potestad de dirigir en solitario las maniobras.

Su primera (y polémica) decisión fue suspender cualquier alter-nativa que no pasase por el helicóptero: sus hombres no integrarían ninguna caravana terrestre para acceder hasta los que la prensa había bautizado como los «náufragos del Mont Blanc». Su plan, entonces, consistía en que la aeronave aterrizase en el Dôme du Goûter, para que un puñado de guías accediese a pie hasta los desafortunados y los llevasen hasta el collado homónimo, donde el aparato podría reco-gerlos. Solo que el mal tiempo impedía una y otra vez, un día tras otro, alzar el vuelo. Existían, además, voces discordantes. Al menos una, pero con un peso enorme: la leyenda Lionel Terray, uno de los guías de la compañía de Chamonix, el hombre que había participado en 1950 en la conquista del primer ochomil, el Annapurna, el que se había encordado a Lachenal para firmar la segunda ascensión de la norte del Eiger. Terray no soportaba la idea de no hacer nada para sal-var a Vincendon y Henry y quería llegar a pie hasta el lugar donde se encontraban. Sin embargo, el ejército insistía en que no había prisa, que los víveres lanzados dos días atrás les permitirían sobrevivir sin pro-blema. El ejército no era consciente de que ni siquiera los habían to-cado, de que seguían desnudos en la montaña. Terray no tardó en comprobar que sus colegas guías le daban la espalda, así que se unió a varios amigos de los jóvenes y dirigió una pequeña caravana de voluntarios que arrancó lentamente y progresó de forma aún más penosa. Mientras, Le Gall seguía aferrado a sus helicópteros y se negaba a pedir los Alouette. Sería su segundo error, de una gravedad supina.

El 31 de diciembre de 1956, nueve días después de que Vincendon y Henry pusiesen pie en la Aiguille du Midi e iniciasen su aproximación a La Fourche, un Sikorsky S-55 y su hermano mayor, un S-58, lograron despegar al fin de Chamonix. Su plan era comprobar si los jóvenes franceses continuaban con vida y, si se daba el caso, tratar de evacuarlos mediante un vuelo estacionario. Era una maniobra muy arriesgada. Si no funcionaba, ejecutarían el plan ideado por Le Gall. El S-58 efectuó una primera pasada y abortó. A la segunda se acercó mucho a los dos alpinistas, pero su velocidad era muy elevada y se aproximó peligrosamente al relieve de la ladera. De pronto, una nube de nieve lo envolvió, como si la montaña hubiese explotado en ese punto: una de las palas salió disparada y se clavó ladera abajo. Cuando la nube de nieve desapareció, el aparato yacía de costado en el suelo, sin la cola, igualmente cercenada. Vincendon y Henry contemplaron horrorizados el espectáculo y vieron salir, uno tras otro, a los cuatro pasajeros: el piloto, de apellido Santini, su copiloto Blanc y los dos guías, Bonnet y Germain. Estos contemplaron a su vez a los dos jóvenes, y lo que vieron los perseguiría para siempre.

Vincendon y Henry ya eran capaces de caminar. Se habían arrastrado de rodillas y sobre las manos desnudas por la nieve. Estaban echados sobre un lado en el manto helado. Sus manos carecían de protección y los dedos estaban pegados entre sí por el frío. Como si vistiesen guantes de hielo. Se mostraron eufóricos, aunque el que empezó a hablar fue Vincendon, en un discurso que era puro delirio: «Hemos escalado la Brenva, el Mont Blanc… ¿Es suficiente para el Groupe d'Haute Montagne?». El guía Bonnet quiso llorar, pero se contuvo, sonrió y reconfortó al joven, que prosiguió: «Mi sueño es ir al Himalaya». Los pies de Vincendon y Henry presentaban congelaciones tan severas que los tobillos no se podían mover, eran dos trozos de mármol, y el mal se había extendido casi hasta las rodillas. Lo mismo ocurría con los antebrazos, muertos hasta los codos. Así, no es de extrañar que no pudiesen usar ni el contenido de sus mochilas, ni los preciosos víveres lanzados por el helicóptero. Llevaban días sin comer ni beber y, peor aún, sin nada que los aislase de aquel frío espantoso. Sin embargo, habían superado el sufrimiento más atroz y se mostraban serenos y agradecidos. Pero eran dos inválidos, incapaces de dar un solo paso. Con gran esfuerzo, los guías los acostaron en el interior del aparato. La mitad de la cara de Henry estaba congelada, ennegrecida hasta la nariz. Preguntó por su padre. Era imposible descifrar cómo habían sido capaces de resistir con vida tantos días sin más calor que el de la esperanza. Su valentía y su dignidad resultaron conmovedoras, insoportables para sus rescatadores. Sí, estaban vivos, pero perderían las piernas y los brazos… si lograban sacarlos de aquel infierno. Vincendon confesó que hubiera muerto tres días atrás de no ser por los cuidados de Henry. No se abandona a un compañero de cuerda. A un amigo. Eso es sagrado. Henry preguntó por Bonatti, por sus amigos. Sonrió cuando le contaron que Terray estaba de camino. Y dio las gracias. Y pidió perdón.

De golpe, era preciso salvar no a dos sino a seis personas, todas a la deriva a una altitud terrible (4.500 m) y bajo unas condiciones de frío inhumanas. Además, los dos pilotos dependían total y absolutamente de los dos guías y estos tenían que proporcionar, asimismo, la ayuda que precisaban Vincendon y Henry. Pero Le Gall había decidido salvar primero a los pilotos y regresar más tarde a por los jóvenes. Mientras, el segundo Sikorsky acertó a depositar a cuatro guías en el Dôme du Goûter: dos se dirigieron al cercano abrigo Vallot y los otros fueron en dirección al aparato siniestrado. Esa tarde, había veinte personas en el Mont Blanc: Terray y nueve acompañantes a pie, seis guías más, dos pilotos y las dos personas que habían originado la operación de rescate.

Dos horas después de estrellarse, los cuatro pasajeros del helicóptero caminaban encordados camino del abrigo Vallot. Los dos guías habían prometido a Vincendon y a Henry que tan pronto como pusieran a salvo al piloto y a su copiloto regresarían sobre sus huellas para sacarlos de ahí. Pero todos volverían antes de lo pensado: apenas habían recorrido treinta metros cuando Blanc, el copiloto, cayó en una grieta. Primero quedó suspendido, las piernas colgando en el vacío, soportando el peso del cuerpo con los codos abiertos, clavados contra la nieve, oyendo los gritos de los guías que le imploraban que aguantase así. Pero el terror y el recuerdo del Sikorsky estrellado fueron demasiado para Blanc, que decidió acabar por la vía rápida: plegó los brazos y cayó… dos metros, porque la cuerda que lo unía a los guías frenó el desplome de golpe. Tardarían más de dos horas en izar un peso muerto, puesto que en su estado de shock era incapaz de colaborar.

Su mente había desconectado. En pleno vuelo era un hombre capaz; en mitad de aquel desierto helado y hostil sentía que no era nada. La comitiva regresó al Sikorsky. Semanas después, el padre de Henry visitaría a Blanc en el hospital y este le referiría la conversación que había mantenido con su hijo. Primero, Vincendon le contó cómo su amigo lo había guiado y cuidado tras la segunda noche al raso. El agotamiento y la ceguera le impedían ser autónomo. Henry no se separó de él, ni siquiera cuando ambos cayeron por una ladera, extraviando los guantes, los crampones y parte del contenido de las mochilas. Allí, en mitad de la tormenta, perdieron el camino y la huella de Bonatti. Acabaron en un callejón sin salida. Después, Vincendon se durmió enseguida, como si ya hubiese dicho todo lo que necesitaba. Henry, mucho más lúcido pese a sus terribles congelaciones, trató de calentar al piloto con sus manos inútiles, le regaló palabras de ánimo y, en definitiva, le devolvió las ganas de pelear y de seguir con vida. Su amabilidad era tan genuina como desconcertante. No sabía aún el piloto que le esperaba un calvario antes de pisar el hospital.

Dos de los cuatro guías que habían alcanzado el Dôme du Goûter en helicóptero consiguieron llegar hasta el Sikorsky estrellado; rápidamente, formaron dos cordadas de tres, con un piloto para cada dos guías. El tiempo empeoró con rapidez, la noche acechaba, la visibilidad se iba reduciendo y Blanc era incapaz de dar tres pasos sin detenerse. Tardaron tres horas en encontrar el abrigo Vallot. De hecho, solo la cordada de Blanc lo hizo. La otra se perdió y decidió esconderse en un agujero en la nieve para seguir hasta el refugio a la mañana siguiente. En el interior del abrigo, la temperatura era algo más cálida: quince grados bajo cero. Ahí esperaron su evacuación los seis guías y los dos pilotos, pero Blanc empeoró rápidamente, dejó de hablar, de comer y de beber, y su estado de shock no remitía.

Tenía varios dedos de las manos congelados y parecía haber llegado mucho más lejos de sus capacidades físicas. Vincendon y Henry habían quedado ya en un segundo plano, habían dejado de ser la prioridad para Gall. Al mismo tiempo, la tormenta forzó la retirada de Terray y sus nueve acompañantes. Los dos jóvenes, tumbados el uno junto al otro a petición de Henry, volvían a encontrarse solos, tan lejos como si estuviesen en la Luna.

En Chamonix, los guías que se habían negado a colaborar desde el principio estaban en el punto de mira de la prensa y de los civiles. Lionel Terray los había puesto en evidencia, demostrando que el terreno no presentaba un peligro real de avalanchas, la justificación esgrimida por casi todos para quedarse de brazos cruzados. Terray criticó con dureza un hecho: los que estaban al frente del operativo no conocían la montaña y no se habían fiado de la opinión de los expertos. Además, aseguró, la precipitación de los mandos militares empeñados en que fuese el helicóptero la estrella del rescate, y no el grupo dirigido por Terray, explicaba la terrible imagen del Sikorsky destrozado sobre el glaciar.

Los guías locales, por su parte, no se movieron no por una cuestión económica sino por principios: estaban hartos de buscar alpinistas inexpertos en verano y no les entraba en la cabeza tener que duplicar esos esfuerzos en invierno. Muchos afearon su conducta, y les recordaron que ayudar al necesitado es una cuestión de humanidad que nadie capaz debería rehuir. En cualquier caso, es evidente que algo falló para que aquella operación de rescate pareciese un sainete. Y las preguntas se sucedieron: ¿por qué no hubo una mejor coordinación entre unos y otros? ¿Por qué no se usaron los helicópteros que se habían demostrado eficaces? ¿Por qué el invierno asustaba a tantos? ¿Por qué los pilotos no eran autónomos en alta montaña? Eran interrogantes para el futuro.

Contra todo pronóstico, dos helicópteros Alouette llegaron a Chamonix el 3 de enero de 1957 con una misión principal: extraer del abrigo Vallot a las ocho personas que aguardaban, desde hacía dos días, un rescate aéreo. Allí donde los Sikorsky habían padecido un calvario, los ligeros y ágiles Alouette realizaron un trabajo tan limpio como eficaz. El alivio recorrió las calles de Chamonix cuando todos aterrizaron por turnos. Solo los amigos y familiares de Vincendon y Henry seguían aguardando que los acontecimientos dieran finalmente un giro en su favor. Se habían cumplido diez días desde que los dos jóvenes iniciaran su periplo en la Brenva. Una vida. Esperaban como animales en el interior de un aparato destrozado. Esperaban porque les habían jurado que volverían a buscarlos. Esperaban. Si habían aguantado tanto, ¿por qué no hacerlo un poco más? ¿Qué más daba? Pero abajo todo parecía en suspenso. Podía olerse una realidad: no existía ya voluntad de comprometer a nadie para salvar a dos jóvenes que, en el mejor de los casos, vivirían como dos bustos, amputados de piernas y brazos. Ni siquiera sus familias sabían qué esperar, qué desear. ¿Acaso no era mejor que muriesen? Y, al mismo tiempo, ¿era humano no ir a verlos una vez más y sacarlos de su agujero pasase lo que pasase? El buen tiempo parecía haber traído consigo cuatro helicópteros disponibles, pero el ejército no quería exponerse a un nuevo fracaso. Porque después de tantos riesgos asumidos, tanto gasto y tanta estrategia era preciso reconocer que la operación había sido un verdadero fiasco. Si Yves Le Gall hubiese aceptado colocar a cuatro hombres por vía aérea junto a Vallot el primer día, habrían rescatado a los chicos con facilidad… Horas más tarde se anunció el cese de las operaciones, después de que tres vuelos de helicóptero consecutivos no detectasen signo de vida alguno en el interior del aparato siniestrado.

El epílogo del asunto es tan triste como su desarrollo. Alguien debía recuperar los cuerpos cuando el tiempo mejorase. Los padres de Henry deseaban que lo hiciesen los profesionales del valle. Los de Vincendon alegaban, en cambio, que los guías de Chamonix, los mismos que se habían negado a participar en el rescate, debían quedarse en sus casas. Finalmente, a finales de marzo de 1957, veintiocho guías del EMHM y de la ENSA accedieron a pie hasta el lugar donde se encontraban los cuerpos sin vida. Vincendon estaba tal y como lo habían dejado, tumbado en un costado del interior del aparato, pero Henry no se encontraba a su lado, no estaba donde debería. Y no aparecía. Pronto lo divisaron en la portezuela inferior, la que daba a la nieve. Su cuerpo había quedado inmovilizado mientras intentaba reptar hacia el exterior, tal vez cuando oyó el ruido de los helicópteros en su último vuelo de reconocimiento. Pero todos prefirieron pensar que había muerto mucho antes. Porque la otra opción es, sencillamente, insoportable.

El 21 de agosto de 1958, el Estado francés anunció la creación de un servicio profesional de rescate en la montaña. Hoy en día, funciona a pleno rendimiento y constituye un ejemplo para los equipos de salvamento de todo el mundo.

Veinticuatro días en una cueva de nieve

Siempre quise saber más acerca de esta historia. En realidad, siempre deseé escribir sobre ella, porque cuando la oí me pareció tan inverosímil que solo podía ser cierta. Después conocí a Simón Elías, uno de los protagonistas de la peripecia, y entonces supe que los acontecimientos referidos con un halo de leyenda debían de ser no solo ciertos, sino quedarse, posiblemente, cortos. Mi relación con Simón ha sido tan breve como extraña: me encontré con él, supe que deseaba publicar sus relatos y le ofrecí las páginas de *Campobase* cuando la dirigía. Sus columnas eran soberbias, tanto que la revista de la competencia nos «robó» su pluma. Sin rencor. Después, fue uno de mis profesores durante mi formación como guía de alta montaña y, al terminar, ejercí yo como profesor suyo, puesto que el riojano había dilatado un mundo el asunto de acabar sus estudios. Delirante. Por último, fue mi única compañía en la semana de hospital más demencial que quepa imaginar tras un accidente que sufrí en Taghia, Marruecos. Sin él, sin sus batidos de pistacho, sin los paseos en chilaba (nadie nos dijo en el hospital de Marrakech que yo no debía caminar con el sacro hecho papilla) y sin sus broncas al seguro de la Federación de Montaña creo que aún seguiría esperando no solo recuperarme, sino regresar a casa. Tuve mil oportunidades para preguntarle por la Patagonia, pero no sé por qué no lo hice. ¿Quizá temiese que le resultase pesado volver a contar lo mismo una vez más? El pudor me dejó con las ganas… hasta que todos nos vimos encerrados en casa por la pandemia de la COVID-19 y su historia regresó a mi memoria. Busqué el número de Simón en la agenda y, de súbito, recordé que recientemente había conocido al segundo gran protagonista del asunto, el guipuzcoano Iosu Merino. Me dije que, quizá, Iosu no habría tenido tantas oportunidades de contarla y que también merecía, al menos, el beneficio de la curiosidad. La ocasión me pareció idónea: encerrados como estábamos, era el momento perfecto para hablar de otro encierro, este de índole muy diferente. Localicé a Iosu y estuvimos largo tiempo al teléfono; no había mucho más que hacer salvo narrar, en su caso, y escuchar con la curiosidad de un niño en el mío.

Me dijo que cada vez que cierra su diario de la Patagonia, tras releer un fragmento al azar, se pregunta cómo fueron capaces de soportar tanta miseria. En el argot de los alpinistas no se padecen penalidades, padecimientos o calamidades. No. Se pasa miseria, y esto evoca todo tipo de sufrimiento imaginable. El diario de Iosu, escrito en el interior de una cueva de nieve a los pies del cerro Torre, cumplió veinticinco años en 2021 y recoge una de las páginas más especiales de la historia del alpinismo de este país. Si existe una montaña bella, huidiza, desagradable y complicada es el cerro Torre; sencillamente, el viento imposible y las tormentas continuas obligan a un juego desquiciante en un terreno que no concede tregua. Hoy en día, la llegada de internet a la localidad vecina de El Chaltén y la posibilidad de disponer de partes meteorológicos milimétricos permiten a los alpinistas aguardar y salir en tromba para aprovechar las ventanas de buen tiempo. Estos avances han cambiado por completo el juego, restándole enormes dosis de incertidumbre y épica. En 1996, en cambio, no había manera de saber qué clima haría. En el mejor de los casos, el barómetro del reloj permitía aventurar cierto pronóstico. Era todo muy peregrino. Así, Iosu Merino, Simón Elías y Marc, un amigo catalán, salieron de El Chaltén bajo el peso de mochilas descomunales y con mucha comida, por lo que pudiera pasar. Nunca imaginaron que ocurriría lo que vino después. Al poco de plantarse a los pies de su objetivo, el buen tiempo los sorprendió y los animó a salir disparados montaña arriba: querían escalar la vertiente oeste por una línea de hielo. Marc, que estaba menos en forma, abandonó enseguida el intento pero no la expedición. A raíz de las últimas dificultades, sus dos compañeros decidieron cavar un agujero en la nieve y pasar la noche; esperaban pisar la cima al día siguiente y descender. En cambio, estuvieron tres días sin moverse, incapaces de bajar y con comida para una sola jornada. Tenían claro que pasarían inmóviles los días que hiciesen falta, aun sin comer, porque seguir sería un suicidio. El viento y la tormenta de nieve lo impedían. Cuando al fin abandonaron su agujero, no sabían que huían hacia otro confinamiento, este mucho más largo.

Instalados en su cueva de nieve junto a Marc, improvisando algo parecido a una puerta que impidiese que las continuas nevadas los sepultasen, el trío inició una reclusión fría, incómoda y psicológicamente delicada. «Para empezar, teníamos sacos de dormir de plumas. Un error, porque una vez que se moja no da calor y difícilmente se seca. Con varias capas de ropa superpuesta, nos pasábamos los días húmedos y helados. Estuvimos así veinticuatro días, y solo alguna tarde pudimos salir al sol para secarnos», recuerda Iosu Merino, que entonces contaba veinticinco años, cuatro más que Simón. Pronto entendieron que racionar la comida era la única manera de seguir con opciones de atacar de nuevo la montaña. «La diferencia con la situación actual provocada por el coronavirus es que nuestro confinamiento fue gradual, mientras que ahora hemos pasado de cien a cero de un día para otro. Nosotros fuimos apretando la tuerca poco a poco, día a día», observa Iosu. Marc decidió que no escalaría más, pero optó por seguir junto a sus compañeros. Aguantó cerca de doce días, fumándose las bolsas de las infusiones cuando se quedó sin tabaco. Desayunaban un té con un par de galletas, comían una ración exigua de pasta con caldo y cenaban otra sopa. Pronto, la escasez de alimentos tensó las relaciones: «Los dos tenemos carácter. Simón administraba la comida y, para no discutir, cada día cocinaba uno mientras el otro podía ponerse en pie en la cueva sin hacer tareas. Era algo parecido a meterse en el baño más pequeño de una casa con tu pareja o con un amigo, sin apenas comida y sin nada que hacer», ilustra Iosu.

Pero lo cierto, y a la vez lo más sorprendente, es que la pareja de alpinistas sí tenía opciones: podrían haber renunciado, esperar a que el temporal remitiese un mínimo y regresar. Nunca se lo plantearon. «En ningún momento hablamos de abandonar. Estábamos motivados para intentarlo mientras hubiese comida. Por ese motivo le pedí a Simón que me entregase la mitad de los víveres; no soportaba la idea de que otro decidiese qué comía y cuándo. Si al acabarse el alimento no habíamos podido escalar el Torre, abandonaría», explica. Llegaron a pasar quince días seguidos sin salir del saco. Las broncas se sucedían, después venían las reconciliaciones. Tras cada tormenta verbal llegaba una tregua que solo anunciaba el comienzo de un nuevo frente: «Es alucinante reconocer ahora cómo provocábamos a sabiendas discusiones por tonterías, solo para desahogarnos y liberar la tensión que nos invadía. Al cabo de un rato, o al día siguiente, nos disculpábamos, prescindíamos de nuestro ego. Pasábamos horas sin dirigirnos la palabra, leyendo, cambiándonos los libros. No sé cómo, pero Simón acabó leyendo la Biblia. "De todo se aprende", me contestó cuando le pregunté qué hacía leyéndola».

Justo cuando ya no resultaba posible estirar más los víveres, el viento cesó y el cielo se despejó de nubes. Pese a la tremenda inactividad, Iosu y Simón organizaron su material y salieron a la carrera; solo una motivación inconcebible les permitió escalar el cerro Torre y regresar en un ataque que duró treinta y seis horas. En el Torre, los metros finales para alcanzar la cima son una pesadilla: la acción del viento adhiere la nieve a la roca, la recubre como si se tratase del rebozado de una croqueta. Lo llaman «el hongo». El rebozado puede estar más o menos helado, lo que permitirá o no que alguien lo escale. Los tornillos de hielo no sirven para protegerse de una caída. La solución pasa por cavar un túnel en la nieve para ascender de forma agotadora y precaria pateando la nieve con los crampones y tirando de los piolets. Cuando la pareja se colocó al pie del hongo somital, el sol llegó con ellos. Simón encaró el largo final. «Cuando llevaba diez metros escalados, la nieve era tan blanda que ya no podía renunciar. Tenía que seguir escalando porque bajar no era una opción. [Simón] giró hacia la cara norte, encontró un muro menos inclinado y un túnel horadado por el viento. Se metió dentro y subió hasta la cima. Cuando me tocó el turno, tuve que cavar un nuevo túnel para no caerme, porque el sol había deteriorado mucho la nieve, que cedía bajo mi peso», recuerda aún impresionado Iosu.

Toda la motivación y las fuerzas que hallaron para burlar al cerro Torre se esfumaron una vez que regresaron a su cueva de nieve. Al día siguiente, organizaron su partida. Solo tenían té y dos galletas para cada uno. Mientras caminaban bajo el peso de sus mochilas, inclinando las cabezas para ofrecer resistencia al viento, vivieron momentos de abandono inconcebibles. Si las ráfagas paraban de súbito, dejaban de sujetarles, así que se caían de bruces contra la nieve. Ni siquiera se ayudaban el uno al otro a levantarse. Se ignoraban. «No sé cuántas veces se me acalambraron los isquiotibiales, cuántas veces me caí y pensé que no sería capaz de levantarme. Casi al final, Simón me dijo que no tenía fuerzas para orinar. Le dije que se lo hiciese encima, ¿qué más daba? Tardamos diecisiete horas en llegar a la civilización. Aprendimos que la resistencia del cuerpo humano es infinitamente mayor de lo que creíamos». Las primeras personas que vieron fueron un matrimonio italiano recién casado: «La mujer de Ermanno Salvaterra nos miraba absolutamente horrorizada, preguntándose si no éramos el eslabón perdido entre el mono y el ser humano. Empezaron a felicitarnos por la cima, pero yo ni siquiera tenía sensación de éxito; yo me felicitaba por estar vivo», recuerda Iosu.

Los dos alpinistas se habían conocido durante su formación como guías de montaña. Simón, riojano, reside en Chamonix y es el primer español miembro de la compañía local de guías. Iosu se hizo bombero, deseaba estabilidad. Se ven muy poco, pero «cuando descuelgo el teléfono y hablamos, el *feeling* regresa en segundos», se maravilla Iosu Merino. Él y Simón son tan diferentes que cualquiera que le pregunte a este último acerca de la misma historia obtendrá, seguro, un relato bien distinto. Delirante, casi con total seguridad. Pero igualmente interesante.

Un día de trabajo, estrés y miedo en el Cervino

El guarda del refugio Hörnli, a los pies de la vertiente suiza del Matterhorn (Cervino para los italianos), custodia la puerta de brazos cruzados. Nadie puede salir hasta que el reloj marque las 4.50 de la madrugada. Frente a él, algo más de treinta guías de alta montaña y sus respectivos clientes aguardan en fila india y en un clima de tensión. Guiar la arista Hörnli es un trabajo único en el mundo del alpinismo. Visto desde la lejanía, el Cervino es la montaña perfecta, soñada, cuatro aristas bien definidas que convergen en la cumbre, una invitación estética cuyo atractivo sigue siendo irresistible. Es una pieza de caza mayor para los coleccionistas de cimas, esa especie de alpinista cada vez más extendida. Pero, una vez que uno pone los pies en él, comprueba horrorizado que se trata de un lugar sumamente peligroso, una escombrera de roca descompuesta donde los peligros objetivos resultan casi insoportables. Los franceses, tan dados a las descripciones, aseguran que esta montaña es la más bella contemplada desde la lejanía y la más odiosa cuando recorres sus líneas.

Se han registrado tantos accidentes camino de la cima que los guías suizos decidieron organizar el tráfico... a su manera. Las reglas son las siguientes: todo el que desee ascender desde Suiza debe pasar por el refugio Hörnli y, después de pagar ciento cincuenta euros por cenar, dormir y desayunar, ser muy obediente. No se sirve el desayuno hasta las cuatro y media de la madrugada, con todos ya completamente vestidos y el arnés colocado. A diferencia de la cena, apenas se oye un murmullo mientras el café y el té circulan por las mesas. Las puertas se abren a las 4.50, pero únicamente para los guías suizos (o para aquellos que trabajan para la compañía de guías de Zermatt, el pueblo alpino ubicado al pie de la montaña), que eligen incluso quién de ellos marcará el ritmo desde la salida. Diez minutos después se volverá a abrir la puerta para que salgan el resto de los guías: los italianos, españoles, norteamericanos, británicos, checos... Los últimos son los alpinistas independientes. Cada guía puede conducir solo a una persona.

Estamos ya en fila india, atados con la cuerda a nuestro cliente. El mío se llama Fernando, y apenas tres días atrás compartimos la cima del Mont Blanc. Forma parte de un grupo de ocho ecuatorianos para los que hemos trabajado cuatro guías. De ellos, solo cuatro deseaban enfrentarse al Cervino, así que, igual que en una Babel improvisada, somos dos guías también de Ecuador, uno de la Patagonia argentina y yo mismo. Mientras vigilo con un ojo la apertura de la puerta, recuerdo las palabras de Joshua Jarrin la noche previa a empezar la ascensión al Mont Blanc. Él es quien organizó esa salida, y se vio en la obligación de aclarar ciertos aspectos: anunciaban mucho viento en altura y podía ser que nadie lograra alcanzar la cumbre, así que, anticipándose a la previsible frustración de sus clientes, recalcó un principio muy simple: «Recuerden que lo más importante es regresar vivos, pasarlo bien y, si es posible, hacer cima. Siempre en este orden».

Hace apenas una semana, un guía y su cliente murieron en la arista Hörnli cuando el bloque de roca al que estaba fijada la cuerda por la que progresaban se desprendió, algo tan improbable como caer en una zanja cuando uno conduce su coche por la autopista. Pero nadie está a salvo de estos accidentes. Dos imágenes se alternan en mi cabeza mientras miro el reloj, nervioso: la salida de los toros en los sanfermines y la apertura de las compuertas de las barcazas estadounidenses antes de saltar a la playa normanda. Con los cascos, las lámparas frontales y las mochilas con sus piolets, parece que vamos a la guerra. Pero solo trataremos de subir y bajar una montaña. «Tenemos unos diez minutos de marcha hasta el inicio de la arista y es fundamental que no perdamos ni una posición. Tenemos que volar. Ya descansaremos en el atasco de las primeras cuerdas fijas», repito una vez más. Nunca sé si los clientes son conscientes de ciertos peligros, del enorme compromiso compartido en montañas de estas características. A veces temo que crean que, en compañía de un guía, nada puede ocurrirles. Yo sé que las rocas que caen al azar no distinguen entre guías y clientes. Por eso llevaba años rechazando trabajar aquí. Pero las rocas no solo caen porque sí; muchas veces son las cordadas las que lanzan proyectiles a los que circulan por debajo, y en esta montaña hay cerca de cien personas al mismo tiempo. Sabiendo esto, las reglas de los suizos están diseñadas para su protección. No quieren que nadie escale por encima de ellos, a sabiendas de que, cuantos más alpinistas tengan sobre sus cabezas, más posibilidades existen de recibir el golpe de un desprendimiento provocado por otra cordada. «Es muy sencillo: ellos primero, y la basura después», resume Pierre, un guía francés que no disimula lo mucho que le asquea esta política. Los guías italianos procuran no trabajar a este lado de la montaña: dicen que no hay día que no discutan con un colega de Zermatt empeñado en pasarles por encima, con o sin su consentimiento. «Añaden una enorme tensión innecesaria a la ya existente, y muchos son unos auténticos prepotentes», asegura Luca, un guía, al respecto. Puedo dar fe, lamentablemente.

Es el signo de los tiempos: las montañas icónicas se privatizan, desde el Cervino hasta el Mont Blanc, pasando por el Everest. Y se mezclan los intereses económicos con las normas de seguridad. Muchos guías ni siquiera sabemos cómo manejar esta incongruencia: formamos parte de una bárbara comercialización de la montaña. Sin nuestro trabajo, puede que estos lugares no se masifiquen jamás y, desde luego, pocos compañeros disfrutan de esta forma antinatural de practicar el alpinismo. Pero se gana dinero, 1.200 euros por guiar un Cervino. Puede parecer una suma enorme, pero ¿cuánto vale una vida? ¿Por qué asumir el riesgo? Todos los montañeros son optimistas irredentos: ninguno piensa que va a sufrir un accidente. Solo este simple pensamiento explica que guías y clientes se expongan de esa manera a estas cumbres.

Encendemos las frontales y salimos a la carrera al frío exterior. Nos separan 1.200 metros de desnivel de la cima, a 4.478 metros. No hemos hecho la digestión y la altura nos hace jadear. Volvemos a hacer cola: los primeros metros de la vía son totalmente verticales, y existe una maroma de cuerda para tirar de ella y progresar. Los guías tiran con energía, tratan de recuperar el tiempo que perderán sus clientes, menos acostumbrados a este tipo de ejercicios. Una cordada trata de saltarse la cola, hasta que un guía italiano agarra al guía y le recuerda las normas. Discuten. La tensión se refleja en la cara de Fernando, así que trato de distraerlo explicándole la mejor forma de remontar la cuerda fija. Es mi turno, y es liberador. Escalo veinte metros y tenso la cuerda de nueve milímetros de grosor que me une a mi cliente. Cuando me alcanza, vuelvo a salir de inmediato y enseguida estamos solos, sin lámparas frontales a la vista. La ruta zigzaguea de un lado a otro y sé que ha empezado una pugna contra el reloj. Fernando es muy resistente y mentalmente fuerte, pero su motor es diésel. Para añadir estrés a la situación, debemos estar a las 16.20 en la puerta del último teleférico; de lo contrario él deberá pagar trescientos euros más de refugio y media jornada de trabajo para su guía. Pero la realidad es que, cuanto más tiempo permanezcamos en la montaña, más posibilidades tenemos de sufrir un accidente. En esta ruta, apenas se camina. Se progresa trepando, usando pies y manos, y a mayor altura, más verticalidad. En el último tercio de la vía aparecen de nuevo cuerdas fijas para salvar las principales dificultades. Avanzo obsesionado con adelantar a cuantas más cordadas mejor. A cuatro mil metros se encuentra el vivac Solvay, un diminuto refugio diseñado para acoger emergencias. Los guías suizos suelen darse la vuelta en este punto con sus clientes si tardan más de dos horas y media en llegar. Es un proceso de selección severo, porque obliga a los menos fuertes a sufrir un calvario para cumplir el horario. Muchas veces llegan puntuales, pero tan cansados que apenas pueden seguir. Sé que Fernando no puede correr, así que en su lugar corro yo, buscando los pasos más sencillos y adelantándome unos metros para tensar la cuerda y ayudarle. Estamos juntos en esto, pero si yo me caigo, caemos los dos. A cambio, cada guía confía en su técnica y en su experiencia para detener la caída de un cliente. Los desprendimientos indiscriminados de rocas son otra cuestión.

Miramos de reojo el amanecer, apagamos las lámparas frontales y apenas paramos para beber un sorbo de agua. A las dos horas y cuarenta minutos de nuestra salida llegamos a Solvay, donde otros dos guías y sus clientes esperan a que se despeje el camino para regresar. Conozco a uno de ellos, que me explica en castellano que su cliente, norteamericano, ha llegado fundido. Fernando se ha quitado el casco y se seca el sudor con una pequeña toalla. Los compañeros me interrogan con la mirada. Sí, creo que vamos a hacer cima. Queda la parte más técnica de la ruta. Consigo separarme un poco de la arista para adelantar a cuatro cordadas, un pequeño triunfo que me reconforta: ocho personas menos sobre nuestra cabeza. Los primeros en alcanzar la cumbre descienden ya, y nos los cruzamos en lugares sumamente aéreos y verticales, haciendo equilibrios para no empujarnos los unos a los otros. El hielo se mezcla ahora con la roca, y sacamos piolets y crampones. Nos atascamos un poco en las cuerdas fijas, pero la cima está a mano. Cruzamos felicitaciones con los amigos que bajan a la carrera. El Cervino tiene dos cimas, la suiza y la italiana. Nos quedamos en la primera y emprendemos el descenso. Hemos invertido hasta aquí cinco horas y diez minutos. Nos costará lo mismo regresar al refugio. «Venga, venga», repito como un mantra. Fernando destrepa las partes más sencillas encarando el tremendo vacío, mientras tenso la cuerda para darle confianza. En los resaltes más verticales lo descuelgo para ganar tiempo, pero no ganamos ni un segundo; asustado, no escucha mis indicaciones, se bambolea, se desequilibra y se asusta aún más. Le grito una vez más las pautas y él me grita de vuelta. Miro con aprensión el terreno, las cordadas que aún discurren por encima. He visto a muchos clientes agotados, sin apenas reflejos, y temo que nos tiren un bloque de roca. Tenemos que salir de aquí. Nos calmamos y nos acomodamos en una repisa, repito las consignas y arrancamos de nuevo. Más tarde, Fernando me confesará que, más que cansado, estaba aterrado, incapaz de moverse con soltura. Un grito me alerta, y enseguida veo de reojo dos bloques de roca en caída libre a unos veinte metros a nuestra derecha. Empujo a Fernando bajo un pequeño techo y me encojo. Nos ha avisado el otro guía español que hay en la montaña. Agradecidos, seguimos perdiendo altura, con el refugio a la vista pero nunca más cerca.

Cuando al fin pisamos la base de la montaña, salimos disparados hacia el refugio, recogemos todo y volamos hacia el teleférico. Tenemos una hora para llegar. Me disculpo ante Fernando por la tensión a la que lo he sometido y le pregunto por la experiencia. «Me ha gustado la montaña, pero el estrés es tan brutal que… nunca más». Por muy amables que sean las formas, en estas circunstancias los guías torturamos a los clientes, presionándolos para que avancen, para que corran por el bien de ambos. Puede que sea legítimo, pero resulta violento, cruel y, desde luego, no es la forma soñada de practicar montañismo.

Tres años después de publicar este texto, un guía lo mencionó a la hora de la merienda, sentados frente a un café en el comedor del refugio de Hörnli. Me dio a entender que no le había gustado demasiado: «Si no te parece bien cómo está organizado esto, con no venir se arregla el problema», me dijo en tono amable. Me limité a responderle que era un sistema de organización clasista y egoísta, y la cosa quedó en eso. El mismo día en que escalé el Cervino junto a Fernando, me encontré camino del teleférico con el presidente de la Asociación Internacional de Guías de Alta Montaña, institución tan privada como prestigiosa bajo cuyo paraguas cohabitamos los guías. Sin muchos rodeos le pregunté qué opinaba del sistema de organización que se manejaba en el lado suizo del Cervino, recordándole que en ningún refugio alpino se imponía un horario ni un orden de salida. Me dijo que no estaba estrictamente prohibido, que podía desayunar con mi hornillo antes del horario convenido… ¿Pagar trescientos euros para desayunar a la intemperie nuestra propia comida y que nos increpen a posteriori los guías locales? ¿En serio? No supo qué responderme. No creo que el asunto deba ser tratado con un simple «si no te gusta, no vengas». Si los guías no somos capaces de generar un mínimo debate al respecto, nos comportamos como ovejas que circulan por un pedregal vertical esperando que la suerte nos acompañe y que no nos pase nada malo, aunque tengamos más boletos comprados que el resto. Hay días en los que coincidimos en la misma ruta un centenar de personas, todas o casi todas muy cerca las unas de las otras, todas con la necesidad de alcanzar el último teleférico, y ninguna con ganas de esperar, de hacer cola al subir y de repetir al bajar. Normalmente, más del 80 por ciento de los que progresan por la montaña son guías con sus clientes, gente que conoce bien la ruta y que no va a perderse ni a provocar situaciones de peligro para el resto de las cordadas. No hay lógica alguna en restringir los horarios en el Cervino... salvo la que dicta el egoísmo.

Grandes paredes de roca

El Señor del Abismo

El día en que Alex Honnold anunció que había escalado sin cuerda y en libre la pared de El Capitán, en el californiano valle de Yosemite, el mundo se partió en dos: por un lado estaban aquellos que abrieron la boca admirados y, enfrente, los que torcieron el gesto con disgusto. El gran público, desconocedor de los fundamentos y la historia de la escalada, pudo pensar que el estadounidense era un loco, la nota alucinante en el epílogo de un telediario. Las imágenes y los vídeos publicados atestiguaban una indecente exposición al vacío de la muerte. Quizá esta fuese una opinión acertada. Pero donde muchos erraron fue en creer que Honnold encarnaba al primer loco de este tipo. O en pensar que sería el primer «progenitor» de futuros locos de la misma especie. Lo cierto es que Honnold es un imitador de otros «locos» que crecieron imitando a otros «locos»… De hecho, en sus entrevistas suele citar a John Bachar, a Dean Potter o a Peter Croft como fuentes de inspiración, todos reconocidos escaladores con y sin cuerda. Ninguno fue, sin embargo, tan original y madrugador como Paul Preuss, que nunca ganó un Óscar o un BAFTA, como sí lo hizo el documental *Free Solo*, que recoge de forma soberbia la tensión dramática de la escalada integral y en solitario por parte de Honnold en la vía Freerider, perpetrada en 2017.

Para entender lo que fue capaz de hacer (y defender) a principios del siglo xx el austriaco Paul Preuss (1886-1913), era preciso estar ahí, a pie de obra. Y era un asunto sencillo, ver para creer. Los escasos testigos de sus gestas, perpetradas sin cuerda ni ayuda artificial, los pies embutidos en botas de cuero con modestos clavos en la suela, sentían retorcerse sus entrañas: no es fácil observar a alguien a sabiendas de que puedes ser testigo en directo de su muerte instantánea. Quizá porque conoció la enfermedad desde pequeño y le rondó la Parca, creció mucho más fuerte y atlético. Nada dejaba intuir en su infancia que se convertiría en uno de los personajes más influyentes que ha conocido la historia de la escalada. Para empezar, apenas contaba seis años cuando un virus similar al de la polio lo relegó primero a la cama y después a una silla de ruedas. Para recuperarse, empezó a acompañar a su padre, que era profesor de música y un enamorado de la botánica, por los senderos de montaña cercanos a su casa. Los paseos con sus hermanas y, especialmente, en solitario se sucedieron incluso cuando el progenitor falleció. Paul tenía apenas diez años. Para entonces ya había desarrollado una relación de profundo respeto hacia la naturaleza. Lo uno llevó a lo otro, y enseguida descubrió la escalada. Y se creó un discurso propio, tan rompedor para la época que solo cabía admirarlo o tildarlo de fanático enloquecido.

Tita Piaz, apodado el Diablo de los Dolomitas, se ponía enfermo cada vez que le hablaban de alguna escalada sin cuerda de Preuss. Lo admiraba. Lo odiaba. Temía que muriese. Si Piaz defendía los pitones clavados a martillazos en la roca, las cuerdas y cualquier ayuda que facilitara la ascensión y el descenso de una pared, Preuss veía en todas esas precauciones y artificios un peligro mortal para los escaladores. Sencillamente, no entendía lo de estar siempre encordado a otro: si uno caía, lo habitual era que muriesen los dos. A su juicio, escalar de forma artificial, apoyándose en un sinfín de trucos y estrategias, no era otra cosa que una cortina de humo que pretendía esconder las escasas dotes de la mayoría de los que se enfrentaban a las paredes. No, él abogaba por la escalada libre integral: si no podías progresar con la sola ayuda de los pies y de las manos, te habías equivocado de escenario y debías regresar a casa por donde habías venido. Es decir, que uno no podía escalar nada que no pudiese, en caso de necesidad, desescalar. Fácil. Ir más allá de este evidente ejercicio de coherencia con uno mismo le parecía un atentado contra la lógica y la ética, un artificio que mutilaba la esencia de enfrentarse a paredes y montañas. En este sentido, deploraba la cantidad de accidentes que se producían a su alrededor: los pitones de dudosa calidad, mal metidos en la roca, o bien metidos, pero en roca frágil, saltaban con la misma facilidad con la que se mataban los que iban atados a la cuerda pasada por ellos. Los rápeles, ese arte de descender deslizándose por una cuerda fijada en algún punto de aspecto fiable de la pared, se convirtieron rápidamente en una carnicería. No todos los pitones aguantaban el peso de un escalador. Y no, Paul Preuss no era un ser obtuso contrario a todo avance. Tenía su teoría y, además, no estimaba necesario que escalar fuese un juego democrático; solo los más preparados debían aspirar a ello. Y el resto, los que precisaran guías o cuerdas y demás artificios, tendrían que dedicarse a otra cosa. Para no acabar muertos, por supuesto. Su filosofía tuvo seguidores y detractores. Reinhold Messner le dedicó un libro que, traducido, se titulaba *El filósofo de la escalada en libre*. Uno de sus críticos más documentados fue Tita Piaz, que lo apodó el Señor del Abismo, en parte admirado por sus dotes extraordinarias para progresar en la vertical. Él era guía, en opinión de Preuss un oficio absurdo consistente en izar «fardos humanos» ladera arriba, personas incapaces de hacerlo por sí mismas pero que se habían empeñado en alcanzar tal o cual cima… ¿Qué valor deportivo o alpino tenía tal gesto? Ninguno, a ojos de Preuss, que no apreciaba tampoco rastro alguno de elegancia, de gusto por la estética, de todo lo que entendía por escalar bien.

Preuss tenía argumentos de sobra para rebatir las tesis conservadoras de Piaz. Curiosamente, ambos defendían sus posturas de forma tan feroz como apasionada buscando un mismo objetivo: evitar que los jóvenes se matasen en la montaña. Pero eran incapaces de ponerse de acuerdo con respecto a la mejor estrategia. Preuss podía recitar de memoria varios casos en los que el uso de la cuerda había contribuido a matar a más personas de las que tocaba. Si uno resbalaba, arrastraba al resto al vacío. Pero, si no se comprometía con nadie, solo había de responder ante sí mismo antes de estrellarse. ¿No había muerto así el gran guía Michel Croz minutos después de conquistar el Cervino?

El propio Preuss fue testigo de un fatal accidente que lo reforzó aún más en su tesis. En agosto de 1912, el gran alpinista inglés Humphrey Owen Jones convenció a su mujer para realizar, junto con el guía suizo J. Truffer, la primera ascensión de la arista norte del Mont

Rouge de Peuterey. El asunto era sencillo para un hombre que ya tenía en su haber el primer ascenso de la arista del Brouillard al Mont Blanc o de la arista oeste de las Grandes Jorasses. En esta ocasión tan solo buscaba conjugar su pasión por la escalada con la de su matrimonio. Un centenar de metros por delante de ellos avanzaba, sin cuerda, Paul Preuss, reconociendo el terreno, buscando los pasos más sencillos. El austriaco acababa de descubrir, de la mano de Oscar Eckenstein, el secreto de las técnicas de progresión en el medio glaciar, lo que le había abierto nuevas puertas ajenas al estricto mundo de la roca. A Preuss no le gustaba perder el tiempo, y poco después de terminar su rápido aprendizaje ya se animó a escalar el Mont Blanc por la vertiente de la Brenva, o las Grandes Jorasses por la Arête des Hirondelles.

Owen Jones, su mujer y el guía avanzaban tan penosamente que Preuss se aburría, y a menudo acababa deteniéndose a esperarlos mientras maldecía en silencio la lentitud de los que viajaban atados. Así, sentado, esperando, asistió a una imagen atroz: el bloque sobre el que se apoyaba el guía cedió, y cayó al vacío. Cuando la cuerda se tensó, arrastró inevitablemente al matrimonio. Murieron todos, cuando podría haber sido solo uno. En realidad, no es que Preuss tuviese aversión por los pitones y las cuerdas; únicamente señalaba que su uso indebido devaluaba la dificultad de las vías y mutilaba el juego estético, ético y técnico de una ascensión. De hecho, un año antes de fallecer, el austriaco publicó varios artículos en los que compartía sus teorías sobre lo que debe ser la escalada: al margen de poder descender cualquier dificultad que se escale, las capacidades del montañero han de ser muy superiores a las dificultades que ofrezca la pared. Asimismo, solo debe usarse material de aseguramiento en situaciones críticas y los pitones deben reservarse solo para casos de urgencia y no como ayuda para progresar. La cuerda puede facilitar una ascensión, pero no debe ser el único medio. Por último, la seguridad ha de proceder de una evaluación honesta de las capacidades del escalador y no del uso de medios artificiales. Tita Piaz nunca le daría la razón: le bastaba con argumentar que las manos y los pies pueden resbalar sobre la roca, aunque esté seca, o que los agarres pueden romperse bajo la fuerza de estos. En cualquier caso, el escalador sin cuerda morirá.

Pero Preuss se dedicó a predicar con el ejemplo, y el 28 de julio de 1911 realizó una escalada propia del futuro, llena de audacia y de capacidad técnica y mental. Su hermana Mina, también aficionada pero en absoluto tan estricta a la hora de emplear guías, cuerdas o pitones, decidió acompañarlo hasta el pie del Campanile Basso di Brenta, cuya pared este se eleva hasta los 2.880 metros. Mina invitó a su amigo Paul Relly para que descubriese la magia de la montaña. Los tres treparon por la parte inferior, de dificultad moderada, y alcanzaron una vira donde empezaban las verdaderas complicaciones. Preuss murmuró algo así como «voy a ver por dónde sigue esto», y desapareció con las manos en los bolsillos, sin cuerda ni otra herramienta más que la ropa que llevaba puesta. Mina y Paul se divertían charlando y con las vistas, pero el tiempo pasaba y su hermano no regresaba. Dos horas después, los saludó desde la cima: había abierto una vía de gran dificultad (quinto grado) que impresionaría (y aterraría) a la comunidad de escaladores de la época. Preuss descendió por la cara norte, y cuando regresó a la vira Mina no tuvo oportunidad de reprenderlo; estaba demasiado emocionada con otra novedad: durante la espera, ella y Relly se habían comprometido en matrimonio.

Diecisiete años después, dos escaladores italianos armados con cuerda, maza y pitones variados trataron de repetir por vez primera aquella vía. Giorgio Bianchi y Pino Prati viajaron decididos, pero sentían verdadera preocupación ante lo que podía esperarlos. Juntos alcanzaron la vira que indica el inicio del tramo de mayor complejidad, y fue Bianchi quien encabezó la ascensión; apenas llevaba veinte metros cuando sintió la necesidad de clavar un pitón que calmase sus nervios. No llegó a pasar la cuerda. Resbaló, cayó y tanto él como su compañero perdieron la vida. La primera repetición solo llegaría tras otros dos años (casi dos décadas después de Preuss), a cargo de dos escaladores de Bolzano. En 1936, el «heredero» de Preuss, Emilio Comici, retomó la vía sin cuerda y descendió por el mismo itinerario.

Fue su propia muerte la que vino a contradecir los propósitos y las teorías de Paul Preuss. El 3 de octubre de 1913, salió de casa con ganas de montaña. Después de todo, estaba ocioso porque se le podía considerar ya un escalador profesional, y vivía cómodamente con el dinero que obtenía llenando teatros en los que narraba sus fantásticas ascensiones y defendía con ardor sus teorías. La cara norte del Mandl-kogel, en el macizo de Dachstein, lo esperaba, aunque la temporada estival ya había concluido. No regresaría jamás. Casi dos semanas después, hallaron su cuerpo al pie de la pared y estimaron que había sufrido una caída de trescientos metros. Nadie sabría jamás qué acabó con su vida y sus teorías.

Eran dos, pero parecían veintidós

Entrevistar a los hermanos gemelos Jean y Pierre Ravier fue un sueño que no llegué a cumplir. Un pesar. Jean falleció a finales de septiembre de 2022 camino de cumplir ochenta y nueve años de una vida de aventura, fraternidad y comunión con la naturaleza imposible de glosar. Entre las décadas de 1950 y 1970, aquella cordada indestructible perfeccionó el maravilloso juego del pirineísmo de dificultad, la búsqueda incesante, sistemática y brillante de itinerarios verticales a ambos lados de la cordillera. Todavía hoy resulta un galimatías explicar cómo los dos hermanos fueron capaces de estrenar más de doscientas vías de escalada con el material de la época, saliendo solo los fines de semana, formando sendas familias y sin haber entrenado jamás. Quizá baste con decir lo que muchos apreciaban: eran dos, pero parecían veintidós.

Nunca llegué a conocerlos, aunque tuve la fortuna de escalar muchos de sus itinerarios con una mezcla de deleite y aprensión y siempre, siempre, con una admiración profunda. En sus líneas había inteligencia para dar con el trazado correcto y descifrar los secretos de la roca, pero igualmente mucha determinación, un impulso imparable que les permitió regalarse los recorridos más bellos en las paredes más exigentes. Su herencia ha sido, al menos en mi caso, un enorme presente del que disfrutar, la mejor forma de crecer como escalador: para dirigirse hacia el futuro hay que conocer el pasado.

Ni un solo día de carrera a pie. Ni una mísera dominada. En el taller de recambios para automóvil que regentaban, las piezas se hallaban distribuidas en estanterías elevadas. Jugaban a moverse de una a la otra como acróbatas en un trapecio, buscando un amortiguador aquí y un filtro de aceite allá… Hoy en día, los escaladores creen en el dios del entrenamiento y cada vez son menos los que sueñan con medirse a alguna de las vías históricas de los Ravier, obviando quizá que su fuerza nunca estuvo en los bíceps sino en la psique. De hecho, las primeras montañas que vieron fueron de papel; procedían de los relatos de los libros que devoraban con ansiedad. Esto lo explica casi todo. Explica por qué eran capaces de crear una vía antes de ponerla en práctica. Recopilaban fotografías, relatos y biografías de sus modelos, con los que confeccionaban pequeños murales. Querían saber a qué atenerse y qué hacer para ir un paso más allá tanto en la dificultad como en la ética: inteligencia para hallar las debilidades de la roca, economía de medios y la voluntad de ser un eslabón más en la historia del pirineísmo, nunca por ego, siempre en pro de alimentar un sentimiento montañero, donde la pureza y la serenidad de las alturas era el premio por alcanzar.

A falta de entrevistar a los gemelos, tuve la fortuna de conocer al hijo de Jean, Christian, un guía de montaña que a su vez es otra leyenda, un tipo que supo recoger con idéntica modestia el mapa sentimental de su padre y de su tío para ampliar los márgenes y abrir nuevas vías no solo en los Pirineos, sino en Marruecos, Jordania, Omán, Grecia, Turquía, Irán, Arabia… Cenando en el refugio de Pombie, a los pies del Midi d'Ossau, una montaña que los hermanos Ravier amaron hasta el punto de firmar quince líneas nuevas que hoy en día siguen siendo un reto, no puedo evitar indagar. ¿Cómo era la relación entre ellos? «Muy sencilla. Mi padre siempre escalaba de primero y mi tío lo aseguraba. Pero era mi tío el que descubría los itinerarios, las líneas, quien descifraba los secretos de la roca. Casi siempre iban juntos, pero lo más gracioso es que, cuando no lo hacían, mi tío escalaba de primero sin problema alguno. Es decir, que, como cordada, habían asumido esos roles y siempre funcionaron con ese reparto de tareas», explica Christian. ¿Puede que fuese al revés? ¿Era Pierre el ejecutor y Jean el ideólogo? Poco importa. Para dos personas que como gemelos nacieron naturalmente encordadas, no cabe imaginar pareja profesional más unida. Hoy en día, se quejan los escasos jóvenes que aspiran a escalar en montaña, resulta muy complicado encontrar un *alter ego*, alguien en quien confiar, alguien que busque lo mismo que uno en la asunción de los riesgos inherentes a la aventura. No ayuda la deriva de una sociedad que premia el individualismo, que alimenta la desconfianza.

Los Ravier siempre se tuvieron el uno al otro. Siempre escalaron con botas, nada que ver con los modernos pies de gato que ofrecen una sensibilidad y un agarre superiores. Incluso cuando todos usaban pies de gato, ellos seguían fieles a sus botas y a su ética. Tampoco escalaban con arnés, sino con la cuerda atada a la cintura. En su época, los pitones de roca y los tacos de madera constituían el único seguro posible, mientras que hoy apenas se usan, sustituidos por los modernos seguros fijos o los flotantes. En 1964, un amigo, Raymond Despiau, colocó el primer seguro de expansión en una vía pirenaica; los Ravier jamás. La roca, confiaban, les regalaría las presas necesarias para subir sin caerse. La caída no era una opción en su caso; de haber sufrido un problema serio muy posiblemente se hubieran matado juntos. Entonces, si subían con botas y con la obligación de martillear la roca cada dos por tres, ¿escalaban en artificial? «No, en absoluto. Mi padre y mi tío no conocían las técnicas modernas de artificial. Nada de colocar un clavo de roca, colgarse, sacar los estribos, encaramarse, clavar otro pitón… Podían colgarse de los clavos para descansar o para mirar por dónde seguir, pero la mayoría de los pasos los hacían en libre», confía Christian.

Cuando uno recorre alguna de las vías de los Ravier en Ansabère, Midi d'Ossau o en Ordesa pierde su ego: ¿qué fuerza los alimentaba para exponerse a semejante compromiso? Hoy el reto atlético lo preside casi todo en el camino de los escaladores hacia las montañas. «Escalador», en cambio, era un término casi peyorativo a oídos de los gemelos. Nunca redujeron su viaje a un asunto gimnástico: perseguían un fin mucho más intangible, explorar los Pirineos, culminar su conquista, saciar su curiosidad, mirar con ojos diferentes las mismas montañas que otros habían tratado de entender antes que ellos. Decían que perderse en ellas les ayudaba a regresar a su vida cotidiana. Su confianza era tal que a menudo invitaban a sus amigos a participar de una primera ascensión, felices de permitir a otros conocer una forma de vida insospechada. Algunos regresaban espantados; otros apreciaban el sabor de la aventura el resto de su existencia.

La fuerza de los Ravier era una suerte de obstinación serena, nunca una obsesión que alterase su vida doméstica. Jamás decían hacia dónde partían el fin de semana, como si anunciarlo pudiese interferir en su búsqueda de la sencillez, de la exploración, de la soledad o de la oportunidad de redescubrirse frente a la montaña. En 1954, poco antes de conquistar la pared norte de la Grande Aiguille d'Ansabère, uno de los rincones pirenaicos más bellos y de resonancias dolomíticas, se quedaron observando el gran techo de roca que había repelido tentativas pasadas: «Pierre, ¿no querías formar un hogar? He aquí al menos su tejado, un bonito tejado», lanzó Jean. Esa noche de 1954 protagonizaron el primer vivac en pared de la historia del pirineísmo. Casi setenta años después acudí a esta vía histórica, que no suele repetirse a menudo. De hecho, no encontré a nadie que pudiese darme una referencia de primera mano. Teníamos un croquis y muchas dudas. Como iba por motivos de trabajo, en el último momento, tras cerrar la puerta de casa, decidí volver a entrar, bajar al almacén y coger tres pitones de roca y una maza: nunca había llevado ese material a una vía pirenaica. Pero creo que tuve un presentimiento. La vía acabó siendo mucho más severa de lo que indicaba el croquis, tenía más vegetación de lo deseado y era obvio que no parecía muy popular. Pasado la mitad del recorrido, debí extraviarme y me encontré sin cuerda para avanzar ni lugar donde montar una reunión. Entonces recurrí a los pitones de roca, que, ciertamente, me salvaron de una pequeña pesadilla. La roca de escasa adherencia parecía llevarse mal con las suelas de goma cocida de mis pies de gato y, mientras estrujaba las presas de mano, me preguntaba cómo diablos habían pasado por ese lugar los Ravier con sus botas…

Las élites alpinas de Chamonix, incapaces de imaginar la talla de las aventuras que se desarrollaban en los Pirineos, menospreciaban ese escenario y a sus actores. Solo el gran Lionel Terray supo que se encontraba frente a dos superdotados cuando conoció a los Ravier. Antes de enfrentarse en 1962 a la conquista del Jannu, Terray impuso la presencia a su lado de Jean Ravier. Sin él, aseguró, no habría expedición. Fueron y volvieron juntos con una de las cimas más severas del Himalaya.

Pierre era la mitad locuaz de la cordada y Jean prefería quedarse un paso atrás cuando se trataba de explicarse ante los medios de comunicación o los curiosos. «Jean era un superdotado, mucho más eficaz que yo a la hora de resolver los pasos de escalada. Todavía hoy no me explico cómo pudo pasar por según qué sitios, pero siempre supe que podría, que lo haría», solía afirmar Pierre. Su gemelo, su mitad, ya no está para mirarle en silencio y replicar para sus adentros que el secreto estaba en la confianza mutua.

Semanas después de escribir el correspondiente obituario sobre Jean Ravier para *El País*, recibí un correo electrónico de su viuda, Michele: «Llevaba tiempo queriendo agradecer el homenaje a Jean Ravier que has escrito. Lo he releído varias veces: evocas bien la manera en la que Jean y su hermano Pierre exploraron las paredes pirenaicas, su espíritu de aventura, de fraternidad y de comunión con la naturaleza. Considero que, pese a su modestia, Jean se hubiera sentido honrado por las líneas que le has consagrado…».

Lynn Hill y su revolución silenciosa

En 1993, Lynn Hill hizo saltar en pedazos el *establishment* de la escalada en roca. Que se supiese, se trataba de la primera vez que una mujer era mejor, en todos los aspectos, que los hombres en una disciplina donde la técnica, la fuerza, la flexibilidad y la mentalidad debían estar al límite de lo humanamente posible. Pero fue una revolución que quedó en anécdota. Treinta años después, quise conocer de primera mano qué discurso podía mantener al respecto la escaladora estadounidense. En un mundo globalizado, dar con su dirección de correo o con su número de teléfono tendría que haber sido una tarea sencilla. Pero no lo fue. Uno de sus patrocinadores me explicó que guardaba con celo su privacidad. Tras lograr un mail de contacto, le escribí... y me dediqué a esperar. Había perdido ya toda esperanza cuando encontré en la bandeja de entrada una respuesta: aceptaba ser entrevistada. Le envié las preguntas y, esta vez, respondió con celeridad: si quería conversar con ella, no iba a hacer el trabajo por mí, redactando las contestaciones y enviándomelas. Debía llamarla. Siempre he preferido las respuestas por escrito, puesto que esto ofrece al entrevistado la posibilidad de leer y releer lo que después quedará publicado, quitando y poniendo a su gusto. Las palabras en caliente a veces carecen de profundidad... Pero no fue el caso de Lynn Hill.

Existen revoluciones que se dan en silencio, sin discursos, gritos, debates ni polémicas. Revoluciones que llegan de la mano de la determinación o de la valentía, primero, y de la excelencia, después. Son acontecimientos que generan el vacío de la incomprensión y, a renglón seguido, la magia admirada de lo inesperado. Y esta ocurre sin que medien cañonazos ni golpes de Estado. Apenas gestos mudos que claman por el cambio. De hecho, parece que todo sigue igual cuando en realidad todo se ha transformado... o ha empezado lentamente a hacerlo. Lynn Hill (Oregón, 1961) se convirtió en 1993 en la primera persona en escalar en libre la pared más icónica y deseada del planeta: El Capitán. No contenta con la hazaña, regresó un año después y repitió, superando el reto en menos de veinticuatro horas. Escogió la ruta original de la pared bautizada como The Nose («la Nariz») y logró superar cada uno de sus casi mil metros de granito vertical sin usar otra cosa que los dedos y la adherencia de la goma de sus pies de gato. De pronto, una mujer de 1,52 de estatura, 45 kilos de peso, penetrantes ojos azules y melena rubia podía permitirse el lujo de mirar a los hombres desde la cima de su propio arte. Pero no quiso. Tan solo se limitó a decirles: «¡Ahí va, chicos!», con una sincera sonrisa. Ellos llevaban años intentando lo mismo, pero se caían sin remedio y acababan pasando al método artificial, es decir, colgándose de los seguros, tirando de ellos y progresando a duras penas. Una bofetada para su ego. Llegaron a decir que el libre en The Nose era imposible. Y, con estas palabras, ni siquiera consideraron la posibilidad de que aquel imposible solo estuviese, entonces, reservado al género masculino.

«De haberlo logrado ahora quizá me hubiese hecho rica, como la futbolista Megan Rapinoe, pero lo cierto es que nunca he antepuesto el dinero al sentido profundo que concedo a la libertad personal. Durante toda mi vida me he sentido así, sin ataduras, dueña de mi vida, y puedo decir que he hecho lo que deseaba. Y es por eso que ahora sigo dictando conferencias, clases y demás para pagar mis facturas», explicaba Hill al otro lado del teléfono con una voz tremendamente segura y un poco grave. Perpetró su genial golpe en un lugar (Yosemite) en el que reinaban los llamados *stonemasters* (se bautizaron así porque efectivamente eran maestros de la roca, pero también en el «arte» de estar colocados, o *stoned*), muchos de los cuales se enorgullecían de ser tratados como machos alfa. Con todo, fue entre y con ellos con quienes aprendió a escalar realmente, en una comunidad heterogénea que reunía desde cirujanos hasta ladrones, pasando por profesores, carpinteros, mecánicos o abogados, todos unidos por la pasión vertical. De hecho, fue pareja de John Long, uno de los escaladores más importantes de la historia estadounidense, miembro del trío que inauguró The Nose en un día, y uno de los autores especializados en la temática más prolíficos de su país. «El mayor de los pequeños héroes que he conocido nunca es Lynn Hill. El resto de nosotros nos limitamos a sujetar su cuerda», escribiría John Long en el prólogo de la biografía de la escaladora publicada en el año 2000. No todos pensaban lo mismo en la década anterior. Al francés Jibé Tribout, uno de los fenómenos de la época, se le revolvía el estómago con cada logro de Hill. Y lo expresaba en voz alta. «Lo más curioso es que Tribout era mi amigo. Por supuesto, me molestaban mucho las actitudes sexistas de la época, y me sorprendían porque la escalada era la primera actividad que realizaba que me resultaba auténticamente igualitaria. Todos somos iguales ante la roca y eso es lo bonito: cada cual es libre de dibujar su propia coreografía para adaptarse a la pared», explicaría Lynn Hill.

Tribout llegó a afirmar que una mujer jamás superaría una vía de dificultad 7c a vista (es decir, sin conocer nada de la ruta). Tres años después, Hill lo logró. Cuando a mediados de la década de 1980 llegaron las primeras competiciones de escalada en roca, una de las más importantes se celebró en Arco (Italia). El ganador masculino se llevaba un coche. Cuando Hill preguntó al organizador por qué no había coche para la vencedora, este se desternilló asegurándole que no lo habría ni aunque participase en topless…

Igual que la tenista Billie Jean King en 1973, Hill se plantó. Pedía que se repartiese el mismo dinero en premios sin importar el género de los vencedores. A principios de los años ochenta participó en varias ediciones de un programa bautizado como *Survival of the Fittest*, un concurso de resistencia y habilidad. Cuando supo que las mujeres cobraban una tercera parte que sus colegas masculinos, se quejó y logró doblar su remuneración (aunque no la equiparación salarial). En esos años, hacía malabarismos para seguir escalando, sobreviviendo con muy poco y con trabajos esporádicos. Fue una elección consciente, un deseo que la falta de comodidades nunca erosionó, como tampoco lo hizo un accidente del que salió viva de milagro. En 1989, al alcanzar el final de una ruta deportiva de treinta metros de alto en la escuela francesa de Buoux, se colgó de la cuerda y cayó a plomo.

No había terminado su nudo de encordamiento. Tuvo la inmensa fortuna de aterrizar sobre un pequeño árbol, salvándose de una muerte casi segura. Después tuvo que enfrentarse al miedo, variable que en escalada es tan importante como el consumo máximo de oxígeno en el ciclismo. Por supuesto, venció. De hecho, aquellos que estuvieron con ella siempre se quedaron asombrados por su valentía, por su determinación. No es que negase el miedo, sino que sabía identificarlo y enfrentarse a él de forma tan precisa como racional. Escalar bien no es solo una cuestión fisiológica, una suma de capacidades técnicas, físicas y de materiales adecuados. En última instancia, y cuando hablamos de rutas peligrosas, es preciso que la mente esté en sintonía con el reto. Un escalador fuerte con miedo no llegará más lejos que uno valiente sin fuerza. Hill no solo esgrimía una fortaleza inimaginable, sino que su capacidad para plantear y asumir todo tipo de desafíos hizo de ella una adelantada a su época.

Tuvo varios patrocinadores durante su carrera, pero «los fui dejando cuando entendí que perdía libertad y que debía hacer cosas que no deseaba para seguir en nómina». Su explicación habla del deseo de no traicionarse, de las ganas de vivir siempre por y para escalar. Si los espónsores llenaban su despensa, la escalada daba sentido a su vida. Y así sigue siendo, «aunque la maternidad también me ha llenado muchísimo», revelaría. Francia e Italia, dos países con enorme tradición de escalada en roca, acogieron durante años a la estadounidense, quien en su perfil de Instagram se hace llamar @linacolina, simpática traducción de su nombre y apellido.

Con todo, la presencia femenina en el mundo de la escalada, y aún más en el del alpinismo, siempre ha sido minoritaria. Es ahora, en la segunda década del siglo XXI, cuando ha irrumpido, con ánimo de empezar, lentamente, a nivelar un desequilibrio que a muchos resultaba descorazonador. La proliferación de rocódromos y el efecto llamada en redes sociales han convencido a muchas mujeres que ahora se asoman a un universo que permanecía demasiado cargado de testosterona. Aun así, queda una galaxia entera por recorrer en términos de igualdad. Sigue pareciendo que la escalada y el alpinismo son pasiones peligrosas reservadas a los hombres, cuando en realidad queda probado que son actividades igualmente abordables desde ambos sexos. En cualquier caso, el frenesí por lo vertical no entiende de géneros. Hill ha sido durante años el modelo que seguir para incontables mujeres, igual que lo han sido la francesa Catherine Destivelle, la española Josune Bereziartu y ahora lo es la eslovena Janja Garnbret. Referentes que, aunque escasos, recuerdan que todo es posible, o al menos imaginable. «Cuando hemos iniciado nuestra conversación y te he contado que estoy probando una vía dura de largos, te has sorprendido, seguramente debido a mis años. El siguiente paso será normalizar que las mujeres sigamos escalando a una edad avanzada, y lograr que a nadie le extrañe», desea Lynn Hill. Tres décadas después, solo cabe seguir insistiendo para que la incorporación de la mujer a la escalada se afiance de manera definitiva e igualitaria, lejos de cualquier paternalismo.

Cuando escalar era un asunto de libertad

Todo invita a la melancolía cuando se trata de evocar la figura enorme, brillante e indispensable de Patrick Edlinger. Su muerte, ciertamente prematura, dejó un poso de desolación, el final de una forma pura no solo de entender la escalada en roca, sino de presentarla al mundo. Fue Edlinger quien en la década de 1980 sacó a la disciplina de su marginalidad para otorgarle un sentido estético, ético y filosófico compartido por toda una generación que se inventó lo que hoy llamamos «escalada deportiva». Solo que entonces no se trataba de hacer deporte. De hecho, podría haberse bautizado como «escalada de vida». En esos años convivieron personas de todas las clases sociales, hombres y, en menor medida, mujeres, que jamás hubiesen compartido nada de no ser por la atracción que sentían hacia el mundo vertical. En aquel oasis, delincuentes, politoxicómanos, burgueses y obreros encontraron un eje en torno al que rotar. No se trataba únicamente de menear el cuerpo, sino de acompañarlo, vestirlo de una cierta filosofía. Puede que fuese una huida, igual que ahora muchos escogen esconderse en su teléfono móvil. Edlinger trató de dar un sentido a su vida, una libertad, la sencillez de lo sublime, y tuvo la inmensa fortuna de encontrar un cómplice capaz de transmitir con elegancia su mensaje a través de una película, *La vida en la punta de los dedos*, firmada en 1982 por Jean-Paul Janssen. El título del filme lo decía todo, en sentido estricto y metafórico. Edlinger contaba entonces apenas veintidós años, y cuando las imágenes revelaron a un joven en pantalón corto, la melena rubia recogida por una fina cinta, suspendido del vacío con una sola mano, toda Francia descubrió al «ángel rubio», un ser de otro planeta que escalaba sin cuerda y que dibujaba una coreografía de gestos que atraían, primero, y repelían, después, cualquier idea de muerte. Sí, era evidente que su vida pendía del hilo de la fortaleza de sus dedos, como también lo era que aquel ser parecía inmortal.

Había cumplido los cincuenta y dos bajo la sombra de una profunda depresión cuando lo encontraron muerto, el 16 de noviembre de 2012, en su casa de La Palud-sur-Verdon (Francia). Hubo susurros y voces que insinuaron el suicidio. Otros señalaron que se había marchado por un resbalón en la escalera de la casa, igual que su alma gemela, Patrick Berhault, había patinado hacia la muerte durante su travesía de los Alpes. Entonces, Patrick dijo: «Berhault ha muerto estúpidamente tras resbalar... ¡Puede que todos muramos estúpidamente!». Palabras proféticas.

El también galo Seb Bouin es lo que hoy se denomina un atleta global, y el heredero natural de Edlinger. En mayo de 2022 anunció el encadenamiento de su proyecto ADN, una de las tres rutas presumiblemente más difíciles jamás escaladas, y sus imágenes recorrieron todas las portadas de las revistas especializadas. Su rutina era, en apariencia, sencilla: entrenamiento y reposo. Una vida sin estridencias, a semejanza de la que quiso fabricarse Edlinger, para quien la escalada significaba «el arte de vivir, una cultura integral y no una mera gimnasia». Si bien la escalada es hoy en día un deporte popular, a la moda, accesible y bien definido, Bouin nunca alcanzará la fama que Edlinger logró en Francia y en medio mundo; este tenía en su favor su imagen, su magnetismo y una disciplina *underground* que mostrar. El poder de la revelación jugaba para él y su relato lo hizo único, irrepetible. También le ayudó su innata capacidad para seducir a cualquiera que tuviese un par de ojos en la cara. Philippe Labro, director de *Paris Match*, escribió que «tenía fuego en la mirada. Un hombre, él solo, simboliza la victoria de los destinos individuales e influye en el devenir de las cosas para concretar el despertar de una nueva sensibilidad».

Edlinger nunca llegó a conocer la presente explosión de la escalada y resulta difícil saber si hubiera apreciado la irrupción de rocódromos por doquier donde muchos entrenan sin la menor intención de dar el salto a la roca. Como el que hace *spinning* sin desear sentir el viento, o la lluvia, en la cara pedaleando en carretera. Un tipo de escalada tan aséptico que no permite ensoñaciones. Tan solo una diversión fugaz, sin profundidad.

Irónicamente, puede que el primer rocódromo de la historia fuese la construcción que él mismo levantó junto a su hogar, bautizada como el Templo y cuyo interior recogía paneles de madera trufados de presas de escalada, y donde él y sus amigos se entregaban a sesiones de práctica infinitas: mil dominadas (o tracciones) para desayunar y otras tantas antes de acostarse, estiramientos, carrera a pie y cientos de movimientos. Él y sus acólitos sistematizaron el entrenamiento, tan obsesivo como alejado de cualquier ciencia; experimentaban con el cuerpo sometiéndolo a toda clase de torturas que prometiesen una mejora. «Creo que he pasado media vida sobreentrenado», llegaría a afirmar. Ahora que la escalada acaba de estrenarse como disciplina olímpica (Tokio 2020), cabe recordar que la primera competición llegó apenas en 1985. Un año más tarde, Edlinger acudió a la segunda edición para acallar las voces que lo señalaban como un producto del marketing. No solo ganó, sino que sobrevoló el certamen. En su autobiografía, Lynn Hill, la escaladora más importante e influyente que ha existido, recuerda aquella jornada en la que también ella compitió. Rememora el silencio reverencial que se hizo cuando él inició el baile de los primeros movimientos, su facilidad, su serenidad, la confianza de sus gestos, la armonía de su cuerpo avanzando en la vertical. Sí, se trataba de un ángel y ninguno de los que asistieron aquel día a su exhibición hubiese podido refutarlo.

Seb Bouin también quiso competir, pero tuvo una mala experiencia con el técnico que lo instruía y decidió virar hacia la roca, donde él mismo podía establecer sus propias reglas. Cuando demostró que era el mejor, Edlinger también abandonó la competición. Necesitaba viajar, el contacto con la naturaleza, la disciplina y la indisciplina. Y escalar sin cuerda: «No tengo ganas de matarme por la gloria. Quiero disfrutar plenamente mi vida. Escalar sin cuerda me permite adentrarme en la zona del miedo, conocerme mejor», escribiría en su autobiografía, publicada en Francia por Guérin, que no llegó a ver editada.

Hasta que la fama llamó a su puerta, y un fabricante de cuerdas francés (Michel Béal) decidió convertirse en su mecenas, Edlinger y sus próximos sobrevivieron ocupando viejas casonas en el Verdon, robando botes de Nutella y libros de montaña. Para escapar del servicio militar, fingió ser un desequilibrado, aunque el gesto le costó tres meses de actuación en un hospital psiquiátrico.

Hoy es un omnipotente fabricante norteamericano, Black Diamond, quien permite a Bouin vivir por y para escalar. Sus espectaculares vídeos, a diferencia de las películas y los documentales que protagonizó Edlinger, no se ven en familia y en la franja de máxima audiencia, sino en el teléfono móvil. Ciertamente, la escalada está más presente que nunca, pero, para los supervivientes pioneros de los años ochenta, es un objeto más de consumo desprovisto de mística alguna.

La película *La vida en la punta de los dedos* costó ciento cincuenta mil francos (unos veinte mil euros) y fue vendida a veinticinco países. Su director, Jean-Paul Janssen, resumiría con una frase el éxito de su metraje: «La belleza de la naturaleza, la alegría del riesgo, el espíritu del vértigo. Bastó con esas imágenes para que se creara un mito». La fama de Edlinger lo llevó a las fiestas parisinas, a un romance con una estrella de cine, le garantizó contratos y fue tan popular como Yannick Noah, Bernard Hinault, Michel Platini, Sophie Marceau o Gérard Depardieu. *Paris Match* recogió sus viajes en artículos de diez páginas, pero, cuando toda esa marea desapareció, le dijo adiós con una sonrisa irónica: aún le quedaba la roca. La libertad. Con su rostro de arcángel, se despidió en un visto y no visto de una popularidad que le hacía gracia pero que no necesitaba. Solo quería seguir escalando. Seb Bouin busca lo mismo. Su motivación procede del reto de alcanzar lo imposible, de llegar más lejos que nadie en la faceta deportiva de esta disciplina. Aunque duela. No fuma, como solía Edlinger, ni hace *rallies* nocturnos con coches veloces. Ni escala sin cuerda, ejercicio que su antecesor dejó de lado al nacer su hija. Hasta hace bien poco, su madre era su aseguradora a pie de vía. Los padres de Edlinger, en cambio, se estremecían cada vez que el televisor les devolvía la imagen de su hijo moviéndose sin cuerda en la vertical. Idéntica pasión. Idéntica capacidad de acción. Filosofías vitales dispares.

Cuando la depresión y el alcohol irrumpieron en la vida de Edlinger, hizo balance: le sobraban dedos de una mano para contar a sus amigos. Sus mejores años en la roca habían quedado atrás. Echaba de menos a Patrick Berhault, su igual, una herida abierta que supuraba dolor, nostalgia y soledad. Tras una caída escalando había sufrido un paro cardiaco, y cuando estuvo muerto, asegura, vio alegría. Pese a todo, adoraba la vida y no temía morir. Su biografía afirma que regresó a la rutina de los entrenamientos, recuperó la ilusión, la misma que hoy anima a miles de escaladores que no pretenden jugar con la vida en la punta de los dedos pero sí divertirse como niños, desafiando paredes. Algo ocurrió en las escaleras de su casa. No volverá a existir un ángel rubio: se llevó consigo el privilegio de revelar al mundo la esencia de la escalada, que no es otra (en el fondo) que la de negarse a crecer para conservar la inocencia de ser feliz. O la de vivir para escalar. O la de escalar para vivir.

Rehén de los talibanes, libre en El Capitán

La lluvia nos sorprendió en Atxarte, el santuario de la escalada en Bizkaia, un lugar donde la caliza gris se levanta en imponentes paredes rodeadas de pinos y hayas. Mojados y temblorosos, nos refugiamos en un bar de Matiena, cerca de Durango, un lugar en el que antes y después de escalar tomamos cafés y pinchos como si se tratase de una liturgia religiosa. Pedí tres cafés, miré por encima del hombro y sonreí sin quererlo: en lugar de un par de amigos, esta vez me acompañaban uno de los mejores escaladores del planeta y el cineasta de montaña más celebrado. Me sentí afortunado. Ciertamente, el escalador Tommy Caldwell necesitaba un cineasta en su vida, porque su existencia es de película. El director de cine en cuestión, Peter Mortimer, vive en Colorado, rodeado de montañas y escaladores, y conoce bien a estos últimos. No en vano, ha invertido décadas en filmar a Caldwell. «Un amigo que trabaja en Silicon Valley me contó que a los que solicitan empleo les preguntan por sus aficiones, y si la escalada es una de ellas tiran su currículo a la basura. Consideran que esa persona nunca se comprometerá al cien por cien con su trabajo, porque siempre pensará primero en escalar», asegura. A su lado, Caldwell, que nunca ha tenido un empleo «normal», estalla en carcajadas y asegura que puede dar fe de ello. Ambos estadounidenses se dieron cita en el Mendi Film Festival de Bilbao en 2018 para promocionar el libro de Caldwell y la película homónima (*The Dawn Wall*), y, ante la posibilidad de entrevistarle, él me sugirió hacerlo mientras escalábamos. La idea me pareció un regalo.

En 2015, Caldwell fue portada de *The New York Times* tras escalar en libre la vía más difícil del planeta, en la pared de El Capitán, en el valle de Yosemite, Estados Unidos. Él y su compañero Kevin Jorgeson permanecieron diecinueve días colgados en la pared, pero lo más asombroso no fue su ascenso definitivo, sino el enloquecedor proceso que ambos compartieron. Un divorcio traumático había empujado a Caldwell hasta El Capitán, un escenario que dominaba y al que regresó en busca de su reconstrucción anímica y, de paso, el reto de su vida, una vía que recorriese la parte más lisa de la montaña, la «pared del amanecer». Pasó meses colgándose de unas cuerdas instaladas desde la cima, buscando un camino escalable, y, cuando dio con la solución, empezó su viacrucis. Él y Jorgeson invirtieron siete años en lograr su descabellado propósito. Siete años de anhelos, entrenamientos enloquecedores, derrotas, desesperanza y una fe rayana en la enfermedad.

En realidad, esta fue la segunda vez que Estados Unidos supo de Caldwell. Un lustro antes, cuatro rebeldes talibanes lo habían secuestrado junto con su prometida y dos amigos más. Los cuatro, que trataban de abrir una vía de escalada en roca en Kirguistán, descansaban en hamacas colgadas a trescientos metros del suelo cuando varios disparos rebotaron en la pared. Conminados a descender, secuestradores y secuestrados iniciaron una delirante huida por las montañas mientras el ejército kirguís les pisaba los talones. Sin comida, ropa de abrigo o un plan establecido, la comitiva avanzaba de noche y se escondía en cuevas y agujeros excavados en el lecho de algún río, a veces respondiendo a las emboscadas del ejército. Los talibanes ejecutaron delante de ellos a un militar capturado y empezaron a hacerse una idea de lo que les esperaba.

Un día en que tres de los cuatro talibanes se separaron para buscar víveres, los rehenes buscaron la forma de escapar del único guardián que quedaba. Trepando de noche por una pared abrupta, Caldwell agarró la correa del kaláshnikov de su captor y lo empujó al vacío. Matar para sobrevivir. Sencillo, aunque él no dejó de torturarse; no sabía que podía ser capaz de quitar una vida. Lograron huir, pero la culpa no lo abandonó hasta años después, cuando una investigación periodística desveló que el captor no había muerto tras la caída.

El carácter de Tommy Caldwell se forjó al calor de un padre desbocado. A los cuatro años, sus profesores les habían dicho a sus progenitores que algo no iba bien, y llegaron a insinuar una posible discapacidad. Eso y su aspecto endeble, con la mirada huidiza tras unas gafas enormes colgadas de unas orejas de soplillo, hicieron que creciese como un niño retraído, solitario y extremadamente tímido. En casa, idearon un plan de choque: había que endurecer al chaval y mejorar su autoconfianza. «Mi padre era culturista, tenía don de gentes, una risa contagiosa y se hinchaba a esteroides, como todos en esa época, pero también sentía pasión por la escalada. Cuando se desgarró el bíceps terminó con su vida de gimnasio y se volcó por completo en la montaña», me contó Caldwell aquel día. Antes de cumplir los doce años, Caldwell ya había escalado paredes que otros colegas de nivel tardan años en incorporar a su currículo. También había vivaqueado en cuevas de nieve y soportado todas las penurias que pueden padecerse en montaña. Siempre sonriendo. Solo deseaba agradar a su padre. «Después entendí que lo que realmente ansiaba era que mi padre me quisiese por mí mismo, y no por lo que era capaz de hacer», explica.

Su matrimonio con Beth Rodden, la misma con la que había estado secuestrado, fue casi una réplica de su relación paterna: durante años vivieron como lapas, inseparables, dependientes, inevitablemente ligados por el trauma de lo ocurrido en Kirguistán... hasta que ella lo dejó por otro. Necesitarlo no significaba quererlo. Esto último condujo a Caldwell hacia su loco proyecto en Yosemite, una aventura que «consideraba que no sería capaz de completar pero sí de regalar a las generaciones futuras», afirma, reconociendo que era un reto para la posteridad. «Pasé tanto tiempo solo, entrenándome, tan determinado y obsesionado que casi me alejé de todo», recuerda.

Cuando mejor preparado estaba, sufrió un percance. Tratando de calzar la lavadora con un taco de madera, se acercó con una sierra mecánica para recortarlo, pero perdió la mitad del dedo índice. El resultado fue como si un futbolista perdiese la movilidad en el tobillo de su pierna más diestra. Lo desahuciaron para la escalada. Regresó más fuerte que antes, solo él sabe a qué precio.

Necesitaba un compañero, y el que más insistió era más joven y mucho más fuerte, pero carecía de experiencia en verticales grandes. «Aunque hemos compartido meses de pared, de escalada, soportado todo tipo de situaciones, subidones y desesperanza, no puedo decirte si Kevin Jorgeson y yo somos o no amigos. Cuando nos conocimos, recién divorciado, yo necesitaba hablar con alguien, y en la pared solo estábamos los dos, pero, en cuanto dejábamos de hablar de escalada, se encerraba en la pantalla de su móvil y se hacía el silencio. Lo tengo en gran estima, pero no sé qué tipo de relación tenemos», confiesa encogiéndose de hombros.

Casado de nuevo, y padre de dos niños, observa cómo el mayor, de cuatro años, empieza a escalar lo que se le pone por delante. «Mi mujer lo anima, lo empuja a que progrese, pero yo trato de mantenerme al margen. Tengo fresco el recuerdo de la experiencia con mi padre y no sé realmente cómo actuar. Cuando terminé el proyecto de Yosemite, el torbellino mediático apenas me dejó parar y sentir. Me encontré vacío, había perdido la motivación que me había permitido "curarme". Ahora estoy centrado en mi vida familiar. Estoy en ese momento y me llena, pero sé que poco a poco volveré a tener un objetivo, menor, pero algo que me ilusione de nuevo. Aunque mi existencia ya no dependa de ello», aventura.

En 2024, Caldwell seguía escalando, superando de paso alguna que otra lesión que no le ha permitido encontrar su mejor versión. No ha vuelto a protagonizar ninguna ascensión extraordinaria pero, en cambio, ha sido protagonista junto con Alex Honnold de un par de gestas de resistencia. Juntos recorrieron en 2023 tres mil kilómetros en bicicleta entre Colorado y Alaska, escalando de paso todo lo que se les ponía a tiro. En 2020, la pareja encadenó diecisiete cimas de Colorado corriendo de una a otra hasta sumar cincuenta kilómetros de carrera y más de seis mil metros de escalada. La felicidad desde la bulimia.

Las cimas de las montañas son solitarias

«Me había enamorado de algo que no podía devolverme ese amor». Leí esta cita en la revista *Climbing*, en 2008, y la guardé. No sé por qué. Mentira: intuía entonces el motivo y lo conozco ahora. La cita formaba parte de un texto soberbio firmado por Fitz Cahall en el que explicaba su relación con la escalada en solo integral, es decir, sin compañero ni cuerda con la que asegurarse. Esta modalidad es, en opinión de muchos, la forma más parecida que existe de jugar con una pistola a la ruleta rusa: te puede ir bien o puedes morir en el acto. Lógicamente, cuantas más veces juegas, más posibilidades tienes de que sea la última. Visto desde fuera, resulta un ejercicio tan aterrador como fascinante. En el mundo del alpinismo, y me refiero sobre todo a sus vertientes más salvajes, los porqués importan mucho, puesto que se esconden obstinadamente en lo más remoto de la conciencia de sus protagonistas. Y están tan enterrados que, a menudo, ni los propios actores aciertan a verbalizar su pulsión, pues no encuentran las palabras justas, precisas, definitivas. Muchas veces somos los que lo analizamos desde fuera los que creemos dar con el adjetivo idóneo, pero es bien probable que solo logremos aproximarnos, aventurarnos, y que lo nuestro sea simple lírica vacua. La realidad casi nunca se parece a las ensoñaciones. Cuando asistimos a una escalada en solitario siempre nos preguntamos qué lleva a ese hombre o a esa mujer a flirtear de forma tan obscena con la muerte. Los franceses, siempre tan afilados, describieron este juego, este tránsito por el filo de la navaja, con una imagen: sus protagonistas colocaban sus vidas «en la punta de los dedos», *la vie au bout des doigts*.

Un día, guiando en los Mallos de Riglos (Huesca), alcancé a una cordada en una repisa. Tenían, me dijeron, problemas con el aparato asegurador, así que me acerqué y me percaté de que no lo estaban usando de la forma adecuada. Solventado el error, uno de ellos me dijo que llevaba tiempo sin escalar y que había olvidado cómo manejar el aparato. Sonreí, llegó mi cliente, y en ese punto me aproximé al filo del muro, donde nuestras respectivas rutas se separaban. Entonces, el hombre al que había ayudado con su aparato me preguntó si yo era Óscar. A continuación, también pronunció mi apellido. Sorprendido a más no poder, me giré y lo miré, esperando reconocerle. Pero nunca había visto su cara con anterioridad, o eso creía. «Nos conocimos fugazmente hace unos años en el Taillón, en invierno. Tú escalabas solo, sin cuerda, y nos adelantaste a mí y a mi amigo en mitad del corredor central», me aclaró. No podía creerlo: recordaba perfectamente ese momento, mis emociones, todo. No sabía qué contestar, así que le pregunté por qué había dejado de escalar desde entonces. Me confió que su compañero de cuerda de aquel día había fallecido poco después en un accidente que nada tenía que ver con la montaña. De nuevo, no supe qué decirle, salvo que el encuentro casual me alegraba. El día al que hacía referencia yo había escalado dos rutas diferentes de la misma montaña, y terminando la segunda adelanté a aquella pareja. Me preguntaron el nombre, se lo dije sin el apellido, y cada cual siguió con lo suyo después de desearnos un buen día, recordé. Antes de continuar mi camino, le pregunté cómo se había enterado de mi apellido si nunca se lo había llegado a decir: «Googleando aquí y allá, atando cabos y encontrando alguna foto de ti», me respondió.

Esa noche, pensé en el encuentro; habían pasado no menos de ocho años desde aquella salida en solitario. No he vuelto a hacerlo. En toda mi vida, solo he escalado cuatro rutas en solo integral, las cuatro en el mismo lugar, el Taillón, una montaña pirenaica fronteriza, en dos jornadas separadas entre sí por un par de años; las cuatro en invierno, es decir, usando piolets y crampones. No se trataba de rutas extremas ni demasiado técnicas: largos de escalada en hielo intercalados con largos sencillos en nieve o terreno mixto moderado, pero en los que una caída sería la última. La primera de esas dos jornadas acudí tarde en la temporada, en mayo. Las condiciones no eran óptimas, pero, después de transitar la cara oeste, disponía aún de mucho tiempo y me planté bajo la norte. Tenía mucha menos nieve de lo deseable y el camino no resultaba tan obvio como aparecía en las fotos del libro que había consultado la víspera. Imaginé la ruta y empecé a dar vueltas por la pared. Había completado tres cuartos de ascensión cuando me encontré frente a un resalte de roca: no había alternativa, tenía que pasar por ese punto, que parecía el más sencillo posible. Un par de metros por encima de mí descubrí un pitón nuevecito, un clavo plantado en la caliza que me reconfortó tanto como me asustó: si estaba ahí significaba que no había errado el camino, pero también que me encontraba en un paso lo suficientemente delicado como para precisar aseguramiento. Pensé en abandonar, pero empezaba a hacer calor y la calidad de la nieve se deterioraba con rapidez. Destrepar tampoco iba a resultar fácil y sabía que, una vez pasado ese punto, la cumbre era más que accesible. Noté mi corazón desbocado, el miedo abriéndose paso a través de mis atontadas neuronas. Pensé en mis seres queridos y en un Dios en el que no creo. Entendí que mi suerte se jugaba a cara o cruz. Coloqué con la mayor delicadeza posible la punta frontal de mis crampones en la roca mediocre, busqué donde apoyar los piolets, miré el pitón reluciente (todavía recuerdo su marca, Charlet Moser, su color cromado y el verde cubriendo el relieve de las letras) e introduje con suavidad la hoja de uno de mis piolets del revés por el orificio. Si el pitón aguantaba, estaba casi salvado. Contuve el aliento, traccioné y pasé. Un escalofrío de alivio me recorrió desde la punta de los pies hasta la nuca. Meses después, en una conversación casual en el campo base del K2, descubrí quién había plantado ese pitón: había sido Mikel Zabalza, uno de los mejores alpinistas españoles, que había pasado por ese mismo punto días antes, encordado a un amigo. La coincidencia me pareció extraordinaria. Le dije que me había salvado la vida… y me miró como si estuviese chiflado.

Puedo describir mis sensaciones, pero me resulta tremendamente difícil desgranar mis motivos, las razones íntimas que me llevaron a hacerlo. Lo que no es difícil de explicar es por qué dejé el solo integral. Empezando por las sensaciones, puedo decir que sentí mucho más miedo planteándome la posibilidad de escalar sin cuerda que haciéndolo. Dudé mucho: tan pronto lo tenía decidido como, al minuto siguiente, lo descartaba con una sensación de náusea. Me veía cayendo, y esa imagen me martilleaba en sueños hasta despertarme muchas noches. Pero, una vez que me atreví, toda la tensión acumulada, los miedos, las dudas se transformaron en una concentración absoluta, absorbente, una fuerza tranquilizadora. Escogí días entre semana para no coincidir con nadie y madrugué mucho, pero en el corredor central había una cordada que no había advertido desde la base. Fue una sorpresa encontrarme a sus integrantes al pie del segundo largo de hielo. Ellos se quedaron boquiabiertos y enseguida me ofrecieron el paso. Dudé. ¿Y si me caía y eran testigos? Insistieron amablemente, y al adelantarlos me disculpé. Ver a alguien que escala sin cuerda, en directo, no es plato de buen gusto. Siempre puede ocurrir lo peor. Volví a concentrarme y, al terminar el largo, continué avanzando frenéticamente para que no volviesen a divisarme.

Siguiendo con mis motivaciones, hoy no me cuesta nada reconocer que uno de los motores era el deseo de satisfacer mi ego, y de ganarme de paso cierto respeto entre mis conocidos. Fue una motivación errónea, por supuesto. Después estaba la curiosidad, la necesidad de saber qué se sentía, qué tipo de experiencia sería esa que me resultaba irresistiblemente atractiva. Además, conocía a la perfección las dos rutas que había escogido, las más complicadas, y sabía que técnicamente podía asumirlas. Los que hablaban eran mi ego y mi curiosidad. Al terminar y enfilar el largo descenso hacia Bujaruelo experimenté una serena satisfacción y un gran alivio. No me invadió ningún tipo de euforia. Tan solo me alegraba de seguir con vida, pero echaba de menos a un amigo a mi lado, a un compañero de cuerda. Me convencí entonces de que, en mi caso, el alpinismo era un asunto de cordada, era compartir, y de que la soledad de las cimas no tenía que ser necesariamente una fuente de inspiración.

Durante el confinamiento a causa de la COVID-19 pude entrevistar por teléfono a Alex Honnold, escalador en solitario y heredero de una tradición que en Estados Unidos tiene un fuerte calado. Conversando con él, me sorprendió al explicarme que muchas veces iba sin cuerda por un mero asunto práctico: en Las Vegas, donde reside, no solía encontrar compañeros. ¿El escalador más conocido del planeta, ganador de un Óscar en 2019 por el documental *Free Solo*, no encontraba a quién atarse? ¿Increíble.

El 3 de junio de 2017, la percepción de lo que en el sector se conocía como «escalar sin cuerda» se alteró para siempre. Ese día, Alex Honnold ascendió los casi mil metros de la pared de El Capitán sin agarrarse a otra cosa que no fuese la roca. En los pasos más difíciles no se sujetó a ningún clavo o expansión de la pared, ni colocó un empotrador... Solo su técnica y su fuerza, su control mental, la precisión de sus movimientos y un enorme trabajo previo de preparación permitieron la hazaña, algo que nadie jamás había podido realizar con anterioridad. Lo inimaginable se convirtió en un hecho para el que casi nadie estaba preparado. En el paso clave de la vía escogida, Freerider, un resbalón hubiera acabado con su vida, pero antes de estrellarse en la base de la pared hubiera tenido unos quince segundos para pensar... Ese movimiento clave está perfectamente filmado. El vacío parece insondable. Al espectador le sudan las manos en su butaca. Las cámaras que recogieron el momento estaban dirigidas por control remoto porque los operarios no deseaban estar ahí. De hecho, solo Honnold soñaba con transitar ese lugar de esa manera, y eso es precisamente lo que hace de él un escalador imposible de definir con ningún adjetivo. El documental *Free Solo* desató una avalancha de conjeturas sobre el poder de la mente de un tipo que parece no tener miedo, que aparenta haber nacido sin la posibilidad de sentir los rigores del terror. ¿Cómo no perder los nervios cuando sabes que si el pie te resbala a setecientos metros del suelo te vas a hacer picadillo? Si Honnold no experimentó el miedo en un instante que hubiera desquiciado al más templado es porque toda su vida ha seguido sin desviarse del camino para convertirse en la mejor versión de sí mismo como escalador. «Todo el mundo tiene miedo, y yo también, por supuesto. Cuando me noto en peligro, experimento las mismas sensaciones que cualquier otra persona. Cuando leo en cierta prensa que soy incapaz de sentir el miedo considero que es una forma de atajar de manera simple algo que no entienden. Pero cualquiera que escale con regularidad sabe lo que impone enfrentarse a una pared, porque lo cierto es que existen riesgos y consecuencias graves. En mi caso, he pasado tanto tiempo escalando, practicando, acostumbrándome a hacerlo sin cuerda, a relacionarme con mis miedos para aprender a encontrarme cómodo, que puedo decir que ha sido un proceso largo y complicado. Por eso cuando la gente simplifica y dice: "Alex no tiene miedo", me parece una apreciación simplista. Pero creo que ocurre a menudo: cuando las personas se enfrentan a algo extraordinario, tienden a atajar creyendo que es un don llegado del cielo, antes que considerar todo el ingente trabajo que hay detrás y que no se percibe a simple vista. Llegar adonde estoy implica un elevado nivel de responsabilidad, la misma que podrían asumir muchos otros escaladores en circunstancias similares. Es más fácil pensar que uno no ha recibido un don que admitir que es demasiado vago como para ponerse a trabajar duro». Cabe preguntarse cuántas veces habrá tenido que responder al asunto del miedo; resulta fácil imaginar su hartazgo. Por eso, aquel día de encierro pandémico agradecí su tono sereno, acaso un punto ofendido, pero siempre amable. Honnold dejó los estudios de Ingeniería para convertirse en un escalador a tiempo completo. Sus amigos destacan su ironía y su capacidad de adaptación. En algún momento, reconoce, «he pensado en cómo sería mi vida de ingeniero. Puedo verme en ese escenario, pero no creo que lo disfrutase…».

Respecto a su figura, la opinión del público se divide en dos vertientes, la admiración y la aversión. Honnold entiende a la perfección dicha dicotomía: «En parte es normal que a la gente le parezca una locura lo que hago porque carecen de un contexto. No han visto a nadie escalando sin cuerda, no conocen las raíces de esta actividad, no están familiarizados con la realidad de la cultura y de la historia de la escalada. Si lees u oyes por vez primera que alguien escala sin cuerda, en solo integral, es normal que parezca una locura, pero cuanto más profundizas en las raíces mejor entiendes cómo esto encaja en la historia de esta disciplina y es más fácil de entender el *free solo*. No sé qué ocurre en España, pero en Estados Unidos la sociedad huye de los peligros, no está bien visto asumir riesgos y la gente tiene opiniones muy serias sobre los que deciden tomarlos y poner su vida en situaciones delicadas», analiza. La falta de información y la ausencia del famoso «contexto» a la hora de juzgar su figura pueden resumirse en la forma en que Honnold se relacionó con la vía de El Capitán: «Tenía mucha confianza porque había trabajado mucho la línea. Una de las cosas que el documental *Free Solo* hace bien es mostrar lo importante que fue la preparación, el entrenamiento, y recordar que eso fue lo que hizo que alcanzase el éxito. Muchos escaladores o montañeros creen que no es preciso prepararse, quizá porque la escalada es un deporte relativamente nuevo y es cierto que hasta ahora se han logrado éxitos impresionantes sin una base científica de entrenamiento, pero también lo es que cada vez nos fijamos más en ejemplos como el del desaparecido Ueli Steck o Kilian Jornet, y esto hace que muchos escaladores empiecen a entender que ciertas actividades son imposibles sin una ejercitación seria. Por otro lado, es algo consustancial a un deporte joven: no necesitas entrenar mucho para desempeñarte a un nivel aceptable. Todo esto va a cambiar, creo, con la irrupción de la escalada en los Juegos Olímpicos, al igual que vamos viendo que el nivel en todos los deportes de montaña crece cada año. Yo mismo, este invierno, charlé algo con Scott Johnson [el gurú de la preparación para alpinistas] a fin de aprender algo más acerca del ejercicio aeróbico, y he leído mucho sobre cómo se prepara un himalayista como David Goettler. Resulta muy inspirador», revela.

Lógicamente, Honnold llegó a ese entrenamiento sistemático desde el miedo: «Recuerdo cuando empecé a escalar sin cuerda [ríe]. Entonces todo me parecía mucho más extremo, mucho más tenso, mucho más aterrador. Me acuerdo de que elegía vías fáciles sin cuerda, pero pensaba que si me caía me iba a matar… Todo era tan tenso… Ahora, me río al pensar en ello porque he alcanzado un nivel de serenidad que me permite disfrutar de la experiencia de forma plena. Los sentimientos siguen siendo intensos, tanto como al principio, pero ha cambiado una cosa: ahora los pensamientos positivos pueden sobre los negativos. Por eso sigo escalando sin cuerda. También porque me aporta más emociones que hacerlo con ella. Lo atractivo de esta disciplina es la combinación del reto físico con el psicológico. Escalar es como resolver un puzle, pero para ello hay que tener capacidades no solo físicas, sino también mentales; para controlar las emociones, para sobreponerte al miedo». Entonces ¿se aburre cuando escala con cuerda? ¿Qué significado tiene encordarse a un compañero, lo que es la esencia de la escalada en pared? «Me encanta escalar con cuerda. Si tuviera que escoger una sola opción para el resto de mi vida, es la que elegiría, porque me apasiona ponerme al límite y caer, fallar y que no pase nada. También me encantan los movimientos de la escalada deportiva. Escalar sin cuerda es, digamos, un plato gourmet del menú que no siempre me apetece, es algo que deseo en mi vida profesional pero no lo visualizo como única opción, tan solo como un añadido un tanto especial. Lo que tengo claro es que adoro la vida vertical, y parece lógico decir que, cuantos más metros, mejor, de ahí que haga esos encadenamientos en Yosemite, por ejemplo. De hecho, la semana que viene he quedado con Tommy Caldwell para hacer un encadenamiento de vías, pero me da miedo porque creo que lo que plantea es una burrada... De hecho, ya medimos en kilómetros lo que vamos a escalar, en vez de en metros [ríe]». Toda la intensidad de su pasión resuena en su discurso. Esta disciplina es el eje de su vida y, al margen de eso, reconoce que lo que más le motiva es el trabajo de su fundación, dedicada a promover el acceso a la energía solar en las zonas más desfavorecidas del planeta. Los que lo aprecian se preguntan cuándo dejará de prescindir de la cuerda: «Cabe esa posibilidad, por supuesto. Lo dejaré cuando considere que he perdido la pasión, que ya no siento la excitación del reto o si me da miedo enfrentarme a la pared. Nunca he sentido la obligación de escalar en solo integral. Si no hay placer, lo dejo».

Creo que en el Taillón encontré una forma de placer efímera, un poco salvaje. Pero la soledad de las cimas solo devuelve soledad, y entendí que no era el camino que deseaba seguir, que mis razones para continuar escalando tenían que ver tanto con el placer del gesto como con la posibilidad de compartirlo. Por eso conservé la cita que abre este capítulo. Para no olvidar por qué escalo. Por supuesto, aunque las emociones que uno puede sentir al prescindir de la cuerda pueden ser más o menos universales, la dimensión de los logros de Honnold apenas admite un puñado de comparaciones. El estadounidense no inventó el ejercicio de escalar sin cuerda. Siempre, desde los inicios de este deporte, ha habido personas de su mismo temple. Honnold y un poderoso aparato mediático han convertido el ademán de obviar la cuerda en un espectáculo, quizá porque existe la posibilidad de un final violento. Creo que todos los que seguimos a Honnold tememos despertar un buen día con una mala noticia.

El segundo sepulcro de Hayden Kennedy

Hayden Kennedy, de veintisiete años, e Inge Perkins, de veintitrés, eran jóvenes, salían juntos, compartían una pasión sin fisuras por el alpinismo y deseaban poca cosa salvo vivir libres y en las montañas. Sin embargo, todo lo que fueron se perdió en una fría mañana de cielo azul y nieve inmaculada a principios de octubre de 2017, cuando un alud los sepultó a ambos. Él, semienterrado, pudo zafarse e iniciar la búsqueda de su pareja. Es normal caer en la locura cuando sabes que dispones de unos minutos para salvar la vida del ser que más quieres y no haces otra cosa que tropezar con un caos de nieve amasada mientras buscas una aguja en un pajar. La angustia y la desesperación pudieron con él y, de camino a casa, se quitó la vida, dejando una nota en la que explicaba dónde recuperar el cuerpo de Inge.

Cualquier alpinista profesional, o cualquier gran alpinista con años de dedicación a sus espaldas, conserva en la memoria el recuerdo de algún compañero, amigo o conocido fallecido en la montaña. A veces, más a menudo de lo que parece, ha podido ser incluso testigo directo de su muerte. Por lo que sé y he comprobado de primera mano, la desgracia ajena no ha cortado de raíz la carrera de muchos escaladores... Una realidad que invita a la reflexión. Al conocer las circunstancias del suicidio de Hayden Kennedy pensé algo así como «por supuesto». La culpa puede llegar a diluirse con el paso del tiempo. Uno es capaz de encontrar recursos para ir soltando el lastre de los remordimientos. Pero la tristeza infinita es otra cosa, una ola que todo lo oscurece, que impide pensar, que atenaza, que arrincona. Ver morir a un ser querido y amado puede colocarlo a uno frente a un callejón sin salida. Lo habitual es, sin embargo, sobreponerse al dolor... y seguir acudiendo a la montaña. Es lo habitual, pero no es algo «normal». Mi mejor amigo murió en la montaña cuando teníamos catorce años. No hay muchos días en los que no me acuerde de él, ya sea de forma fugaz. Mi primo, que fue una de mis grandes influencias y un amigo, también murió en un accidente de escalada cuando yo ya trabajaba como guía. La perplejidad y el dolor no fueron suficientes para que me replantease mi vida... ¿Quizá temía no saber hacer otra cosa? Una pasión no se anula de la noche a la mañana, es resistente a casi todo. Incluso al dolor de la muerte.

Cuando los miembros del servicio de rescate adscrito al grupo de las montañas Madison (en Montana, Estados Unidos) desenterraron su cadáver, entendieron por qué Hayden no había logrado dar con su novia: el detector de víctimas de avalancha (DVA) que portaba no estaba encendido. Tal vez habían olvidado ejecutar el protocolo habitual, que comprueba el alcance y la batería de los DVA, o bien Inge apagó su emisor por error. Quizá fue ese despiste el detonante del suicidio. Reputado como uno de los mejores alpinistas del momento, galardonado dos veces pese a su juventud con el Piolet de Oro, Kennedy no era un montañero al uso; era un purista.

Los puristas son una raza que no busca un fin obvio, como la colección de montañas o de itinerarios de escalada de roca, mixto o hielo. Les importa mucho más el medio para alcanzar esos fines, algo que case con lo que consideran íntegro y ético: no hacer trampas, no usar artificios para ganar metros a la pared, no engañarse ni engañar, renunciar cuando no están a la altura del reto, perseverar, mejorar, regresar... Siempre con el minimalismo por bandera y la ligereza como prueba de que esta disciplina no es una cuestión de asedios, sino de talento y fuerza mental. Lo llaman el «buen estilo». Como muchos otros puristas, Kennedy, hijo de un gran alpinista, conocía bien la historia de sus montañas fetiche. Una de ellas era el cerro Torre, en la Patagonia argentina. Para entender quién fue y cómo pensaba Hayden Kennedy es preciso conocer la historia del Torre, que es también la del italiano Cesare Maestri, primero héroe y después villano, tachado por algunos de mentiroso. En 1959, esta montaña parecía una fortaleza inexpugnable, coronada de forma caprichosa por un gigantesco hongo de hielo. Para conquistarla era preciso escalar en roca y hielo y a merced de la inclemente climatología local, donde las precipitaciones y el viento podrían enloquecer al más sereno. Pero Maestri vivía obsesionado con la idea de su ascensión. Era considerado un gran alpinista y su mentalidad era la propia de un conquistador, sin concesiones a la galería o a las consideraciones éticas que se manejan en la actualidad. Él, su compatriota Cesare Fava y el austriaco Toni Egger progresaron por la imponente pared este (de mil quinientos metros de desnivel), hasta que Fava no se sintió preparado para afrontar el reto y abandonó. Cinco días más tarde, dio por muertos a sus compañeros.

Casi estuvo en lo cierto. Una avalancha había barrido a Egger de la pared, pero no a Maestri, que sobrevivió y logró descender hasta el glaciar en el que Fava lo encontró de forma milagrosa. Maestri aseguró que habían conquistado la montaña, pero carecía de pruebas o más testimonios que el suyo propio. Quienes tiempo después retomaron aquel itinerario hallaron algunos rastros de su paso, pero iban desapareciendo misteriosamente una vez alcanzada cierta repisa en la pared, bien lejos aún de la cima. Nadie puede demostrar que faltase a la verdad, que se fue con él a la tumba en 2021. La presión de la incredulidad generada por su relato lo obligó a repetir la hazaña en 1971. Esta vez no dejaría margen a la duda y, para asegurarse el éxito, decidió incorporar a su equipo un material nunca visto en montañas de este calibre: ciento cincuenta kilos de petróleo, aceite, clavijas, cuerdas y un compresor para accionar un taladro neumático con el que instalar pitones de expansión en la pared. Ya no se trataba de escalar, sino de subir costase lo que costase. No llegaron a la cima por apenas cuarenta y cinco metros, pero la pared quedó equipada con trescientos sesenta pitones, una escalera artificial que acabó derribando la resistencia del Torre, y el compresor, amarrado como un chicle en una pizarra.

La «ruta del compresor» fue la más empleada por las cordadas que se afanaron en conquistar esa cima hasta que, ya entrado el siglo XXI, empezaron a pronunciarse quienes criticaban con dureza los métodos de Maestri. Se decía que era una vía indigna, una vergüenza, que nunca el fin había justificado tan poco los medios, que alguien debía eliminar ese homenaje al feísmo, a la conquista por la conquista...

Fue entonces cuando desembarcaron en la localidad de El Chaltén Hayden Kennedy y Jason Kruk, dos jovencísimos talentos estadounidenses dispuestos a actuar allí donde otros solo se atrevían a disertar y a agitar las brasas de la discordia. Lo que lograron fue tan impresionante como arbitrario.

Sirviéndose apenas de unas pocas expansiones de Maestri, hicieron las tiradas más complicadas sin apenas recurrir a la escalada artificial; demostraron que se podía ir en libre y protegerse. Después de completar el trayecto, se miraron y se dijeron que esa vía debía desaparecer. Arrancaron la práctica totalidad de los clavos a golpe de maza durante su descenso en rápel. Los que en el futuro deseasen conquistar el Torre deberían escoger otra ruta o progresar imitando su estilo. Desde El Chaltén se recibió muy mal la noticia y se afeó con severidad el atrevimiento de los estadounidenses, a los que se declaró personas *non gratas*.

Los corrillos especializados se incendiaron entre defensores y detractores del episodio. Se organizó una reunión internacional improvisada de alpinistas en la localidad argentina que condenó la iniciativa. Al fin y al cabo, en este terreno también existen leyes no escritas. Una de ellas dice que aquel que abre una vía y es el primero en recorrer una pared decide qué medios y ética emplea para lograr su fin. Y eso no se toca, y menos si es algo que forma parte (para bien o para mal) de la historia del alpinismo. Escaladores de la época pionera también habían cometido otras tropelías en el Gran Capitán, pero Hayden y Kruk no habían blandido su maza justiciera en esas paredes para reparar el daño causado, recordaban los expertos.

Con todo, los testimonios recogidos en los medios de comunicación especializados de Estados Unidos pintan un perfil de Hayden Kennedy distinto al de la soberbia mostrada contra los clavos de Maestri. Quienes lo conocieron aseguran que era un hombre honesto, humilde, respetuoso, humano, generoso, uno de esos tipos que todavía miraba a los ojos de sus interlocutores y era capaz de preguntarles qué tal estaban realmente, que odiaba hablar de sí mismo, que contemplaba con escepticismo las redes sociales y los medios, pero al que le gustaba la comunicación. Un chico sencillo pero brillante. Si Maestri conquistó el Torre porque sí, Kennedy y Kruk destruyeron su legado por idénticos motivos. En algún momento olvidaron que el alpinismo es un asunto sin trascendencia, un juego en su definición más básica. Los suicidios se silencian, dicen que para no generar un efecto de contagio. Pero silenciar la partida de Kennedy es amordazar el recuerdo de un formidable alpinista cuya vida no merece ser sepultada de nuevo.

La belleza de lo inesperado

Mentiras

Se llamaba Gustavo, y si en algún momento supe su apellido lo he olvidado. Era argentino, pero podría haber sido finlandés o belga porque ni los apellidos ni las nacionalidades condicionan nuestros desatinos. El caso es que era un tipo simpático y tranquilo, de esos con los que uno se detiene a charlar tomando un café a sabiendas de que la conversación fluirá sin ser forzada. Gustavo también era, aunque eso entonces nadie lo hubiera adivinado, un tipo capaz de planear y ejecutar una gran mentira.

La mentira, como concepto genérico, es el dopaje del mundo del alpinismo. Funciona incluso mejor que la eritropoyetina (EPO), que a tantas figuras del atletismo o del ciclismo ha manchado. Si la EPO es detectable, la mentira puede llegar a no serlo. Funciona tan bien como el dopaje genético porque, cuando uno miente para atribuirse una ascensión, ese engaño acaba por fijarse en su cerebro de forma tan genuina que le resulta muy difícil, a veces incluso imposible, distinguir realidad de invención. He conocido a auténticos embusteros en serie que hubieran sido capaces de soportar las más terribles torturas convencidos de que decían la verdad: habían abierto tal o cual vía, alcanzado tal o cual cumbre, completado tal o cual gesta. Una vez enunciada la falsedad, esta pasaba a formar parte de su ADN.

El caso es que, como muchos otros, conocí a Gustavo en la vertiente norte del Everest en el 2000. El montañero contaba entonces veintiséis años y como buen argentino era un gran conversador. Yo creo que todos los que allí estábamos, en especial los que hablábamos castellano, apreciábamos su compañía. Lo malo era que el campo base avanzado, el que de veras te coloca cerca de la montaña, se encuentra a una altitud escasamente compatible con el bienestar, 6.400 metros. De hecho, este emplazamiento se conoce como «campo zombi». Cuando uno aterriza en él lleno de ilusiones, en buena forma física y con una aclimatación razonable, es frecuente salir de paseo entre las tiendas de campaña y conversar con unos y otros para combatir el tedio de la espera. Pero este ejercicio tiende a diluirse poco a poco. De hecho, con el transcurso de los días, entre piedras y hielo, uno acaba suspirando por cosas tan mundanas como un buen trago de agua o un cruasán. Sencillamente, no hay quien viva de forma prolongada a semejante altitud, y a medida que pasa el tiempo los habitantes del campo parecen muertos vivientes reducidos a tareas básicas de supervivencia más que aguerridos escaladores. Gustavo compartía expedición con Juan Carlos González, un cántabro afincado en Vitoria que había cumplido los cuarenta y ocho años, y ambos formaban parte de un mismo permiso de cima que incluía a la guipuzcoana Edurne Pasaban, al vizcaíno Willy Bañales o al alavés Josu Feijóo.

Aquella era una primavera detestable en cuanto a condiciones meteorológicas se refiere. Las nevadas y los vientos tremendos en altura apenas dejaban margen para planificar intentos de cima coherentes. Ese año coincidieron muchos alpinistas españoles en la vertiente tibetana de la montaña, todos dispuestos a renunciar al oxígeno artificial para alcanzar la preciada cumbre. Pero se necesitan unas condiciones climáticas especialmente buenas y un viento casi nulo para no morir congelado cuando se prescinde del oxígeno embotellado. Y como esas condiciones no se estaban produciendo, para el final del mes de mayo la mayoría de los equipos habían recogido sus campamentos e iniciaban su regreso a la civilización. Juan Carlos González parecía el más determinado a seguir esperando una ventana de buen tiempo. Algunos dirían después que estaba obsesionado con la hazaña, que sufría esa enfermedad de difícil diagnóstico llamada «fiebre de cima». Era su primera incursión en el Himalaya y, a falta de experiencia, tenía tres elementos a su favor: paciencia, oxígeno embotellado y un sherpa contratado a modo de ángel de la guarda. Decidió esperar. Gustavo se quedó con él. Todos los demás nos marchamos.

Ambos dejaron el campo base avanzado y en unas pocas horas alcanzaron el campo 1, instalado a 7.050 metros de altitud. Desde ese lugar se veían cómo las nubes cubrían la parte alta del Everest y la perspectiva era más bien sombría. Juan Carlos torció el gesto; lo que contemplaba no infundía ánimo alguno, pero su optimismo le decía que era preciso insistir. «Ya veremos», dijo poco antes de meterse en el saco. Su determinación por plantarse en lo más alto, rayana en la obsesión, empezaba a resquebrajarse mínimamente a causa de la tormenta que azotaba la parte superior, del frío extremo y de las dudas y ansiedades que siempre genera lo desconocido.

Pese a todo, en jornadas posteriores fueron ganando altura hasta alcanzar el último campo, a 8.200 metros. Tras unas horas de reposo en la tienda, Juan Carlos, Gustavo y el sherpa encendieron sus lámparas frontales y salieron al exterior. Al cabo de media hora, el argentino planteó en voz alta sus dudas y aprensiones, y decidió abortar el intento, regresando sobre sus pasos y despidiéndose de sus dos compañeros. Pese a emplear oxígeno artificial, Juan Carlos invirtió quince horas en pisar la cima, a la que llegó tan cansado como tarde y sin apenas margen para descender con algo de luz natural. Puede decirse que allí, en el techo del planeta, tuvo dos golpes de fortuna: el primero fue el privilegio de estar casi en soledad y de poder disfrutar del paisaje sin las prisas ni las aglomeraciones que se encuentran hoy en día; el segundo fue aún más importante: tras entretenerse intentando dar con el trípode de aluminio que una expedición china había colocado en 1975 y que desapareció años después (si bien Juan Carlos ignoraba esto último), resbaló y empezó a deslizarse por la pendiente somital. Cuando parecía a punto de perder el control y desaparecer en el vacío, su buzo de pluma quedó milagrosamente enganchado en un saliente de roca, frenando una caída monstruosa. La suya hubiese podido ser la muerte más absurda en lo más alto. Tras una deseada y necesaria sesión de fotos, él y su sherpa emprendieron el descenso. Era el 27 de mayo del 2000.

Cuando alcanzó la cota de los 8.600 metros, poco antes de los escalones de roca que jalonan la arista, la noche era cerrada y el sherpa lo había abandonado. Descendían de forma dramáticamente lenta, tanto por el cansancio que arrastraba Juan Carlos como por su ceguera parcial. Ante semejante panorama, el sherpa decidió sobrevivir y dejó plantado a su cliente. Para colmo, Juan Carlos se quedó sin oxígeno. Pero encontró una bombona en el camino y resolvió pasar la noche al raso, tapado por una funda de vivac y chupando el poco oxígeno artificial del que disponía. «Me quedé dormido sin remedio y al despertar noté que las manos se me estaban congelando sin que pudiese hacer nada al respecto», explicaría después. Al amanecer, reanudó la marcha en completa soledad. Con las manos casi inútiles, se las apañó para descender por la escalera metálica del segundo escalón, rapelar por las cuerdas fijas, pasar como un espectro por el campo 4 y arrastrarse hasta alcanzar el campo 3, a 7.800 metros. Allí encontró a Gustavo, que sufrió un verdadero shock cuando abrió la cremallera de su tienda y vio una figura, sentada en la nieve, a menos de cincuenta metros de distancia: Juan Carlos. «Estaba ido», referiría más tarde el argentino. A esas alturas, la vida del cántabro pendía de un hilo. Ya no era autónomo y necesitaba un rescate… pero apenas quedaba nadie allí que pudiese ayudarle. Silvio Mondinelli, uno de los himalayistas más fuertes del momento, había recogido todos sus enseres y esperaba la comitiva de yaks para recoger sus bidones y marcharse. Entonces supo que Juan Carlos estaba en serios apuros y, junto con su amigo Mario, desempaquetó, se calzó los crampones y salió disparado montaña arriba. Los dos italianos le salvaron la vida. Gustavo, en cambio, había decidido abandonar a su compañero en el campo 3. Esa fue su primera traición, pero no la peor.

Ingresado directamente en la clínica MAZ de Zaragoza tras su regreso a España, el doctor Arregui tuvo que amputarle a Juan Carlos cuatro falanges de la mano izquierda y tres de la derecha. Asumió la pérdida con serenidad, apenas una ofrenda a cambio de seguir con vida: «Pensaba que me iba a quedar solo con los pulgares», diría. De haber sido escalador, las amputaciones hubieran significado una merma dramática, pero era un montañero de corte clásico y, pese a los serios recortes en los dedos, podría seguir llevando una vida relativamente normal.

Durante su larga estancia en el hospital, la rutina de curas, visitas, reposo y asimilación de su nueva realidad se alteró con una noticia en apariencia trivial: faltaba el carrete con las fotos de la cima. Es decir, después de rebuscar entre todos sus enseres, en el interior de la cámara, en los recovecos más insospechados de la ropa que llevaba el día de actos, en los pliegues de sus petates, seguía sin aparecer el carrete más importante de todos. Faltaba el momento que solo la memoria o el papel fotográfico pueden retener. No necesitaba las instantáneas para probar que en efecto había estado allí; el sherpa que le acompañó y los que contemplaron su ascensión con prismáticos desde el campo base avanzado daban fe de la autenticidad de su palabra. No era ese el problema: si enfermó de angustia y desazón en su cama de hospital no fue por una cuestión de honor. La foto en la cumbre es un tesoro íntimo para el alpinista, menos una chuchería para la vanidad que un pedazo tangible de su triunfo. Algo que conservar más allá del momento efímero, confuso y helado de la victoria sobre la montaña. «La deseaba para enmarcarla, para colgarla en la pared del salón junto al piolet con el que subí, y poder contemplarla», relataría en una entrevista. Nada más.

Alguien había sustraído el carrete de la cámara, porque no aparecía por ninguna parte. Días después, uno de sus compañeros de expedición supo, a través de una agencia nepalí, que el sherpa que había guiado a Juan Carlos hasta la cumbre había contemplado esas fotos. Gustavo se las había mostrado. ¿Cómo era eso posible? Tras muchas idas y venidas, se supo lo siguiente: el argentino había revelado el material en Katmandú, aunque negó tal extremo una vez que Juan Carlos lo interrogó por teléfono. Pero el cántabro no lo dejó pasar. Sospechaba seriamente de su colega e insistió hasta que al argentino la presión se le hizo insoportable y confesó que acababa de encontrar el carrete en un bolsillo de su chaqueta de plumas, lo cual no era sino una nueva mentira. Habían pasado ocho meses desde aquel 27 de mayo y, durante todo ese tiempo, Gustavo se había presentado en Salta, su tierra, como un alpinista de éxito que había escalado el Everest, mostrando como propias unas fotos en las que la figura en la cima no era él sino Juan Carlos.

Nadie sabe cómo empezó a germinar en la cabeza de Gustavo la loca idea de la suplantación de identidad. ¿Fue premeditado, planeado con mucha antelación o el resultado de una inspiración repentina, una oportunidad del momento? Sí se sabe, en cambio, cómo, cuándo y dónde se produjeron los hechos.

Gustavo no tuvo el «detalle» de humanidad de calzarse las botas para salir en busca de su compañero, que tardaba demasiado en regresar de su viaje al techo del planeta. Puede que estuviese sin fuerzas, que no quisiera exponerse... o que ni siquiera llegase a planteárselo. Solo él puede responder. Lo que sí hizo, solícito, fue despojarlo de su mochila y de la cámara que colgaba de su cuello, en el típico gesto de ayuda a una persona que necesita tumbarse en la tienda y recuperarse. Lo dejó en la horizontal, salió de la carpa y al rato regresó anunciándole que se marchaba. El tiempo que pasó a solas en el exterior fue todo lo que necesitó para sustraer el carrete que contenía las imágenes de la coronación. «Me abandonó. Y ahora sé que hubiera deseado que desapareciera durante el descenso», se sinceró Juan Carlos.

El cántabro casi se arruinó llamando a Salta, pero en cada conferencia lograba sonsacar nuevos detalles y detectar contradicciones en el discurso de Gustavo. A esas alturas, y sabiendo que su antiguo compañero estaba en posesión del carrete, solo deseaba recuperar las fotografías y pasar página. Pero no había manera. Mientras Gustavo fuera el único que tuviese las preciadas imágenes, nadie podría negar en su país que era él el que posaba en la cima del Everest. En una de sus conversaciones, el argentino admitió haber usado el material. Pero, según su versión, solo contenía doce instantáneas, si bien Juan Carlos sabía que eran veinticuatro. Insistió, además, en que no había foto alguna de la cima entre las imágenes. «Por supuesto, no quise creerle y lo amenacé con denunciarlo ante la justicia y ante la prensa. Entonces accedió a mandarme las doce fotos. Tuve suerte, porque una de ellas estaba sacada en la cumbre, solo que él, al no haberla pisado, no podía saberlo. Lo acusé de robo y, entonces sí, acabó por derrumbarse. Pese a ello seguía sin admitir que hubiese más material», recuerda el cántabro.

El asunto parecía hallarse en una vía muerta. Entonces, habló con el juez decano de Vitoria y decidió tratar de probar sus acusaciones grabando una conversación con su excompañero en los estudios de la Cadena SER en la capital alavesa.

La grabación recoge un instante terrible, el momento en que el alpinista argentino menciona, sin reparar en su error, que nunca ha visto las dos fotos de la cima. ¿Cómo podía saber que había dos fotos tomadas en lo más alto? Esta era una pregunta a la que no podía responder sin dar al traste con su mentira, así que acabó por confesar que había revelado y usado las veinticuatro fotos del carrete sustraído. Hubo otro momento durísimo, cuando anunció que había destruido las imágenes restantes. Para Juan Carlos, que más que justicia solo anhelaba recuperar sus recuerdos, el disgusto fue tremendo.

Gustavo llevaba meses anunciando en su país que había hollado la cima del Everest; avalaba su mentira con las imágenes robadas a Juan Carlos, pero explicaba que, si bien el retratado era su compañero, el autor de las instantáneas era él mismo. Sin embargo, cometió un desliz técnico al presentar las fotos expuestas en su audiovisual como extraídas del mismo rollo (en realidad mezcló las de su cosecha con las de Juan Carlos), falacia descubierta por otro alpinista también aficionado a la fotografía que, conocedor de su pasado, lo desenmascaró.

En 1995, Gustavo había inventado su exitoso ataque a la cima del Cho Oyu (8.201 m). Sus compañeros de expedición lo echaron por «mentiroso y ladrón» y fue expulsado de los tres clubes de montaña de su ciudad, Salta. El rocambolesco caso tuvo repercusiones políticas: el gobernador de Salta, amigo de la familia de Gustavo, apadrinó económicamente su viaje al Everest y las emisoras de radio y televisión afines al gobierno local se hicieron eco de la gesta de su vecino a sabiendas, o no, de que era pura invención. El asunto salpicó de forma tangencial al gobernador en persona.

Juan Carlos había rechazado la idea de no verse retratado en la cima, así que se empeñó en seguir interrogando de forma sistemática a su excompañero. Parece incluso extraño que este respondiese a sus llamadas, pero lo hacía, como si fuese una penitencia. Las fotos, aseguraba una y otra vez, habían quedado destruidas. Pero un día le ofreció lo siguiente: había filmado en vídeo una de sus charlas, en las que mostraba casi todas las instantáneas robadas. Finalmente, envió a Juan Carlos una copia de esa grabación, de la cual se pudieron hacer capturas para pasarlas a papel o reconvertirlas en diapositiva. Días después, dio en Vitoria su primera conferencia con el material completo. Pudo verse al fin, rodeado de público, en lo más alto del planeta.

Meses después de que todo este asunto se cerrase, a principios del invierno, quedé con un amigo alavés para dar un paseo por el Gorbea. El día era frío, la niebla lo cubría todo y, mientras avanzábamos ladera arriba, surgió de ninguna parte una figura que descendía. Casi no lo reconocí, pero se trataba de Juan Carlos. Se detuvo, charlamos de todo y nada y lo vi desaparecer en la niebla. Llevaba guantes, así que sus dedos recortados quedaban ocultos a la vista y resguardados del frío. No he vuelto a cruzarme con él, pero aquel día hubiera dicho que era un hombre en paz.

El hombre que fue lo que le dio la gana

¿Cuántas vidas caben en una sola persona? ¿Cuánta curiosidad y destreza puede atesorar un único ser humano? Para empezar a hablar de Esteban Vicente, sus amigos y familiares aclaran, por separado, que era un genio. Y, solo después de esa puntualización, desgranan una cascada de anécdotas y recuerdos destinados a evitar que su muerte lo relegue al cuarto del olvido.

Antes de que la enfermedad lo alcanzase, una ataxia degenerativa sin cura, Esteban Vicente fue lo que le dio la gana, moviéndose de sueño en sueño. Y siempre a un nivel excepcional no solo en lo estrictamente deportivo; parece que el hombre de sesenta y nueve años que no se despertó el 26 de diciembre de 2022 tuvo la fortuna de vivir muchas vidas en una. Existió un Esteban Vicente piragüista de élite, otro alpinista transgresor, otro que construyó una goleta de treinta y un metros de eslora y ciento veinte toneladas, otro que diseñó y creó una casa de madera de ensueño, otro piloto de helicóptero… «Pero su gran amor fue la montaña —coincide su hermana Mamen y su compañero piragüista Vicente Rasueros—. Sacaba adelante cualquier reto que se plantease, aunque no tuviese ni idea de la materia», —continúa—. «Su fuerza salía de su tremendo carácter, su optimismo y ese dicho de que, si se quiere, se puede», completa su hermana, que aún se resiste a abandonar la casa en la que ha pasado los últimos doce años al cuidado de Esteban. Mamen pasea sola por las estancias del hogar que su hermano diseñó y creó. El arquitecto que firmó el proyecto no tuvo nada que corregir. Cuando se sienta preparada, pasará página y se mudará a otro espacio. Pero, mientras tanto, desea recordar a su hermano en el lugar donde este buscó su sitio en el mundo.

Un par de años antes de que Esteban se apagase, un amigo me habló de él. Quedé perplejo. Tanto que tuve que preguntar dos veces para asegurarme de que lo que me estaba contando no era fruto de una divagación. Decidí conocerlo, pero cuando entendí el tipo de enfermedad que sufría supe que no tenía ningún sentido molestarlo. No creo, tampoco, que Esteban fuese de esas personas que adoran ser entrevistadas. El tiempo pasó hasta que llegó su muerte y el mismo amigo que en su día me había hecho partícipe de la existencia alucinante de este hombre se encargó de reenviarme un breve texto escrito por Rodrigo de la Serna, sobrino del recién fallecido. Pedía, imploraba casi, que su tío no cayese en el olvido. Tomé al instante la decisión de hablar con él y con un puñado de personas próximas a Esteban. Sé perfectamente qué me movió a convertirme en un pequeño altavoz no solo de él, sino de su capacidad para moldear a capricho su vida: admiraba, y sigo haciéndolo, su valentía. Ignoro si los golpes de timón que propinó a su existencia fueron viscerales o si había, detrás de cada decisión importante, un complejo proceso de maduración. Sin saber bien por qué, siempre me han fascinado las personas valientes. Quizá porque crecí leyendo *El capitán Trueno* y viendo películas de John Ford. Resulta complicado dilucidar cuánto nos marca lo que aprendemos en la infancia y la preadolescencia. Ser valiente puede ser un atributo innato o el resultado de una feroz lucha interna. Repito: nunca sabré si Esteban nació valeroso o se forjó un carácter arrojado. Puede que antes de acometer alguna de sus peripecias tan solo se preguntase: «¿Qué podemos perder si al final perderemos irremediablemente la vida?». Quizá no fuese solo valiente, sino también tozudo en extremo, una combinación explosiva.

«Era alguien sereno, pero si se le metía una cosa en la cabeza no había manera de disuadirlo», explica Vicente Rasueros. Como muestra, una anécdota: «En 1976, se corría en el mismo día el campeonato de España de remo de velocidad y de fondo (diez mil metros). Salimos de Madrid la noche anterior y nos paramos en una verbena antes de llegar a Alloz, en Navarra. Nos tocaba palear la eliminatoria de velocidad muy temprano, pero Esteban se negó a levantarse de la cama y no remamos, así que fuimos eliminados. Ese día me enfadé muchísimo, pero por la tarde hicimos el diez mil y lo ganamos. Hace poco su hermana me enseñó fotos de aquel día: en el podio no estoy con él, sino con otro que subió en su lugar porque no nos hablábamos. La he retocado con Photoshop para poder estar juntos en el podio…». Conserva en un cajón esa imagen trucada, pero guarda en su memoria todas las conversaciones y los paseos que compartieron años después de distanciarse (Vicente se mudó a los Picos de Europa), en las ocasiones en las que Esteban visitaba Soria para estar con su madre. Durante esas caminatas aprendió a conocer mejor a aquel joven que lo había deslumbrado y que ahora buscaba su sitio en el mundo, siempre barajando ideas de libertad.

Ese mismo invierno del 76, Esteban Vicente sacudió el rígido e idealizado mundillo del alpinismo español. Tres años atrás, como media España, había vivido semanas pegado al transistor escuchando la pugna de varias cordadas de escaladores por apuntarse el primer ascenso invernal de la cara oeste del Picu Urriellu o Naranjo de Bulnes. Por las tardes y las noches, a través de un sistema de radioteléfono, los escaladores daban cuenta en las ondas de sus miserias y avances en una pared de quinientos metros en la que la muerte había saludado intentos previos. Cuando Miguel Ángel Gallego y José Ángel Lucas, seguidos por César Pérez de Tudela y Pedro Antonio Ortega, zanjaron el asunto, el alpinismo nacional alcanzó su clímax histórico de popularidad.

Esteban Vicente repitió la hazaña tres años más tarde, en solitario y en apenas dos días. La incredulidad fue el único reconocimiento que recibió. Pero no mentía; cinco amigos con los que compartía clase en la facultad de INEF, Vicente Rasueros entre ellos, lo acompañaban. «Si le hubiera llegado a pasar algo, se habría quedado en la pared porque ninguno de nosotros hubiéramos podido hacer nada por ayudarle, y ni siquiera hubiéramos sido capaces de bajar a Bulnes a por ayuda. Tuvo mucha suerte con el tiempo, dos días de sol espléndidos, pero si le hubiera llegado a sorprender una tormenta habría muerto. Sobre todo porque a mitad de pared, en la zona conocida como Tiros de la Torca, se deshizo de todo el equipo de vivac y se quedó con lo puesto para no cargar con nada, ir rápido y acabar la ascensión.

De regreso, conseguí que José María García [principal altavoz de la invernal de 1973] lo entrevistase en los estudios de Madrid, pero no le gustó nada que Esteban no se diese importancia, que se riese de sí mismo, que no hablase de épica sino de situaciones casi cómicas…, así que lo despachó en cuatro preguntas. Como algunos seguían sin creerlo, repitió la gesta un año después».

«Escaló el Picu sin guantes, con un vaquero y un jersey de lana tejido por nuestra madre», afirma entre risas Mamen. En 1977 regresó al mismo escenario, pero esta vez sin sol. Darío Rodríguez, posteriormente fundador de la revista *Desnivel*, tenía dieciséis años cuando se escapó de casa para unirse a su héroe. «Estuvimos un mes en el Naranjo porque hizo malísimo. Lo acompañamos unos diez amigos, cada uno de su padre y de su madre. Quería que filmásemos la escalada. Nos descolgamos por Tiros de la Torca, dormimos todos juntos, pero él lo hizo sin abrigo, porque el viento le había volado la mochila. Pasamos una noche de perros, e hizo la escalada en unas condiciones terribles. Irrumpió en esta disciplina con estrépito, como un torbellino. Entonces había muchas pautas establecidas sobre cómo había que progresar en la montaña, y Esteban se las saltó todas. Llegó diciendo que no era escalador, que no formaba parte del mundo de la escalada y que desconocía las técnicas propias de la disciplina», recuerda Darío Rodríguez.

Pero amaba las montañas, tal y como señala Rasueros: «Era soriano, aunque en 1970 llegó a mi club, en Salamanca, para hacer piragüismo. Un lustro más tarde entró en el equipo nacional de piragüismo. En esa época eran frecuentes las concentraciones a lo largo de todo el año, muchas de ellas en Rumanía. Allí íbamos a pasar hambre y miseria y a aprender de los rumanos. Pero Esteban no era carne de concentración. Una de las veces le pidió al seleccionador, Eduardo Herrero, que le dejara viajar a Madrid para hacer un examen y alguien lo vio en León visitando a una novia. Así se despidió del equipo, pese a que era un portento físico con unas condiciones naturales impresionantes». De hecho, fue varias veces campeón de España en pista y aguas bravas y ganó los descensos de río más prestigiosos del país. Durante un tiempo se ganó las habichuelas impartiendo cursos de formación para monitores de piragüismo e incluso publicó un manual. Pero el alpinismo era el hilo conductor de su vida, y sus exhibiciones se multiplicaron: firmó invernales en solitario a las vías de las Brujas y a la Rabadá-Navarro al Gallinero, en Ordesa. También logró escalar en solitario, y en un solo día, todas las vías de ascenso al Torreón de los Galayos, y el corredor del Diamante del monte Kenia junto a Luis Fraga.

Cuando parecía encaminado a una gran carrera como alpinista, una visión se cruzó en su camino. Su exmujer, Inés Zalba, recuerda estar con él en la playa gallega de La Lanzada cuando divisaron un barco navegando en el horizonte: «Nunca supe qué tipo de embarcación era, pero sí sé que dio pie a una conversación que puso en marcha una maquinaria». Sucedió en 1979, y la vida de ambos dio un giro copernicano. «Estaba seguro de haber encontrado lo que tantas veces había intuido antes. Decidí cambiar la orientación de mi vida, ya de por sí aventurera, y trasladar las emociones de las paredes de roca y hielo, a las que tantas veces me había enfrentado, al mar», escribiría Esteban como prólogo de su proyecto. Tras mucho ahorrar, tres años más tarde se plantaron en la localidad costera vizcaína de Lekeitio con varios camiones de leña cortada en Soria. El pueblo les prestó un cobertizo que les haría las veces de astillero y hogar durante años. Esteban Vicente no sabía nada de navegación ni de barcos, pero diseñó los planos de una goleta de velacho, y el ingeniero naval que supervisó su trabajo apenas tuvo nada que corregir. «Era capaz de fabricar con las manos cualquier cosa que su cabeza imaginase», enfatiza Inés.

El día de la botadura del velero, bautizado como Atyla: Marea Errota, en mayo de 1984, los niños de Lekeitio no fueron a la escuela. Poco después, el sueño casi derivó en pesadilla. Petronor, patrocinador de la aventura, retiró su apoyo. Las deudas comenzaron a amontonarse en el buzón de la embarcación y el sueño de dar la vuelta al mundo se fue difuminando para dejar hueco a la más prosaica necesidad de pagar facturas. Esteban Vicente, Inés Zalba y el tercer vértice ideológico del triángulo, José Luis García «Fillu», zarparon primero hacia las Baleares y, finalmente, recalaron en Lanzarote. Su atractivo velero pronto se convirtió, por accidente, en un poderoso reclamo turístico y en una sólida fuente de ingresos durante casi dos décadas. Hoy, el sobrino de Esteban, Rodrigo de la Serna, es la cabeza visible de una organización sin ánimo de lucro (Fundación Barco Escuela Atyla) que organiza viajes a bordo y que destina la recaudación a un fondo de becas para personas sin recursos.

En algún momento, Esteban Vicente empezó a desengancharse anímicamente de su sueño. Ya necesitaba otro, y echaba en falta las montañas. Viajó a los Picos de Europa, al área de Liébana, y rebuscó hasta dar con un terreno frente al imponente espolón del Jiso. Allí diseñó y construyó una casa de madera que los mejores ebanistas no serían capaces de imaginar. «Tenía mucha inteligencia espacial y un don para trabajar la madera, algo que ni los carpinteros tienen. Era un artista. Este talento también le era útil en las paredes, porque para escalar no solo hay que ser fuerte, sino inteligente en los espacios físicos. Suplía sus carencias técnicas con inteligencia», apunta Darío Rodríguez. No solo era valiente. La valentía no explica por sí misma el interés que despertaba en mi subconsciente. Creo que me fascinaban por igual su capacidad de transformarse, su perfil camaleónico, su fuerza para disponer y jugar con varios yoes al mismo tiempo. La mayoría de los mortales vemos con pavor las posibilidades de un cambio radical, el salto hacia lo desconocido. Nos impone un profundo respeto orientarnos en la bruma de lo desconocido, caminar a tientas, aprender a reinventarnos. Esteban Vicente manejó una riqueza enorme al vivir tantas vidas en una sola… para morir antes de tiempo a causa de una enfermedad sórdida. Como si toda la energía desplegada para vivir a lo grande se hubiese cobrado un peaje.

Mamen Vicente explica que su hermano recordaba perfectamente el día en que percibió el primer síntoma de su enfermedad: «Caminando por una ruta de montaña llegó a un puente que se había caído y solo conservaba la estructura metálica. Intentó cruzarlo haciendo equilibrios, de pie, y de pronto sintió vértigos. Acabó pasándolo a horcajadas. Es una enfermedad muy dura, porque el que la sufre camina como un borracho, y eso da pie a habladurías. Vicente sufría ataxia cerebelosa, una atrofia del cerebelo; lo primero que empieza a fallar es el habla y el caminar. La enfermedad fue evolucionando poco a poco y él trató de seguir con su vida, pero empezó a andar con las piernas más abiertas, para mejorar su equilibrio, y notó las primeras dificultades a la hora de hablar». Darío Rodríguez ilustra la pelea de su amigo: «Era tan bestia que tuvo asustada a la enfermedad hasta el final».

Mamen cuidó de su hermano durante los últimos doce años, y fue testigo de una pelea a cara de perro pero sin estridencias: «No quiso asumir que no iba a mejorar. Peleó como un loco. Se daba paseos infinitos con el andador por la terraza, o pedaleaba en la bici estática. Pero no hablaba de lo que le ocurría. Y no le cambió el carácter. Era tan agradecido que no podía enfadarme con él. ¡Si al menos hubiese sido un borde!», lamenta. Ahora, cuando recurre a una imagen feliz, lo recuerda sentado en su silla sobre la terraza de madera, la sonrisa en los labios, la mirada vuelta hacia las montañas.

La vida es un deporte intrínsecamente peligroso

Como admirador del escritor Paul Auster, me encantan las casualidades. Y en efecto fue por casualidad que vi, en abril de 2015, aquel vídeo de escalada. Fue un encuentro inusitado que acabó llevándome a una relación de espectador intrigado con el protagonista del metraje. Aquellas imágenes habían recorrido internet como un reguero de pólvora llameante; lo que allí se mostraba era algo diferente. ¿Insano? ¿Obsceno? No sabría cómo calificarlo, la verdad sea dicha. Recuerdo que el vídeo estaba tomado lejos de la escena, por un paseante quizá, o en todo caso por alguien con unas vistas excelentes de lo que acontecía en aquella pared. Un hombre se desplazaba con soltura por aquel muro grisáceo, con movimientos lentos pero fluidos. Estaba desnudo por completo y su cuerpo, blanco como la leche, destacaba generosamente en el encuadre de roca gris. En la cabeza llevaba una gorra gris de repartidor de periódicos que le concedía un toque de excéntrica distinción. Tampoco escalaba con pies de gato y uno podía imaginar a la perfección sus dedos retorciéndose contra la roca. El vídeo apenas duraba dos minutos y finalizaba con el plano abriéndose y mostrando la verdadera desnudez del protagonista: no estaba escalando a una decena de metros del suelo, sino a un centenar. En términos absolutos, estaba desnudo. ¿De dónde salía un tipo así? Investigué, picado por una curiosidad morbosa.

El vídeo, titulado *Escalando en solo integral con gorra*, no parecía ser un truco. El tipo, llamado Austin Howell, lo hacía de verdad, sin cuerda y desnudo. No siempre, es cierto. Es decir, no siempre trepaba sin ropa, pero casi siempre lo hacía sin cuerda. A juzgar por las imágenes, no parecía que la naturaleza le hubiese regalado una musculatura privilegiada, así que imaginé que sí le había concedido, a cambio, un cerebro de otra galaxia. Howell tenía vida activa en Instagram, y empecé a seguirlo. Su escenario favorito, o al menos uno de ellos, era la escuela de escalada de Red River Gorge (Kentucky, Estados Unidos), donde conviven fisuras espectaculares con placas verticales y vías extraplomadas. A diferencia de otros aventureros solitarios, Howell preparaba intensamente sus retos sin cuerda: probaba la vía asegurado, la ensayaba y trataba de prever cualquier cosa que pudiese ir mal. Después, una vez convencido de poder completar el reto sin matarse, se lanzaba mostrando una seguridad y una fluidez asombrosas en vías de 7 a+ de dificultad, aunque llegó a superar rutas de hasta 7 b+. En ocasiones, se apuntaba varias de este nivel en una misma jornada. Definitivamente, parecía alguien entregado en cuerpo y alma a la escalada en solitario, y, aunque quizá careciese de la fortaleza física de Alex Honnold, su compromiso a la hora de prescindir de la cuerda parecía mucho más radical que el que mostraba su colega, más mediático.

Pero, al margen de lo que podía adivinar a través de sus intervenciones en la red, Howell seguía siendo un misterio y no lograba dar con información más sustancial… hasta que encontré unas reflexiones reveladoras pero también inquietantes que él mismo había subido. En ellas admitía que solo escalando podía mantener a raya la depresión que lo acechaba. Me pregunté por el origen de ese estado, cuál era su naturaleza y por qué razón, en lugar de dejarlo postrado, lo animaba a jugarse la vida con asiduidad. Pero ninguna de sus publicaciones contaba nada al respecto. La depresión es una alteración del equilibrio emocional; sospeché por un momento que todos los escaladores solitarios podían ser, en realidad, enfermos mentales. ¿Eran unos locos en el sentido estricto del término?

Poco a poco dejé de seguir a Howell, pero un buen día su figura se puso de plena actualidad: sufrió una caída de veinticuatro metros escalando sin cuerda y se mató. Ocurrió en Carolina del Norte, en el Bosque Nacional de Pisgah, el 30 de junio de 2019. Contaba treinta y un años. Sentí un profundo escalofrío al conocer la noticia. Era lógico que hubiese perdido la vida de esa forma, pero el hecho seguía pareciendo, al mismo tiempo, inverosímil. Incluso varios medios generalistas fueron presentando semblanzas del desaparecido que empezaron a llenar los huecos que su figura dejaba en mi imaginario. Meses antes de sufrir el fatal accidente, Howell se había sincerado en su web: «El momento más aterrador que he vivido no ha sido escalando en solo integral. Fue hace mucho, en la cima de un edificio, y con mi cabeza explotando literalmente… —narraba, recordando sus impulsos suicidas—. Escalar sin cuerda no es un deseo de morir, es un deseo de vivir. Es la mejor terapia que he podido encontrar para calmar mi interior. La habilidad que he alcanzado escalando tiene su reflejo en mi vida cotidiana. Y esto es importante, porque no soy el tipo que "ha superado su depresión". Ese no soy yo. Voy a tener que gestionarla toda mi vida». En el *Chicago Tribune* su madre, Terri Zinke, recordó que su hijo «nunca se sentía tan libre y sereno como escalando. Peleó contra la depresión. Parecía que la escalada era un medicamento».

Austin Howell, nacido en Friendswood, Texas, no demasiado lejos de Houston, residía en Illinois desde 2017 y había olvidado su breve paso por la universidad, donde había estudiado Ingeniería Eléctrica un par de cursos antes de dejarlo. En junio de 2023, cuatro años después de su muerte, el periodista Michael Levy publicó en la revista *Outside* la historia que, finalmente, arrojaba luz acerca de las motivaciones de su protagonista. Frente a un escalador que prescinde de la cuerda, la opinión pública no solo desea saber cómo es capaz, sino también por qué. Son dos preguntas que se formulan con ambigüedad, con dificultad y que siempre plantean dudas acerca de lo auténtico de las respuestas esgrimidas.

Howell empezó a escalar con diecinueve años, en 2006, y en 2008 sufrió su primer accidente serio: la persona que lo aseguraba en el rocódromo de la universidad cometió un error y no frenó su caída, por lo que permaneció cuatro meses fuera de órbita, recuperándose de la fractura de tres vértebras, con un aparato ortopédico sujetándole la espalda. Así tuvo tiempo también para reponerse de las varias fracturas que había sufrido en los pies. Pero la lesión más importante derivada de aquel accidente permanecía invisible. Poco después, Howell empezó a mostrar síntomas de una depresión severa que en última instancia lo condujeron hasta la terraza de un edificio de diez pisos desde el que quiso, pero no pudo, lanzarse. Los médicos explicaron, cuando su madre lo convenció para acudir a terapia, que su accidente le había generado una «hemorragia cerebral lenta», algo que explicaría cambios en sus emociones e incluso en su personalidad. Sus padres aseguran que nunca habían visto esas tendencias en su hijo antes de aquel accidente. Pero Howell consideraba, en cambio, a tenor de sus publicaciones, que la depresión y el instinto suicida lo habían acompañado al menos desde la adolescencia. En 2018, obtuvo un diagnóstico más ajustado: era bipolar de tipo 2, trastorno en el que se mezclan largos episodios de depresión con otros más breves de manía.

Poco después de que sanaran sus heridas físicas, decidió regresar a la escalada y un día trepó en solo integral una vía que acababa de superar fácilmente con cuerda. Dijo que aquello había sido una estupidez y que no lo repetiría jamás. Pero no fue así. La «estupidez» acabó convirtiéndose en el eje central de su vida en la roca.

En 2015, siete años después del accidente en el rocódromo, se trasladó al Parque Nacional de Yosemite con la intención de escalar la célebre The Nose, la primera ruta abierta en la imponente pared de El Capitán. Maniobrando en artificial para superar el primer largo, la pieza de seguro de la que estaba colgado saltó y Howell cayó y aterrizó de cabeza contra una repisa. El diagnóstico médico resultante fue devastador: fractura de cráneo, el tímpano izquierdo destrozado, cinco vértebras rotas, así como una muñeca y el omóplato derecho. Era su segunda lesión cerebral de origen traumático. Permaneció diez días en coma inducido, con un collarín y varios yesos. Apenas tres meses después ya soñaba con volver a escalar. Y hacerlo, también, sin cuerda. Para equilibrar la desafección de su madre y de sus amigos, que manifestaban sin recelos su oposición a sus solitarios escarceos en las paredes, desarrolló toda una red virtual de seguidores que lo animaban a continuar publicando contenidos en Instagram, en Facebook, en su podcast, en su web o en Vimeo. Y, claro, esos contenidos debían guardar relación con sus «solos». Meses después del accidente, escribió esto en su blog: «La escalada es el único momento en el que mi mente se apaga. No estoy yo, no hay depresión, no hay euforia, solo el siguiente movimiento, el agarre que tengo, los pies que uso para conservar el equilibrio y la tensión central que lo mantiene todo unido». Cualquiera que escale puede sentir lo mismo que describe Howell; es cierto que es una de las escasas actividades que conozco que permite semejante grado de abstracción. La concentración para evitar caer, aunque la distancia no sea peligrosa, aleja cualquier pensamiento superfluo. En este sentido, el apagón mental es real, efímero pero auténtico. No hay problemas vitales mientras uno no pueda concederles espacio. En eso se resume la pretendida libertad del escalador: un paréntesis en la actividad cerebral cotidiana.

En países como Francia o Alemania, abundan los rocódromos construidos en colegios, pequeños muros donde los estudiantes más jóvenes pueden enfrentarse a la vertical. Una de las razones que explican esa proliferación no solo tiene que ver con su interés deportivo o lúdico, sino con ciertos beneficios relacionados con la mente. La escalada consiste en resolver un problema sencillo: partiendo de A, el juego consiste en llegar a B sin caerse. Para resolver la ecuación, basta con ayudarse de pies y manos de forma ordenada y eficaz. Y eso, según los especialistas, aporta unos beneficios que refuerzan la confianza de los alumnos, su autoestima. Incluso existen estudios que destacan la escalada como un ejercicio adecuado para combatir la depresión. Al leer esto último en la revista *Outside*, sonreí. Recordé el caso de dos amigos a los que sus respectivas parejas habían abandonado de forma traumática. Ambos eran escaladores más o menos comprometidos, y los dos se refugiaron de inmediato en la escalada. Uno, compañero de cuerda habitual, mutó en un escalador valiente. Puede que los tranquilizantes que tomaba acelerasen el proceso. El otro, creo yo, enloqueció por un breve lapso de tiempo. Un día me llamó por teléfono para pedirme información acerca de una arista. Para mi enorme sorpresa, me confesó que iba a escalarla en solitario y sin cuerda, y que ya llevaba unas cuantas aristas subidas de esa manera. Solía ser extremadamente miedoso escalando con cuerda, pero parecía otro. Era evidente que su separación lo había transformado. Le recordé que las aristas son verdaderos pararrayos que observan muchas zonas de roca descompuesta, con bloques vacilantes. Me enfadé con él y le dije que lo que estaba haciendo era una estupidez. Desoyó mis observaciones. Poco después dejó de buscar aristas, quizá porque encontró una nueva pareja. Hoy en día, ninguno de esos dos amigos sigue escalando.

Alex Honnold reconoció en el podcast de Tim Ferris que se definía como «alguien un poco deprimido, un poco plano. Tienes que sentirte como un pedazo de mierda sin valor para motivarte lo suficiente a la hora de hacer algo que te haga sentir menos inútil, así que solo tienes que seguir haciendo algo más complicado». Honnold tenía todos los altavoces necesarios de su lado, desde las mejores revistas y periódicos hasta telediarios y cineastas. Howell, en cambio, era su propio altavoz, martilleando una y otra vez en sus redes sociales con vídeos, declaraciones y reflexiones íntimas. Era su otra adicción. En paralelo, sus escaladas en solitario resultaban cada vez más atrevidas y frecuentes, además de muy impresionantes. Todo esto formaba parte de una terapia que completaba con sesiones en el psiquiatra y con medicación. En su entorno, muchos, incluidos sus padres, podían imaginar el epílogo: un accidente mortal.

La pared de Shortoff Mountain, en Carolina del Norte, no invita demasiado a subir, y mucho menos sin cuerda. Las fotografías de la roca revelan que tiene aspecto quebradizo, que está surcada de techos intimidantes y en ocasiones revestida de pinceladas de un musgo reseco. No parece, ni de lejos, el mejor lugar donde imaginar una escalada sin cuerda. Pero era uno de los sitios favoritos de Howell. Existen espectaculares y desasosegantes fotografías del día de su accidente tomadas por Ben Wu: suspendido de una sola mano en un desplome, y la atracción de un vacío que parece desear succionarlo. Los colores vivos de esas imágenes sugieren un cuadro en el que coexisten belleza y drama. Cuando el fotógrafo regresó al parking, Howell seguía en la roca. Dos escaladores que descendían a pie pudieron verlo apenas a una decena de metros de acabar con el muro. Apenas a diez metros de la vida. Entonces, Howell lanzó el brazo izquierdo para alcanzar una presa alta y prominente y la agarró, y la pareja de testigos pudo oír dos sonidos: el trozo de roca quebrándose y una exclamación, «¡no!». Después, Howell cayó sin decir nada más, posiblemente asumiendo su final. Solía divertirse diciendo que la vida es un deporte intrínsecamente peligroso.

¿Cortarías tú la cuerda?

Ahí estaba, puntual a la cita, Simon Yates, pero su mirada, su lenguaje corporal, su frío apretón de manos me indicaron que no iba a ser una entrevista fácil. No me equivoqué. El pasado perseguía, pegajoso, a este brillante alpinista británico marcado por unos hechos acontecidos cuando casi era un adolescente lleno de sueños. Yates no estaba cómodo, no le apetecía hablar del tema, pero tampoco lo rechazaba de plano: ocurría que se acababa de estrenar una película en la que figuraba como antihéroe, y eso había levantado las ampollas de un dolor casi (aunque nunca del todo) olvidado. No existe ficción capaz de mejorar la trama de una aventura de montaña tan dramática como la que recogió Joe Simpson en su obra *Tocando el vacío*. Esto no es una crítica literaria, y —con *spoilers* (aquí los habrá) o sin ellos— si merece tanto la pena leer sus páginas es porque al final del camino el lector se verá, de forma inexorable, enfrentado a muchas preguntas ante cuyas respuestas no sabrá esconderse.

Los hechos fueron estos: en 1985, dos jóvenes alpinistas británicos que se conocían de vista decidieron soñar juntos y escalar en los Andes peruanos. Joe Simpson, el mayor, contaba veinticinco años y su compañero, Simon Yates, apenas veintidós. Con más valor que experiencia, ambos firmaron la primera ascensión de la cara oeste del Siula Grande (6.334 m) por una ruta sumamente técnica y no exenta de peligros. Cuando llegaron a la cima, el mal tiempo, que tanto los había retrasado durante la escalada, los alcanzó severamente, convirtiendo el descenso por la arista norte más en una huida que en un simple regreso a la civilización. Si querían sobrevivir, agotados, mojados, sedientos y hambrientos como estaban, debían perder altura a cualquier precio. En su urgencia, Simpson resbaló, cayó y se fracturó una tibia. Al fogonazo del dolor le siguió el fogonazo de una revelación terrible: continuar vivo ya no dependía de sí mismo, sino de la empatía de Yates. No eran amigos, tan solo una cordada de circunstancias, un pacto firmado para saciar sus ansias de aventura. Y esa era, en principio, una enorme diferencia, una posibilidad para separarlos. Yates hubiera podido dejar a Simpson allí arriba, prometer que regresaría con ayuda y huir buscando mantenerse con vida. Pero no lo hizo. Simpson hubiera muerto y Yates se hubiera salvado. Ahora, ambos estaban condenados a perecer juntos o a esperar un milagro y sobrevivir. Pragmático y un tanto flemático, Yates ofreció su ayuda dando pie a una serie de acontecimientos que acabarían cambiándolo para siempre. El hombre con el que conversé y al que entrevisté en Irún no pudo esconder que su vida había tomado un rumbo distinto del esperado, un camino amargo que acarreaba un lastre moral tan pesado como injusto. Simpson nunca olvidará, en cambio, cómo leyó en los ojos de su compañero la decisión de auxiliarlo.

En el mundo del alpinismo, el valor de una cordada es sagrado, y constituye un asunto recurrente para la literatura clásica que ensalza la magia de la solidaridad, el trabajo en equipo, la camaradería y los lazos de compromiso que se establecen de forma natural entre dos personas. ¿Cómo no admirar cordadas como las que formaron Lionel Terray y Louis Lachenal, Chris Bonington y Doug Scott, Reinhold Messner y Peter Habeler...? La cordada implica la defensa de unos valores éticos, de cierta valentía para afrontar el éxito o la sombra de la desgracia. Si Yates no abandonó a Simpson fue porque no hubiera sabido vivir con ello aun siendo tan joven y con todo el futuro ante sí. Si Simpson tuvo la revelación de que su vida dependía de la voluntad de Yates, este tuvo el conocimiento profundo del deber más humano: ayudar a un ser absolutamente vulnerable.

Sin visibilidad y con Simpson incapaz de caminar, Yates decidió descolgar a su compañero con ayuda de las dos cuerdas de cincuenta metros que llevaban: las unió para disponer de cien metros de recorrido, se ató uno de los cabos y anudó el otro al arnés de su colega. Afianzándose en la nieve, descolgaba a Simpson por el manto helado desde su arnés, con un sistema de freno que le permitía controlar la velocidad de su descenso. Solo había un problema: una vez recorridos los primeros cincuenta metros, Simpson debía destensar la cuerda poniéndose de pie sobre su pierna útil para que Yates pudiese pasar el nudo de unión de las cuerdas al otro lado de su sistema de freno y pudiera seguir descolgándolo. Así, cada cien metros, Simpson se afianzaba en la nieve y esperaba el descenso de Yates antes de repetir la jugada. El procedimiento era tan lento como eficaz. Funcionaba y los acercaba a la salvación. Sí, era un trabajo de locos, eran hormigas avanzando en la inmensidad blanca, pero mientras perdían altura la promesa de una vida los animaba a seguir insistiendo. En realidad, dependían de su tenacidad; no había manera de obtener ayuda del exterior. Pero todo se complicó horriblemente. La niebla impidió ver a Simpson un corte radical en la ladera, una grieta escondida, y cayó a plomo treinta metros hasta que quedó colgando en el vacío. Yates había detenido su caída y ahora se agitaba con todo el peso del arnés de su compañero. ¿Cuánto sería este capaz de aguantar? La boira imposibilitaba que Simpson viera la magnitud del abismo a sus pies. ¿Cuántos metros caería antes de morir destrozado? ¿Cómo sería el tiempo recorrido hacia su muerte? Incapaz de remontar por la cuerda, Simpson pensó en salvar a Yates cortando la soga que los unía de una manera tan atroz que la espera se hubiera convertido en agonía. Pero la única navaja con la que contaban estaba en la mochila de Yates. El peso de Simpson resultaba insoportable; Yates peleaba con todo para clavar sus crampones en la pendiente de nieve y evitar salir disparado hacia el abismo.

El lector que no esté familiarizado con los entresijos de las técnicas de alpinismo difícilmente imaginará cuán comprometida y agotadora resultaba la situación de Yates. Impotente, Simpson solo podía esperar. Yates debía aguantar y tomar una decisión: tanto lo uno como lo otro resultaba espantoso. Cada vez que practicamos el rescate en grieta escogemos una zona plana del glaciar: así es mucho más sencillo realizar el simulacro de salvar al compañero que se encuentra suspendido de la cuerda. Aun así, tener a una persona colgada del arnés, por plano que sea el lugar, es una experiencia sumamente estresante y desagradable. Con todo esto, resulta casi imposible imaginar el escenario de pendiente en el que se encontraban Yates y Simpson. Con lo que ahora sabemos, y con los adelantos técnicos del presente, hubiera sido posible improvisar una manera de liberarse del peso, transfiriéndolo a un anclaje en la nieve… siempre que esta tuviese la consistencia necesaria. Posible, pero tremendamente complejo, sobre todo en las circunstancias en las que se hallaban.

Yates hizo todo lo que supo y pudo para salvar ambas vidas pero, tras una eterna hora de sufrimiento, entendió que su existencia dependía de un gesto tan sencillo como terrible: cortar la cuerda. Anochecía cuando el filo de la navaja rozó la cuerda y Simpson cayó al vacío. Apenas tuvo tiempo de asustarse, puesto que fue a parar directamente sobre un puente de nieve ubicado casi en el fondo de una grieta: milagrosamente estaba vivo e ileso, salvo por su fractura en la pierna. A la mañana siguiente, con visibilidad, Yates encontró la grieta y dio por hecho que Simpson estaba muerto al fondo. Pero tres días después, cuando estaba a punto de dejar el campo base, un espectro apareció arrastrándose entre las rocas: era Simpson, que había sido capaz de salir de la grieta, reptar, orientarse y sobrevivir sin comida y bebiendo a ratos hielo derretido. No había cedido a la más profunda de las desesperaciones, enterrado en vida en un agujero de hielo, sin perspectivas de escapar a un destino claustrofóbico. Durante todo ese tiempo solo estuvo acompañado por una canción de Boney M. que no dejó de resonar en su cabeza. ¿Qué escritor de ficción hubiera sido capaz de imaginar una historia tan poderosa?

Ambos siguieron con su vida de alpinistas, pero jamás volvieron a escalar juntos. Lo que tanto los unía también los repelía. Yates fue blanco de críticas severas, sufrió un juicio popular tremendo y, aunque Simpson nunca dejó de defenderlo, quedó marcado como el hombre que cortó la cuerda, algo que permanecería escrito para siempre en su libro. De nada sirvió que su colega asegurase que él también hubiese cortado la cuerda. Pese a toda la defensa esgrimida por Simpson, una gran parte del público se quedó con un único gesto: la navaja empuñada por Yates y el corte que condenaba a su compañero. Casi todos olvidaron que, para sufrir el papel de villano, Yates tuvo primero que ser un héroe. En julio de 2023, un centenar de montañeros pasaron por encima del cuerpo agonizante del porteador de altura paquistaní Muhammad Hassan. Todos escogieron seguir camino de la cima del K2 antes que abortar su viaje y socorrer a un ser humano indefenso. Yates, sin testigos a su lado, pudo haber abandonado como un perro a Simpson, pero no lo hizo. No merecía una estatua, puede ser, pero mucho menos aún el sufrimiento que la decisión de salvar su vida le acarreó. Salió vivo del Siula Grande pero, después, murió un poco. El relato de estos hechos pone al lector ante el espejo, ante su desnudez, mientras se pregunta si se hubiera quedado junto a Simpson, hipotecando su vida. Había que ser muy fuerte mentalmente para quedarse, de una integridad rocosa, de una valentía sobrenatural. Después, llegan las preguntas definitivas: ¿hubiera yo cortado la cuerda para no morir? ¿Habría sabido vivir con ello?

El guía terrorista

La historia del alpinismo rebosa de personajesególatras, controvertidos, polémicos, misteriosos, mentirosos e inclasificables. Ser alguien normal (entendida dicha normalidad como la que puede atribuirse a una persona que siempre mantiene un perfil bajo en su forma de relacionarse con el mundo) podría ser, al parecer, un grave problema al afrontar los grandes retos que presenta la montaña. Uno de los grandes misterios sin respuesta que observa el mundo de las cimas tiene que ver con la necesidad de mentir. Puede entenderse que un montañero mediocre falte a la verdad para ganar notoriedad; cuesta mucho más comprender, sin embargo, por qué lo hace un gran escalador, una persona admirada y respetada. La historia ha retenido los nombres de tres grandes mentirosos, pero hay un cuarto que todavía hoy es un verdadero enigma.

Procediendo por orden, el italiano Cesare Maestri figura en lo más alto de la lista de manipuladores de la verdad: a estas alturas parece evidente que nunca fue el primero en alcanzar la cima del cerro Torre en 1959, hecho que defendió hasta su muerte en 2021. Sencillamente, nada demostraba su paso por la imponente pared granítica y su relato tenía demasiadas incoherencias. Incluso fotografías que aportó como pruebas resultó que habían sido tomadas en lugares diferentes de los referidos. El esloveno Tomo Cesen llega en segundo lugar a la cronología de los artistas de la invención. Siendo un alpinista de enorme destreza y fortaleza, nadie acierta a comprender cómo fue capaz de convencerse (sin haberlo hecho) de que había escalado en solitario la cara norte del Jannu en 1989, la sur del Lhotse en 1990 e incluso la vía No Siesta a las Grandes Jorasses en 1987. Rodolphe Popier, un entusiasta investigador francés, demostró, ubicándolas en su lugar auténtico, que las fotos aportadas por Cesen para defender su milagrosa ascensión de la sur del Lhotse, o bien habían sido robadas, o bien tomadas en lugares y altitudes que nada tenían que ver con el relato del esloveno. El mismo Popier investigó el último gran y controvertido asunto relacionado con la mentira: en el otoño de 2013 anunció algo que solo él podría haber desvelado. Ueli Steck, la Máquina Suiza, había escalado la cara sur del Annapurna en un viaje estratosférico de veintiocho horas, ida y vuelta. Después de merecer el Piolet de Oro, llegaron las dudas, primero en sordina y después en un indisimulado tono acusador. De nuevo Rodolphe Popier tuvo el doble valor de investigar primero y dudar después. Lo cierto es que Steck jamás pudo demostrar su cima y que las pruebas aportadas en su contra por Popier son demoledoras. Steck falleció en 2017, escalando el Nuptse. Las dudas siguen vivas.

El cuarto personaje es francés y se llama Alain Mesili. Su vida daría para escribir otro libro. Con los tres protagonistas antes citados, parece demostrado que este último comparte cierta inclinación por la mentira, o al menos por la exageración fabulada. Mesili, guía de alta montaña, descubrió Bolivia en 1970 y no supo cómo deshacer el idilio. Tanto es así que decidió quedarse a escalar y vivir en la Cordillera Real. Puede que huyese de un pasado traumático y de una desilusión política. Pero lo cierto es que, al poco de descubrir su nuevo terreno de juego, el francés abrió numerosas vías, primeras ascensiones que le concedieron el respeto de sus compañeros. Era un alpinista sólido y eso nadie puede negarlo. Nacido en París, en 1949, pasó buena parte de su infancia en Argelia a instancias de su padre adoptivo, un argelino que había luchado en la guerra de independencia. En 1961, el Gobierno de De Gaulle entabló negociaciones con el FLN (Frente de Liberación Nacional), hecho que la extrema derecha francesa y parte del ejército entendieron como una traición: así nació la OAS, Organización Armada Secreta, que empezó a atentar contra el FLN y contra el propio Gobierno. Una noche de 1961, varios hombres encapuchados y armados de la OAS entraron en un café en el que se hallaban Mesili y su padre adoptivo. Alain pudo ver cómo se lo llevaban a un costado y como, junto con otros dos hombres, los mataban a balazos. Años después reconocería que aquella visión cambió su vida; ya nunca volvió a ser un niño normal. Fue, en cambio, un pequeño que vivió en la calle, a ratos en casa de sus tías, a ratos en orfanatos. Cumplidos los once años, no sabía leer ni escribir. Pero a finales de los años sesenta tuvo la fortuna de empezar a trabajar en La Joie de Lire, icónica librería parisina dirigida por el influyente intelectual de izquierdas François Maspero. Este detalle, tanto como el del asesinato de su padre adoptivo, transformó de nuevo su vida. Empezó a estudiar Literatura e Historia Moderna en la Sorbona y se enamoró de una compañera de facultad que lo introdujo en el mundo de la escalada. Así descubrió el fabuloso bosque de Fontainebleau, a las afueras de la ciudad, un lugar mágico plagado de bloques de roca que se escalan sin cuerda. Lo uno llevó a lo otro, y enseguida salió al encuentro de las grandes montañas del valle de Chamonix, igual que tantos otros antes que él. Soñador, participó activamente en el Mayo del 68 francés, pero cuando los adoquines volaron en vano y la pretendida revolución quedó reducida a la nada, decidió que aquella sociedad aburguesada no tenía nada que ofrecerle. Decidió emigrar a Latinoamérica y, tras viajar profusamente por Chile y Argentina, recaló en Bolivia, donde convirtió el macizo del Illampu en su terreno de juego privado, abrió nuevas vías y reveló al mundo un sinfín de posibilidades andinistas. Pero su feliz deambular por aquellas fabulosas montañas se detuvo de forma abrupta en 1990. Aquel año, un hecho que en principio nada tenía que ver con él acabó truncando su vida. Un comando vinculado al grupo de extrema izquierda Comisión Néstor Paz Zamora (CNPZ) atacó un puesto de guardia estadounidense que custodiaba la embajada en La Paz, lanzando una granada y varias ráfagas de ametralladora; los tres soldados estadounidenses que ocupaban la garita salieron ilesos, pero no así un soldado boliviano, que falleció en el ataque. El gobierno local acusó a Alain Mesili de haber sido el chófer del comando, pero también de haber alquilado la casa donde fue secuestrado el dueño de Coca-Cola en Bolivia, que moriría durante el asalto del ejército boliviano para liberarlo. Logró salir del país antes de ser detenido, pero incomprensiblemente siguió viajando entre Francia y Latinoamérica, hasta que Estados Unidos lo detuvo en mayo de 1994, en el aeropuerto de Miami. O era un temerario o estaba convencido de que, siendo inocente, nada podría ocurrirle. Quizá solo echaba en falta «sus» montañas. El caso es que su osadía se tornó rápidamente en una tortura. El FBI lo señaló como «terrorista» y le propuso un trato: si denunciaba a sus compinches del CNPZ, su condena sería breve. Pero él se declaró inocente y no quiso aceptar el acuerdo. Tras diez meses incomunicado en cárceles de Atlanta y de Washington D.C., la justicia de Estados Unidos lo extraditó a Bolivia a cambio de un coronel boliviano acusado de tráfico de drogas. Si en las cárceles estadounidenses había tenido que pelear por su vida contra otros internos, en la prisión de máxima seguridad de Chonchocoro su abogado logró que lo internasen en un módulo alejado de los presos más peligrosos. Desde la ventana de su celda, podía ver las laderas y crestas del Huayna Potosí (6.088 m), donde en 1972 había abierto la «vía francesa». A sabiendas de que su vida no corría peligro entre rejas, retomó los entrenamientos; los presos lo miraban como si estuviese loco cuando caminaba sin desmayo por el patio. Pesaba sobre su cabeza una posible condena de treinta años de cárcel: una tal Ximena, miembro del CNPZ, lo había delatado, proporcionando incluso la fotocopia de su pasaporte y el contrato de alquiler del piso en el que había estado secuestrado el dirigente de Coca-Cola. Pero la misteriosa Ximena jamás compareció ante el juez. Sus amigos franceses, muchos de ellos guías de alta montaña, organizaron protestas y peticiones de liberación. Tras dos años de cautiverio, las autoridades bolivianas, sin pruebas de su acusación, decidieron liberarlo sin que mediase juicio alguno. Puede que la visita del presidente Jacques Chirac en 1997 acelerase las cosas...

Alain Mesili retomó su carrera como guía en 1999. Es autor de *Los Andes de Bolivia* y se declara responsable de ciento cincuenta primeras ascensiones. Muchas de ellas han demostrado ser falsas o muy dudosas. Otras han sido totalmente certificadas. Parece claro, sin embargo, que el que habría sido su mayor logro como alpinista es una invención: asegura haber escalado en 1970, junto con el vasco Ricardo Arzela (nadie ha podido encontrarlo), una variante sumamente técnica de la Supercanaleta, la famosa vía de la cara oeste del Fitz Roy estrenada por los argentinos José Luis Fonrouge y Carlos Comesaña en 1965. De ser cierto su relato, hubiera constituido la primera travesía del Fitz Roy y el cuarto ascenso absoluto a la cima patagónica. Solo que la vía por la que afirma haber subido escapaba ampliamente a las posibilidades técnicas de la época. Y se ha demostrado que él no pisó la zona hasta varios años después.

Solo he conocido a una persona con el perfil mentiroso de Mesili o del resto de los ejemplos aquí citados. Dicho alpinista me mintió a la cara a sabiendas de que yo sabía que mentía, básicamente porque inventó un hecho que ambos compartimos. Tras darle una y mil vueltas tratando de descubrir por qué manipulaba la realidad, llegué a barajar varias explicaciones. Una era que se trataba de un cínico sin escrúpulos, y otra que necesitaba alimentar, por razones de ego y de dinero, su fama. Pero finalmente decidí quedarme con esta posibilidad: su cerebro, una vez verbalizada la mentira, la asumía como una verdad. Es decir, hubiera podido torturarlo y habría seguido jurando que había hecho aquello por muy falso que fuese. Al menos, pensé, al creerse su invención jamás lo asaltaría remordimiento alguno. Por eso cabe compadecerse de los que fantasean acerca de sus logros en la montaña: son solo víctimas de sueños de una fuerza que quizá no lleguemos a comprender.

El sacerdote y la cobra

Didier Berthod desapareció de la escena de un día para otro. Y yo no entendía por qué. Por más que buscase información que me aclarase su espantada, no daba siquiera con un atisbo de claridad. Cierto es que la prensa especializada lo ubicó recuperándose de una grave lesión de rodilla en un monasterio, pero en realidad él ya había decidido abandonar el camino que había conocido hasta entonces. En aquella época, yo pensaba que no podía existir mejor vida que la de un escalador profesional: cobrar por escalar y posar para que las instantáneas inspirasen a otros con los márgenes de su existencia más ajustados entre trabajo, familia y obligaciones hipotecarias. Y luego estaba el asunto de la edad: Berthod no estaba de vuelta, no había cumplido el típico ciclo de un escalador porque apenas contaba veinticinco años. Era 2006. Escalador de élite, valiente porque no ascendía sobre protecciones sólidas sino protegiéndose, colocando en las fisuras empotradores que llevaba en su arnés y que nunca son garantía de que detengan una caída... Y, claro está, era una incesante fuente de inspiración para aquellos que no contemplan esta disciplina como un mero reto de fuerza y gimnasia sino como una pequeña (o gran) aventura. El caso es que el joven suizo marcaba tendencia en el mundo de la escalada en fisuras. Brillaba con un carisma que apenas necesitaba verbo. Sus gestos y gestas hablaban en su lugar. Los patrocinadores se lo rifaban. De puertas afuera parecía reinar en ese mundo de camaradería, vida sencilla, economía de medios y comunión con la naturaleza. Nadie supo ver sus contradicciones internas, su dolor, su tristeza, quizá porque su cuerpo seguía expresando lo contrario.

Sus movimientos afirmaban la rutina de un fanático: ser cada vez más fuerte, entrenarse y escalar duro, ser el primero. Llegó a hacer dominadas con un solo dedo. Con el diagnóstico de su rodilla maltrecha entre manos, no se sinceró con sus compañeros de cuerda, ni con la productora que le perseguía para grabar la primera ascensión en libre de la fisura más difícil del planeta, bautizada como Cobra Crack. No reveló sus pensamientos a nadie que tuviese nada que ver con ese mundo. Llamó a su madre: «Hoy es un día maravilloso. Me he roto la rodilla. Ya no soporto más escalar. Al fin puedo dejarlo». Cuando Berthod se alejó de los focos, no supe entenderle. De haberlo hecho ahora, tendría toda mi simpatía. Ahora que mi pasión por esta disciplina se difumina por momentos, me resulta incluso incómodo contemplar a conocidos que siguen empeñados en entrenarse como si fuesen olímpicos. ¿De verdad nos falta tanta imaginación a los escaladores como para no ser capaces de hacer algo más con nuestro tiempo libre? Nos entrenamos como si perteneciésemos a una élite, pero la élite es un lugar muy estrecho en el que apenas cabe un puñado de elegidos. Berthod fue un elegido... que puso mucho de su parte para lograrlo.

Uno de los últimos planos del documental que rodó la productora Sender Films, hoy famosa por cintas tan notables como *The Dawn Wall* o *The Alpinist*, enfoca al suizo apoyado en sus muletas, sonriendo a cámara mientras reconoce que su única motivación para escalar Cobra Crack era errónea: «Viajé hasta aquí solo para satisfacer mi ego y mi vanidad, para ser el primero». Ya en ese momento su discurso parece el de un clérigo. Hay algo inquietante en su sonrisa beatífica, como si no estuviese en aquel lugar ni en ningún otro del endogámico mundillo de la escalada. Allí donde la rabia y la frustración deberían haber llenado la pantalla solo aparecía un análisis desprovisto de dramatismo, una suerte de paz y de aceptación que no casaban con la expresividad habitual del suizo. Ante la cámara, sin que nadie lo supiese, se estaba despidiendo.

Efectivamente, en 2006, Berthod, de familia católica practicante, conoció a un cura con el que entabló una «relación de confianza» (según su propio testimonio) que terminó por conducirlo a las puertas de un monasterio franciscano donde entró, dejando a sus espaldas todo lo que había sido su vida hasta entonces, familia incluida, a la que tardó diez años en volver a ver. Su clausura puso punto y aparte a una existencia de «imitación», en palabras suyas. Descubrió la escalada a los doce años y enseguida destacó, pero a los dieciocho las imágenes de una revista especializada cambiaron su percepción del mundo vertical y de su estética. Fisuras sin fin, sinuosas y elegantes, se perdían pared arriba. Se propuso ser el mejor escalador de fisuras del planeta. Y, sencillamente, logró su propósito.

La técnica para moverse por fisuras de diferente tamaño es muy compleja aunque, hoy en día, existen incluso manuales para enfrentarse a ellas. Una ley no escrita desaconseja equiparlas con seguros fijos de expansión, puesto que un escalador hábil puede protegerse mediante seguros flotantes, o de fortuna, lo que añade a este tipo de disciplina una variable de aventura y riesgo controlado de la que carecen otras. El conjunto de aventura y estética enamoró a Berthod. En 2003, en el valle del Orco italiano, descubrió una fisura que discurría por un techo de unos doce metros. Estaba equipada con seguros fijos. Los arrancó y se enfrentó a ella con medios mucho más aleatorios. Cuando logró escalarla en libre, descubrió que era la más difícil de Europa. Estaba listo para viajar a la conquista de aventuras en Estados Unidos y Canadá, para peregrinar a la legendaria meca de las fisuras en Indian Creek, Yosemite o Squamish. Aparentemente, era feliz y se mostraba satisfecho de haber sabido encontrar su lugar en el mundo, su manera de expresarse, su identidad. Durante un tiempo, formar parte de ese pequeño sector de la escalada le concedió la fuerza para pagar el precio de ser el mejor en una faceta concreta. Como carecía de entrenador, buscó la manera de ser más fuerte sin método y sin plan. Iba al gimnasio o al rocódromo, donde ganó fuerza, resistencia y elasticidad. El dolor era su método de trabajo. Viajó a Chamonix a menudo, al encuentro del granito, que ofrece estupendas líneas fracturadas. Ni siquiera se le ocurrió que necesitaba fisuras donde entrenarse: hoy en día los reyes de esta disciplina se las fabrican de madera, artificiales, de todas las tallas para aprender a moverse por sus contornos, para practicar la mejor forma de empotrar manos y dedos en sus oquedades.

No le fue nada mal... Pero un buen día todo aquello se le quedó pequeño. De repente, se vio atrapado en un sueño adolescente en el que el buen rollo, las cervezas junto al fuego y la acampada libre dejaron de aportarle suficientes estímulos. Le pareció un estilo de vida hueco. Esperaba más, algo con mayor trascendencia. Se lo repetía un día tras otro. Ya no soportaba siquiera la típica conversación monotemática sobre escalada, la obsesión de repetirse cayendo en lugares comunes tan manidos como la búsqueda de la pureza o de la belleza, argumentos a los que se vuelve sin cesar en el discurso de alpinistas y escaladores. Sin embargo, el cuerpo marchaba en dirección opuesta a los pensamientos, necesitado de adrenalina, retos y esfuerzo. En el documental *Fissure*, dirigido en 2018 por Christophe Margot, Didier Berthod explica su dicotomía: «Me sentía como un yonqui, alguien dependiente de su dosis diaria de escalada. Si no llegaba, me podía enfadar. Lo odiaba porque me impedía ser libre. En realidad, había decidido dejar de escalar hacía mucho, al menos un par de años atrás, pero no lograba dar el paso y eso me consumía. Necesitaba sentirme libre. Esa libertad, así como la posibilidad de trabajar las heridas del pasado, me las dio la religión».

Sus compañeros de profesión quedaron perplejos cuando desapareció de las portadas de las revistas del momento. «Está claro que los que no me conocían en profundidad pensaron que en 2006 se me había ido la olla, pero los más próximos sabían que yo era religioso y que me preguntaba a menudo por el sentido de la vida. Sobre todo porque varios amigos y algún familiar se habían suicidado, lo que dejó muchas preguntas sin resolver en mi interior», explica en el documental.

No fueron las únicas razones que lo llevaron a dar un paso al lado: había dejado embarazada a una chica canadiense. Fruto de esa relación, hoy tiene una hija de casi diecisiete años a la que prácticamente acaba de conocer. «Fui a verla, hablé con la madre, pasamos tiempo juntos; para mí son las dos personas más importantes del mundo. Pero soy un extranjero para mi hija. No lo hice bien y quiero redimirme», confía ahora.

En 2018, fue ordenado sacerdote… y empezó a escalar. Habían pasado casi catorce años desde la última vez que se calzó unos pies de gato. Recuperó para la ocasión la misma marca que lo había patrocinado casi tres lustros atrás, Scarpa. Toda una declaración de principios.

Tenía treinta y ocho años. Había pasado entre 2006 y 2010 en un monasterio. De 2011 a 2015 estudió Teología en un pueblo suizo, y estuvo tres años más preparándose para ser sacerdote. «Es decir, trece años involucrado al cien por cien en un cristianismo radical sumamente espiritual. Llegué a pensar que sería monje (o misionero) hasta el fin de mis días. Pero dejé el monasterio y la religión dogmática en 2020. No quería convertirme en un fundamentalista católico, aunque sigo siendo cura. Continúo amando el mensaje de Cristo y sigo estudiando teología. Descubrí que podía ser religioso sin apartarme de la sociedad, y eso me ha liberado para acometer tareas que tenía pendientes en mi vida, como conocer a mi hija y regresar a la escalada. Ahora puedo hacerlo todo: escalar, vivir, seguir a Dios...».

Berthod se entrena a las órdenes de un amigo cuatro o cinco días a la semana y las fisuras siguen siendo su objetivo predilecto. Su cuerpo, enjuto tras años de reclusión, ha recuperado parte de la musculatura y necesita volver a sentirse fuerte, pero ya no le hace falta ser el mejor. El fuego de la escalada, que antes todo lo arrasaba, se ha apagado. En su lugar, asegura, quedan unas brasas que ahora le reconfortan. También ha aprendido a valorar las relaciones humanas. Su mensaje consiste en transmitir su alegría de vivir. En la parroquia de Collombey-Muraz celebra misas, bautizos y entierros, además de atender a personas solitarias que acuden a su encuentro.

La escalada auspicia una vida intensa y vibrante, pero pocas veces trascendente. En muchos casos, se convierte en una obsesión que disimula muchas carencias: uno decide simplificar su vida focalizándose en un juego de niños. Es algo que llena las horas de una existencia que cuenta con abundante tiempo para dilapidar. Atrapa, y cuando uno quiere darse cuenta ya no sabe hacer otra cosa con su vida y es incapaz de reinventarse, siempre bajo el yugo de no volver a encontrar otra motivación tan fuerte o una inspiración tan poderosa.

Casi a punto de cumplir cuarenta y dos años, Berthod ha descubierto que la vida no es solo escalar, ni solo seguir a Dios, y esta simple revelación le ha permitido alcanzar cierto equilibrio vital. Cuando escala no intenta llevar a nadie a la iglesia y en la iglesia no va de cura enrollado. «Me ha costado mucho, pero he encontrado la manera de ser humano en la humanidad. He necesitado tiempo para descubrir quién soy, qué misión tengo», advierte. Ya no huye. Contra todo pronóstico, el suizo cerró un círculo en mayo de 2024. Veinte años después de estrellarse física y espiritualmente en Cobra Crack, Berthod regresó, cuarentón ya, y logró escalar la famosa fisura. Pero, al final de todo, de las idas y venidas, de perderse y encontrarse, de alejarse y regresar, el hombre ya no sabe si se trata «de un capítulo que se cierra o de otro que se abre».

De animales y personas

Puede que esto no sea cierto, pero en cualquier caso es verosímil. Hace años ya, leí sin prestarle gran atención un relato protagonizado por un perro y un escalador. No recuerdo de qué raza de can se trataba, tampoco si era hembra o macho, grande o pequeño, pero sí que el hombre arrastraba, desde hacía tiempo, una profunda depresión. Muchos escaladores no gastan en correas para sus perros; simplemente usan un retal viejo de alguna cuerda de escalada y la reciclan en correa. En la historia que leí (¿era un texto de ficción?), el protagonista salió a pasear con su fiel compañero, se adentró en un bosque conocido y, sin haberlo premeditado, se encontró bajo la rama de un árbol pensando que aquel era un momento tan bueno como cualquier otro para ahorcarse. La cuerda que oficiaba de correa tenía la longitud apropiada. El silencio impregnaba el momento. Además, su perro no ladraba jamás, tanto es así que algunos amigos pensaban que era mudo. El animal se sentó sobre las patas traseras y empezó a observar cómo su dueño dibujaba un nudo corredizo en la soga. Entonces, se estiró, apoyó las patas delanteras en los muslos del suicida y arrancó una sinfonía de ladridos y aullidos. Jamás había sido tan explícito en su discurso. El escalador dejó la cuerda a un lado, acarició al animal y decidió seguir con su vida.

Una de las mejores razones para salir a la montaña es que puedes contemplar, en vivo y en directo, todo tipo de aves y mamíferos. Siempre es un momento mágico y sorprendente ver en vuelo a un quebrantahuesos, cruzarte con zorros, jabalíes, corzos, rebecos..., y puede que el no va más sea encontrarse con algún oso. Aunque depende del momento y del lugar. El alpinista Nick Bullock es heredero de una de las mejores tradiciones inglesas: la narrativa escrita de sus andanzas en montaña. Pude traducir alguno de sus textos cuando trabajaba para la revista *Campobase*, y siempre resultaba deliciosa la mezcla de ironía, aventura y desnudez emocional que destilaban. Uno de los mejores relatos que pude leer tenía que ver, precisamente, con un oso.

Cuando Nick Bullock y Greg Boswell alcanzaron, finalmente de madrugada, el hospital de Banff (Columbia Británica, Canadá) aún no podían dar crédito a lo que iban a contar a los médicos y enfermeros de la pequeña localidad, famosa por su festival de cine de montaña y por su naturaleza salvaje. Estaban en invierno, en la meca de la escalada en hielo, y acababan de escapar de una pesadilla, de la clase de pesadilla con la que en la zona se advierte a los niños para que no hagan incursiones en los bosques aledaños. Corrían los nefastos días de pandemia, días en los que las grandes montañas heladas del planeta quedaban más lejos que nunca, así que, para no caer en la depresión, Nick Bullock recorría las escuelas de escalada españolas mientras buscaba, quizá, un editor en castellano para su excelente libro *Echoes* y lamentaba haberlo escrito antes de poder incluir la historia que aquí se refiere.

La pareja británica deseaba escalar una vía bautizada como Dirty Love, aunque la aproximación a esa vía era en sí misma una aventura. Salieron temprano del coche y durante horas abrieron huella en la nieve profunda, escalaron varios largos, volvieron a abrir huella y a las siete de la tarde alcanzaron el punto donde arrancaba su objetivo. Satisfechos tras tamaño esfuerzo, dieron media vuelta contando con regresar en dos días, con la huella abierta, conociendo bien el terreno y concentrados ya únicamente en su meta. Estaban cerca del lugar donde habían depositado sus cuerdas, piolets y crampones; desde ese punto tendrían que rapelar lo que habían escalado con anterioridad. Avanzaban a la luz de sus lámparas frontales, confiados, satisfechos, con ganas de descansar al día siguiente y de regresar con fuerzas. Bullock es uno de los mejores escaladores británicos de la historia, muy conocido además por su capacidad divulgativa, heredero de una impecable tradición que defiende un principio sencillo y veraz: lo mejor de una ascensión se perpetúa con su relato.

Sumido en la oscuridad y en sus pensamientos, notó un movimiento, una corriente de aire que agitó la nieve fría y suelta. «¡Oso!...». El chillido de pánico de Greg Boswell lo dejó plantado, pero lo que vio después lo congeló: Boswell pasó a su lado corriendo, tropezando, perseguido por un oso grizzli que mostraba las fauces y la musculatura, abriéndose paso sin dificultad en la nieve profunda. Mientras que el hombre avanzaba penosamente, el animal parecía flotar sobre el difícil terreno. En el posterior relato que Bullock escribiría, recordaba cómo «la nieve me salpicó y, entonces, el oso fijó en mí su mirada. Si hubiese podido pensar en algo, habría sido que así iba a ser mi final, devorado por un oso. Pero en ese momento Greg se cayó y el animal pardo concentró en él su atención». Fue entonces cuando el cuerpo de Bullock empezó a correr en la dirección opuesta, huyendo, la cabeza estallando en un grito de terror que animaba el movimiento de sus piernas. Su miedo no tenía nada que ver con el que provoca la idea de caer escalando, o con creer que puedes perecer enterrado por una avalancha. Esos eran miedos con los que había aprendido a convivir, a los que sabía medirse. Lo que sentía ahora no parecía manejable, solo gritaba su instinto de supervivencia y no le importaba que el animal se comiese a su amigo si a él lo dejaba en paz. Entonces, otro grito vino a mezclarse con el que agitaba su cerebro. Era Greg. Gritaba su nombre y le pedía ayuda. A él. El oso le había mordido el gemelo, justo donde acababa su bota.

Bullock se detuvo, se giró y desanduvo hacia su amigo y el oso, sabiendo que moriría también. Una sombra se plantó ante su linterna; ¡era Greg, en pie! Gritaron como locos y empezaron a correr bosque abajo, siguiendo sus huellas de esa tarde. Greg suplicaba a su amigo que no lo abandonase. Dieron con sus piolets y crampones. Las cuerdas para rapelar y huir estaban apenas a cinco minutos. Pero ahora estaban, al menos, armados con sus enseres afilados de escalada. Decidieron que si la fiera regresaba no huirían, se enfrentarían a ella con sus herramientas de escalada, clavándoselas en la cabeza... No eran más que vagas ilusiones; ambos sabían que los despedazaría. Se repetían ahora que estaban juntos en esto, pero la combinación de oscuridad y bosque los aterrorizaba. Tan solo tenían que encontrar pronto las cuerdas..., pero, en su desesperación, habían seguido las huellas equivocadas; no eran sus pasos, sino los del oso, algo que entendieron apenas una hora después, completamente perdidos. Pensaron en escalar un árbol y esperar al amanecer, pero Greg sangraba en abundancia y el frío anunciaba una hipotermia casi segura. La única manera de encontrar las cuerdas era regresar hasta el lugar del ataque y empezar de cero. Tomar esa decisión les costó mucho, pero fue lo correcto. Mientras Greg rapelaba, Nick hacía guardia esperando su turno, con ambos piolets en alto y pavor en los ojos. Casi cinco horas después de sufrir el ataque, alcanzaron el aparcamiento, y dos horas más tarde llegaron a Banff y despertaron al personal sanitario, que nunca se hubiera imaginado que oiría lo que oyó.

A los pocos años, repasando la prensa mientras desayunaba, me topé con una noticia que no supe cómo clasificar; no era propiamente una historia de montaña ni tampoco exactamente una historia de mascotas…, sino que se trataba de un relato que mezclaba varios asuntos y que accionó en mí una catarata de sentimientos diversos. En aquellas fechas, mi tío luchaba sin remedio contra un cáncer en la cama de un hospital mientras familiares y amigos nos turnábamos para pasar la noche a su lado. Recuerdo su cara de sorpresa y su sonrisa alucinada cuando le expuse el relato completo de lo que había leído esa misma mañana.

La estampa resulta clásica: un montañero acompañado de su perro, binomio perfecto para caminar en soledad sin sentirse solo. A veces, no se sabe quién lleva a quién a la montaña. En el caso de Rich Moore, estadounidense jubilado de setenta y un años y su mascota Finney, una hembra de jack russell terrier de tres años, el dueño hizo del animal su cómplice para salir al encuentro de su pasión… y para canalizar la energía desmedida de un can que solo pedía perseguir ardillas por el bosque, lanzando bocados al aire a la caza de cualquier insecto. Puede que esto acabase matando a Moore; que su independencia y carácter cazador determinasen el futuro de ambos. El 19 de agosto de 2023, ambos se trasladaron en coche desde su casa de Pagosa Springs (Colorado), a la sombra de la majestuosa cordillera de San Juan, hasta un aparcamiento ubicado veintinueve kilómetros más lejos. Moore y su esposa, Dana Holby (de setenta y ocho años), se habían mudado tras su jubilación para vivir de lleno su pasión por el senderismo y rodearse de un par de perros. Ahora que sus hijos eran independientes, habían decidido vivir para ellos, disfrutar al máximo sus últimos años de vida. Habitualmente salían juntos, o con otros miembros del club de montaña local que habían conocido de forma casual y que ahora constituían su grupo de amigos, pero a finales de agosto Moore decidió ascender en solitario el Blackhead Peak, una montaña de 3.800 metros que conocía bien. Su mujer estaba visitando a su hermana, así que salió con Finney. Hizo caso omiso de la advertencia de ella, disgustada por que fuese solo a caminar. Setenta y dos días después, seguía desaparecido. Tampoco la perra había regresado del rutinario paseo. Durante semanas, casi ciento ochenta profesionales y voluntarios peinaron los flancos de la montaña, sobre todo la ladera oeste que conducía al aparcamiento, buscando con todos los medios y tecnologías disponibles a la extraña pareja desaparecida.

La búsqueda no ocupó grandes titulares más allá de la prensa local. Se trataba en apariencia de otro montañero vencido por su pasión. Hasta que un cazador a caballo se topó con un cadáver, el de Moore, y un perro diminuto y famélico que le mostraba los dientes, amenazador, protegiendo los restos. El cazador avisó al sheriff gracias a un dispositivo vía satélite muy extendido entre alpinistas y explicó que no era capaz de acercarse al animal. Cuando el oficial y su equipo alcanzaron el lugar indicado, una lata de comida regada con un tranquilizante permitió recoger a Finney. Su regreso se hizo viral y una de las revistas más respetadas de Estados Unidos, *Outside*, indagó para revelar nuevos detalles de una historia tan amarga como tierna, de un epílogo que provocaba sentimientos encontrados. «En otoño tenía claro que mi marido no regresaría jamás a casa, tampoco Finney», explicaba Dana Holby. Pero cuando supo que habían dado con ambos, la tristeza y la sorpresa se mezclaron como dos ingredientes contradictorios. Enseguida supo que debía ir al encuentro de su mascota, pero al verla apenas la reconoció. Destacaba la suciedad de su predominante color blanco y las manchas negras y marrones de su cara. Ella y su hijo lloraron al verla. El animal había perdido la mitad de su peso y superaba a duras penas los dos kilos; su piel estirada dejaba ver las costillas y una fea herida alteraba la parte superior del hocico. Pero, de alguna manera, había logrado regresar a casa.

Las autoridades médicas determinaron días después que Moore había fallecido de hipotermia y exposición. El siguiente misterio pasaba por descubrir cómo había sobrevivido la perrita. Y, por último, faltaba por saber cómo demonios habían acabado ambos en la ladera errónea de la montaña, lejos de cualquier atisbo de civilización. Los veterinarios advierten a aquellos que deseen escuchar de que la raza jack russell terrier es sumamente exigente; no son animales de salón, sino perros «criados para cazar roedores y hasta zorros» que poseen un temperamento tenaz, indomable y necesitado de constante ejercicio físico. También resultan individualistas, de ahí que los vínculos con sus dueños sean sumamente especiales. Al leer esto, miré a mis pies; ahí, sentada pero expectante, se hallaba mi perrita Lola, también ratonera y mezcla de pinscher con jack russell. De no ser por su obsesión con la comida, que la obligaba a buscar algo que llevarse a la boca a todas horas, hubiera podido acceder al ranking de perros perfectos. Como todas las mañanas, aguardaba inquieta a que terminase con mi desayuno y le lanzase un trozo de pan. Lo suyo no era ciertamente cazar roedores; una vez se topó con uno y decidió huir despavorida. Me pregunté si Lola habría sido capaz de sobrevivir de haberse visto atrapada junto a mi cadáver en la montaña. Desde que la acogí, no se separaba de mí más de cincuenta metros, siempre atenta a controlar mi presencia y la de algún posible bocado. Seguramente, pensé, me hubiese comido, primero a tientas, después con urgencia.

Moore adoptó el papel de criador, diseñó juegos para Finney y enseguida se convirtieron en socios por los senderos de montaña. Normalmente, el perro iba suelto y podía perseguir sin desmayo cualquier animal que su radar captase. Pero siempre regresaba, fiel. No es de extrañar que la perrita se quedase 72 días junto al cadáver de su amo. Sobrevivió, al parecer cazando insectos, buscando larvas en la tierra, cazando roedores o ardillas heridas o avejentadas. Tuvo que beber de arroyuelos cercanos. Siempre al límite. Parece un milagro que no fuese presa de la fauna depredadora que campa a sus anchas en una zona sumamente salvaje: osos negros y pumas, principalmente.

El 19 de agosto había sido un día de sol radiante y visibilidad inmaculada en el entorno de Pagosa Springs. No parece, entonces, probable que Moore se extraviase y acabase en el lado este de la montaña, un lugar al que no tiene sentido ir, según explicaron las autoridades locales. Ahora, la investigación baraja la posibilidad de que Finney saliese a la carrera persiguiendo a un animal, arrastrando tras ella a su dueño. Puede que esta vez Finney tardase en regresar, obligando a Moore a alejarse más y más del sendero, por un terreno abrupto, empinado y sin señalizar, que le resultaba desconocido. Después llegaron la desorientación, la noche, el frío, la deshidratación, el hambre… y un regreso a casa impensable para Finney.

Javo

«Ojo, que me puedo marchar». La advertencia me extrae de mis ensoñaciones, rompe un silencio perfecto, uno de esos instantes de paz que la escalada regala de forma tan generosa. Un poco sobresaltado miro hacia abajo, hacia el suelo firme donde los árboles y algunos bloques de roca diseminados aquí y allá parecen aplastados por el peso de la altura desde la que lo observo todo sin lograr fijarme en nada en concreto. Hay un río, un sendero también. Estoy colgado de la pared, trescientos metros por encima de donde hace escasas horas nos hemos preparado para afrontar, una vez más, una vía de roca. Javo viene un poco cansado, y sé lo que significa que se pueda «marchar», sinónimo de «caer». Todavía no lo veo. Un pequeño espolón esconde su figura, de él emergen las cuerdas que nos conectan. Las tenso un poco más, por si acaso. Nada puede ocurrirle, pero sé perfectamente que no es nada agradable caer cuando el vacío parece querer quedarse contigo. Lo oigo gemir, resoplar, pelear, y me gustaría, de veras, ayudarle un poco más, pero solo puedo tratar de animarlo, bromear quizá…, aunque sé que reírse es lo último que le apetece. Su mano derecha emerge de pronto, como si fuese un periscopio. La veo tantear, buscar desesperadamente una presa. Le indico que la mueva unos centímetros más alto y la veo sujetarse a un pequeño saliente de roca. Dibujo una mueca de impresión cuando la carne de su muñón muerde la roca caliza. Esa mano derecha carece de dedos pero ha sido entrenada para amoldarse a la piedra, para aguantar dolor e incertidumbre hasta que su compañera izquierda, completa, encuentre un agarre sólido y le permita relajarse. Ahora puedo verlo. Javier Alonso Aldama, Javo, nacido en Amurrio (Álava) en 1958, es grande, ancho, fuerte. Siempre lo ha sido.

Recuerdo perfectamente el día en que lo vi por vez primera, aunque ya me habían hablado muchas veces de él. Fue en el funeral del gran alpinista vasco Pedro Udaondo, en 2007. Al salir de la iglesia, esperé y alguien me lo señaló, pero preferí no abordarlo. Quería conocerlo, conversar con él, me intrigaba mucho su historia, esa mano desprovista de dedos. Sin embargo, no era el momento. Aún tardé unos años en formalizar una cita, en su casa, donde, entre cientos de libros de montaña y de temáticas diversas, charlamos y pude publicar una entrevista. Lo uno llevó a lo otro y escalamos juntos desde 2012, pero en realidad somos un trío porque su amigo Luis Garagalza raramente se pierde una salida. Juntos, los tres, hemos escalado en las cuatro caras del Urriellu, en Ordesa, en ambas paredes de Montrebei, en Terradets, en las Aiguilles d'Ansabère, en Horcados Rojos, en Peña Santa, en Peña Olvidada, en Riglos, en Cienfuens, en Peña Rueba, en Atxarte, en Egino, en Larribet, en el Cueto Agero, en Ranero, en Leonidio… y en tantas otras paredes que no recuerdo. A estas alturas, puedo afirmar sin complejos que su motivación y sus ganas de seguir moviéndose en la vertical superan con creces las mías. Creo que me interesa mucho más disfrutar de su compañía que escalar. Me gusta su silencio cuando me aseguran y entienden que el largo es comprometido, que trato de concentrarme. Me gusta oír sus risas y sus comentarios cuando saben que el largo es fácil y que en un abrir y cerrar de ojos montaré la reunión y podrán ascender despreocupados hasta volvernos a juntar en un punto seguro. Me gusta la rutina sencilla que hemos establecido para funcionar sin aristas.

Javo contaba apenas veinticuatro años cuando sufrió el accidente que explica la ausencia de dedos en su diestra. Tras un sinfín de operaciones, los cirujanos lograron que, con los restos de la base del pulgar, tuviese algo parecido a una pinza. Su accidente supuso un drama para la pequeña familia del alpinismo español. Murieron los madrileños Marisa Montes y Manolo Martínez, apodado Musgaño. Ambos eran pareja, jóvenes, con un talento enorme. A lo largo de los años le he preguntado varias veces por los detalles de lo sucedido, y siempre ha tenido la generosidad de referirme los pormenores. Ocurrió en noviembre del año 1981, en un día terriblemente frío. Chamonix era entonces el segundo hogar de todos los aspirantes a alpinistas, un lugar que reunía a escaladores de todo el planeta atraídos por la mística del sitio donde había nacido el alpinismo, por un escenario único en el que encadenar actividades en montañas de leyenda. Javo llevaba viajando al lugar desde los dieciséis años, a menudo en tren hasta Lyon y tomando otro hasta Saint-Gervais, pero sobre todo en coches conducidos por «los mayores». Una vez llegó a dedo, pero recuerda que fue un calvario. Él y sus amigos iban en verano, aunque a veces también en invierno. En el momento de su accidente, puede afirmarse que era uno de los alpinistas españoles más prometedores: no solo había abierto una treintena de vías, la gran mayoría en Picos de Europa, sino que había firmado primeras repeticiones en los Pirineos y los Alpes. Escuchándolo, tengo la imagen de una persona bulímica, incansable, determinada. Él rebaja un tanto el tono, pero admite que su idea era llegar a vivir de la montaña, ya fuese como escalador profesional o como guía. De hecho, se había planteado quedarse a vivir en Chamonix con algún amigo para entrar en los cursos de la ENSA (École Nationale de Ski et d'Alpinisme) y formarse como guías.

La víspera del accidente, los tres se subieron al teleférico de Grands Montets, donde coincidieron con el guía Ivan Girardini y un cliente suyo. También estaba allí el guarda del refugio de Argentière, que subía expresamente para acoger a un grupo de esquiadores que se disponían a afrontar la travesía entre Chamonix y Zermatt. Unos y otros hablaron de sus respectivos planes. El trío español deseaba escalar la Aiguille Verte, pero no había decidido aún por qué vía: dudaban entre el Couturier o el Cordier. Este último era algo más corto, unos doscientos metros menos de desnivel, y estaba más cerca, por lo que finalmente se decidieron a vivaquear en el punto donde los había dejado el teleférico. A medianoche, se levantaron, desayunaron calentando agua con su hornillo y recogieron sus sacos y esterillas. Una hora después, salieron al raso, tiritando de frío. Hacía unos quince grados bajo cero. En cambio, la nieve dura era una bendición para caminar. Sus crampones mordían el firme, no se hundían y ganaban metros con celeridad. Javo no puede recordar fragmentos concretos de las conversaciones que mantuvieron aquella madrugada, pero sí que se proyectaron sobre futuros viajes, especialmente uno a Nepal porque acababan de recibir un permiso de cima para escalar el Nuptse. Su idea pasaba por repetir la ruta británica a esta formidable y estética montaña de 7.861 metros, pegada a la cara sur del Everest. Rápidamente, alcanzaron el pie de la pared de hielo y nieve. La rimaya, es decir, la típica grieta que suele abrirse entre el plano horizontal y el vertical de la pared, aparecía enorme y les costó un rato superarla. Pero, una vez que se encaramaron a las primeras pendientes, volaron. A las cuatro de la mañana, apenas tres horas después de haber echado a andar, el trío había superado un desnivel de quinientos metros y se hallaba justo debajo del estrechamiento característico de la ruta. Javo escaló todos los largos en cabeza. «Me tocó ir de primero, fue casualidad. Estábamos muy fuertes porque veníamos del Himalaya, de un intento al Hidden Peak [también conocido como Gasherbrum I, con 8.080 metros de altitud, es uno de los catorce ochomiles del planeta]. Teníamos glóbulos rojos para regalar. Nos costó pasar la rimaya, pero después escalamos muy rápido por un espoloncito de entre cincuenta y sesenta y cinco grados de inclinación. Íbamos a largos y montábamos la reunión con los dos piolets enterrados y un tornillo. Yo tenía los *terrordactyl* cortos, unos piolets que se clavaban muy bien en la nieve», recuerda. Marisa y Musgaño aseguraban a Javo cuando este inició un nuevo largo. Poco a poco, clavando alternativamente las puntas de sus crampones en la nieve y las hojas de sus piolets, empezó a ganar altura. Ahora los separaban treinta metros de cuerda. Entonces, se oyó un fuerte sonido, un catacrac inmediatamente seguido de un rumor cada vez más alto. Javo miró hacia arriba, pero la oscuridad era total y el haz de luz de su lámpara frontal apenas alumbraba a un par de metros de distancia. Supo que lo que se acercaba lo iba a matar, los iba a matar. «Recuerdo que llegué a pensar: "No creía que fuera a ser así". No hubo tiempo para sentir miedo, ni tristeza. Pensé en mis dos compañeros. Fue la constatación de un hecho inevitable», evoca.

Una cicatriz por encima del ojo derecho revela el lugar donde el primer bloque de hielo impactó sobre él. Una cornisa de nieve que dominaba el final de la ascensión se había desprendido, precipitando sobre la ruta toneladas de nieve y hielo. «Era una cornisa que solía estar ahí, pero nunca piensas que se va a caer justo cuando tú pases, aunque después supe que años atrás, en el mismo lugar, otra desprendida había matado a varios guías de la ENSA. El caso es que al recibir el impacto en la cabeza perdí el momento y, aunque sufrí una caída de quinientos metros, salté la rimaya a pie de vía y me encontraron lejos de la pared, semienterrado en la nieve. Yo no recuerdo nada, tan solo despertar delirando en el hospital de Chamonix, oír al médico decirme en francés que espere, *"attends un peu"*, y ver entrar a mi padre. Así salí del coma en el que llevaba varios días, unos seis, sumido».

El currículo de Javo era impresionante teniendo en cuenta su corta edad y la época. Antes del accidente ya había escalado el pilar Bonatti en el Dru, la norte de las Droites por la vía Sea-Jackson (primera repetición), la norte de Les Courtes, la norte del Triolet, el Supercouloir del Tacul, la Bonatti-Zapelli del Grand Pilier d'Angle, el Frendo de la Aiguille du Midi, el Jaeger en el Mont Blanc du Tacul… Cuando no escalaba, vivía en el camping salvaje de Chamonix, a veces esperando un nuevo compañero para salir una vez más al encuentro de alguna pared. Casi siempre lo hacía acompañado de bilbaínos, pero el hecho de haber completado el servicio militar en Madrid lo conectó con los mejores escaladores de la capital. «Con Luis Fraga [exsenador y sobrino de Manuel Fraga] subí el Grand Pilier d'Angle partiendo desde el refugio de Ghiglione [años después se derrumbó] y no paramos hasta llegar a Chamonix. Nos adelantó Patrick Berhault, sin cuerda, nos saludamos y cada cual siguió a lo suyo: nosotros íbamos escalando y él iba corriendo. Con Antonio hice el Centinela Rojo, con el Tronco ascendí la norte del Triolet», precisa. Al también madrileño Musgaño lo conoció en el Hidden Peak. Una tormenta los sorprendió a unos 7.400 metros y decidieron atajar bajando por el corredor conocido como «de los japoneses», años antes de que estos subiesen por él por vez primera. Musgaño estuvo con Javo en casa de sus padres, escalaron en Atxarte igual que antes lo habían hecho en La Pedriza. Tenían buena relación, aunque el madrileño apenas contaba veintiún años.

En el hospital, preguntó por sus dos amigos, pero nadie le dijo nada concreto y todos dejaron que creyese que estaban igualmente hospitalizados. Un día, su madre se armó de valor y le describió el trágico final de la pareja. Le pregunté si se sentía culpable de haber sobrevivido. «No es culpa lo que siento. Fue duro saberlo, no me lo creía. Me preguntaba entonces, y me lo sigo preguntando más de cuarenta años después, por qué yo me salvé y ellos no. Guardando las distancias, me acuerdo de que cuando leí *Si esto es un hombre*, de Primo Levi, él pensaba constantemente en cómo había podido sobrevivir al Holocausto mientras que los que le acompañaban, mucho más fuertes o capaces, habían muerto todos. ¿Qué hecho azaroso me permite seguir vivo? Kant decía que un hecho azaroso es la confluencia de un instante del tiempo y del espacio, pero que todo viene determinado después. A mí, el hecho azaroso en cuestión me ha marcado de por vida: las paso putas en un 6a, me duele la espalda porque tecleo desequilibrado, todo me recuerda al accidente. Yo creo que caí sobre el costado derecho: tengo mal esa mano, el hombro, la rodilla... Ellos murieron en el acto al romperse el cuello, aunque nunca me he atrevido a leer el informe forense... Siento, en cierta forma, que estoy en deuda. Y pena. Tengo la sensación de que debo algo. Una deuda que sé que no puedo saldar. Esa herida que no cicatriza, o que si cicatriza es dolorosa porque nunca se resuelve. La herida está ahí. La cicatriz duele como me duelen los dedos que no tengo, los miembros fantasma».

Puede que ocho años después de conocernos, caminando por el bosque para escalar en Peña Karria, hablásemos de su accidente. De pronto, me contó que nunca había sido capaz de reunir el valor suficiente para ir a visitar a la viuda del gendarme que falleció durante su rescate. Yo no tenía ni idea de que hubiese muerto nadie más, y la noticia me pilló desprevenido. Abrí la boca y la cerré. Un drama se cernía sobre otro. «Al parecer, otro trozo de cornisa se desprendió y mató a uno de los gendarmes que estaban a pie de vía preparando la evacuación de los dos cadáveres. Alguna vez, Marta, la hermana de Manolo, me ha contado que ella y su madre fueron a ver a la viuda del gendarme, pero yo no pude, lo he pensado mil veces y nunca me he atrevido porque no sabría qué decir. ¿Qué le puedes decir al familiar de alguien que ha perdido la vida para salvar a otro que ha sobrevivido? Es otra deuda que tengo: saberlo me dejó mal. Estando en India hablé con un santón, le conté detalles del accidente y del gendarme y, de repente, me dijo: "No puedes defraudar a la vida. Te ha elegido dos

veces mientras que otros se han quedado en tu camino". Lo estoy
viendo, con sus barbas y su lata de arroz… No sé…», cierra Javo, la
mirada perdida en el horizonte.

Aquel día de noviembre de 1981, el guarda de Argentière madrugó mucho para servir el desayuno al guía Girardini y a su cliente.
Después, ya no se acostó; tenía faena por delante. En la soledad del
refugio, de pronto oyó un gran ruido en el exterior. Salió, miró a su
izquierda y comprobó que las luces de las lámparas frontales de Girardini y su compañero seguían en la pared del Triolet. Después, buscó
con la mirada las tres luces de la Verte, pero habían desaparecido. Instantáneamente, dio aviso a la Gendarmerie. «Fue una suerte; si me llega a pasar en el Pirineo, donde no había aún rescate en helicóptero,
allí me hubiese quedado. Se lo debo a Vincendon y Henry», sonríe
Javo.

Debíamos de llevar un par de años escalando juntos y un día, bajando del Picu Urriellu, me giré y le dije que me parecía admirable
ver lo bien que había superado el accidente. Se detuvo en seco y me
respondió que no debía equivocarme, que nunca lo había superado
y que nunca lo superaría. «Y así es, he aprendido a sobrellevarlo más
o menos. De hecho, creo que no he superado nada en la vida —dijo,
seguido de una carcajada—. Tengo días de rabia, por supuesto. Si a
una persona normal coger un yogur le supone un movimiento, a mí
me supone tres y me cansa. No puedo hacer de forma instintiva muchas cosas básicas porque se me caería la sartén o la ensalada. Pero hay
personas más lisiadas que yo… y que sentirán cosas peores, así que
soy un privilegiado… El accidente alteró un tanto mi carácter: hay
días en los que estoy más melancólico, más reacio a la vida social o
pública… Me afectó más a ciertas formas de estar que de ser. Para nosotros, el carácter es como un sello que se nos pone al nacer y que es
inmutable. Pero un griego clásico diría que qué es eso del carácter
para siempre, propondría que, si a alguien no le gusta el que tiene, que
lo cambie. Que tenga otro *ethos*», razona.

Siempre me he preguntado cómo afronta la vida un hombre al que
se le priva de su amor por algo, de su razón de ser. Uno no se desviste de sus ilusiones como quien se desnuda para entrar en la ducha.
«Cuando entendí que me habían cortado los dedos de la mano derecha,

supe que mi vida había cambiado y que ya no podría hacer lo que hacía. Pensé que tenía que ponerme a otra cosa. Como me gustaba mucho leer, enseguida pensé en aprender filología clásica, un poco por el latín… pero, al final, un profesor me convenció para que estudiase filología griega. No sufrí, como hubiera sido razonable, por la pérdida de la montaña porque me volqué en leer y en estudiar. Cambié una motivación por otra». Al oírlo, me pregunté en voz alta por qué ciertas personas necesitan motores vitales para seguir adelante. Javo me respondió al instante: «No lo sé, pero yo los necesito. Cada cual tiene unas necesidades, tiene su elemento pasional. Hay un dicho griego arcaico que dice: "Contra la necesidad, ni los dioses luchan". Yo me lo apliqué sin conocerlo. De no haber tenido ese gusto por las letras o por el cine, igual me hubiera encontrado en una situación de vacío absoluto hasta que diera con algo… o no».

Me resisto a aceptar su respuesta. Me parece demasiado sencillo. Uno no se desprende de un motor vital como quien cambia un cromo por otro. No puede trocarse la acción de ser alpinista por la de ser lector. No me entra en la cabeza. Insisto. «Claro, por supuesto que me hubiera gustado escalar mucho más. El ansia por escalar la he idealizado, la he convertido en literaria: me leo el *Alpine Journal*, el *American Alpine Journal*, *Alpinist*, muchos libros de montaña… y algo escalo… aunque a veces lo pase muy mal», dice con una sonrisa.

Han pasado tantos textos por sus manos que puede contar un sinfín de anécdotas fabulosas almacenadas en su prodigiosa memoria. Una de las que más me gustan es el relato de cómo los ingleses Nick Colton y Tim Leach abandonaron el alpinismo de élite que tan bien abanderaban. Tratando de firmar la primera ascensión al Annapurna III, tras días de pelea, se miraron el uno al otro y convinieron lo siguiente: «Si subimos, nunca bajaremos; si bajamos ahora, puede que lleguemos abajo». Lograron descender, pero vieron tan de cerca la muerte que aceptaron cambiar de vida. «Me siento imaginariamente unido a ambos ingleses: estando en la cima del Dru, vi cómo Colton y McIntyre abrían su célebre vía en las Grandes Jorasses, de noche, sus frontales como dos puntos de luz en mitad de la negrura. Y durante la primera repetición de la vía Sea-Jackson a las Droites, nos adelantó sin cuerda Tim Leach», recuerda.

Tras el accidente, tuvo que ser evacuado al hospital de Grenoble porque no le funcionaban los riñones: «Estuve mucho tiempo con hemodiálisis y, en medio de los delirios, veía mi sangre salir de mi cuerpo, pasar por una máquina y regresar. Un día recuerdo un dolor insoportable en el bajo vientre, y la enfermera me tocó y gritó que mis riñones habían vuelto a funcionar. Me intubaron a lo bestia, qué gritos, y de repente empecé a orinar... tras dos meses sin funcionar. Un día, hablando con el médico, le pregunté si podía tomarme una cerveza con limón. Y me dijo que podía beber tranquilo, que a mis riñones no les pasaba nada, estaban intactos. Yo no entendía nada y le recordé que habían estado dos meses sin funcionar... Entonces me explicó que había sufrido tales politraumatismos que el cuerpo, para defenderse, había detenido todo lo que no era esencial en el momento del accidente, mandando la sangre a los órganos centrales y prescindiendo de los periféricos. Mis riñones habían estado en espera».

En total, Javo estuvo cerca de seis meses ingresado en varios hospitales franceses. El último, el de Saint-Hilaire, en las montañas, disponía de una biblioteca extraordinaria. Estaba allí tantas horas que un día el bibliotecario le preguntó si conocía a Roland Barthes. Cuando le dijo que sí, le contó que el escritor había pasado allí mucho tiempo tras padecer tuberculosis de joven. «Empecé a leer más cosas de Barthes y le pedí a mi madre que me consiguiese su libro *Fragmentos de un discurso amoroso*. Ella lo compró, me lo dedicó y lo tiene ahora mi sobrina».

Cuando pudo pasear, sus salidas favoritas en Grenoble siempre le llevaban a las casas de Lionel Terray, el gran guía francés de los años cincuenta, y de Stendhal.

«Solo puedo hablar maravillosamente bien de todos los que me atendieron en el hospital, algunos me invitaron a sus hogares, vinieron a verme a Bilbao... Les debo la vida».

Menos de un año después del accidente, volvió a encordarse. La primera ascensión seria que acometió fue la sur de Peña Santa, con José Carlos Tamayo y Fernando Blanco. Décadas después, repetiría la vía con Luis Garagalza y conmigo. «Recuerdo que la mano no tenía callo y me dolió mucho. Después, volví a escalar bastante cuando me fui a vivir a Vitoria con Alfredo Tamayo, y enseguida conocí a Luis en un curso de alemán. Luego vinieron años en que dejé de escalar, y recuerdo que un día Luis me preguntó si me apetecía retomarlo...; llevábamos diez años sin hacerlo. Volvimos por la Normal de Urrestei, en Atxarte, Bizkaia, donde todo había empezado para mí».

Javo fue director de Universidades del Gobierno vasco. Su mujer, Idoia, es filóloga griega y la hija de ambos, Marta, residía en Grecia pero ha regresado a casa. Cuando oye mi última pregunta estalla en una carcajada. «¿El hecho de que te vaya bien en la vida compensa lo que perdiste en el accidente?». «Son compartimentos estancos y lo uno difícilmente compensa lo otro. Me reconozco afortunado en muchos ámbitos, muchos. Y, pese a todo, me enfado por grandes estupideces...».

Agradecimientos

Como suele decirse, este libro nunca habría existido de no ser por la amable capacidad de persuasión de Álex Martínez Roig, que soportó con deportividad mi absoluto rechazo a convertirme, de la nada, en aprendiz de escritor. Ahora sé que mi negativa me hubiese privado de uno de los ejercicios más estimulantes de mi vida. También agradezco enormemente la paciencia infinita y la estoica amabilidad de mi querida editora, Paloma Abad, que me ha guiado haciendo gala de una serenidad inquebrantable frente a mis titubeos, bloqueos, retrasos y confusiones. Su fino humor irónico me ha devuelto la sonrisa incluso cuando esta cima parecía imposible.

Aprovecho la ocasión para agradecer por escrito algo que, seguramente, debería haber formulado en voz alta: gracias, *aitas*, por enseñarme los senderos de montaña, por permitirme recorrerlos incluso cuando el miedo os quitaba el sueño nocturno. No ha tenido que ser fácil.

Mi experiencia en la montaña nunca hubiera sido posible sin los amigos a los que me he encordado, los que han soportado mis cambios de humor, mi ansiedad, mis egoísmos y mi felicidad. Uno podrá olvidar los nombres de las vías, los lugares visitados, incluso alguna cima, pero resulta imposible olvidar la compañía reconfortante de tantos viajes.

Finalmente, agradezco la suerte infinita de haber podido cerrar un círculo abierto hace décadas con mi compañera Leire: solo tú sabes lo que supone convivir con alguien que desea escribir un libro sin saber muy bien cómo se hace.

Bibliografía

LIBROS

Alvarez, Al, *Alimentar a la bestia*, Barcelona, Libros del Asteroide, 2020.

Asselin, Jean-Michel, *Patrick Edlinger*, Chamonix, Guérin, 2013.

Ballu, Yves, *Les alpinistes*, París, Arthaud, 1995.

—, *Naufrage au Mont-Blanc. L'affaire Vincendon et Henry*, Boulogne-Billancourt, Glénat, 2002.

Batard, Marc, *Huida de las cimas*, Madrid, Desnivel, 2005.

Blanc-Gras, Jérôme y Manu Ibarra, *Glaces. Arts, expériences et techniques*, Les Houches, Blue Ice, 2012.

Boardman, Peter, *La montaña resplandeciente*, Madrid, Desnivel, 2020.

Bonatti, Walter, *Montañas de una vida*, Madrid, Desnivel, 2012.

—, *K2, historia de un caso*, Madrid, Desnivel, 2013.

Bonington, Chris, *Montañero. Treinta años de escaladas en las grandes cordilleras de la Tierra*, Madrid, Desnivel, 2001.

Bruckner, Pascal, *De la amistad con una montaña. Pequeño tratado de elevación*, Madrid, Siruela, 2023.

Buffet, Charlie, *Erhard Loretan. Une vie suspendue*, Chamonix, Guérin, 2013.

Buhl, Hermann, *Del Tirol al Nanga Parbat*, Madrid, Desnivel, 2017.

Bullock, Nick, *Echoes. One Climber's Hard Road to Freedom*, Sheffield, Vertebrate, 2012.

Caldwell, Tommy, *Push. La aventura de un escalador más allá de los límites*, Madrid, Desnivel, 2018.

Child, Greg, *Mezcla de emociones. Relatos de montaña*, Huesca, Verticualidad, 2016.

Conefrey, Mick, *Everest 1922, los pioneros*, Madrid, Desnivel, 2022.

Couzy, Agnès, *Femmes alpinistes*, París, Hoëbeke, 2008.

Desmaison, René, *342 heures dans les Grandes Jorasses*, París, Hoëbeke, 2010.

Destivelle, Catherine, *Ascensiones*, Madrid, Desnivel, 2004.

Diemberger, Kurt, *K2, el nudo infinito*, Madrid, Desnivel, 2016.

Elías, Simón, *Rabadá y Navarro, la cordada imposible*, Madrid, Desnivel, 2007.

Ferrari, Marco A., *Frêney 1961. La gran tragedia del Mont Blanc*, Madrid, Desnivel, 1998.

Fomin, Mikhail, *Paciencia. La hazaña de tres ucranianos en el Annapurna III*, Madrid, Desnivel, 2023.

Frison-Roche, Roger, *El primero de la cuerda*, Madrid, Desnivel, 2019.

García Cabello, Mateo, *De montañas y hombres*, Huesca, Verticualidad, 2017.

García Pascual, Miriam, *Bájame una estrella*, Madrid, Desnivel, 1994.

Harlin III, John, *The Eiger Obsession. Facing the Mountain That Killed My Father*, Nueva York, Simon & Schuster, 2007.

Harrer, Heinrich, *La araña blanca*, Madrid, Desnivel, 2016.

Heimermann, Benoît y J. C. Lafaille, *Prisionero del Annapurna*, Madrid, Desnivel, 2005.

Herzog, Maurice, *Annapurna, primer ochomil*, Madrid, Desnivel, 2013.

Hill, Lynn y Greg Child, *Free Climber. Mi vida en el mundo vertical*, Madrid, Desnivel, 2006.

Kaminska, Anna, *La historia de Wanda Rutkiewicz. En los límites de la vida*, Madrid, Desnivel, 2020.

Krakauer, Jon, *Mal de altura. La gran tragedia del Everest*, Madrid, Desnivel, 2019.

Kukuczka, Jerzy, *Mi mundo vertical*, Madrid, Desnivel, 2017.

Kurtyka, Voytek, *El maharajá chino*, Madrid, Desnivel, 2015.

Labourie, Jean-François y Rainier Munsch, *Jean et Pierre Ravier. 60 ans de pyrénéisme*, Pau, Le Pin à crochets, 2006.

Lachenal, Louis y Gérard Herzog, *Cuadernos del vértigo*, Madrid, Desnivel, 2001.

MacFarlane, Robert, *Las montañas de la mente. Historia de una fascinación*, Barcelona, Penguin Random House, 2020.

McDonald, Bernadette, *Escaladores de la libertad. La edad de oro del himalayismo polaco*, Madrid, Desnivel, 2015.

—, *Kurtyka. El arte de la libertad*, Madrid, Desnivel, 2018.

Messner, Reinhold, *Espíritu libre. Vida de un escalador*, Madrid, Desnivel, 1993.

—, *La montaña desnuda. Nanga Parbat, hermano, muerte y soledad*, Madrid, Desnivel, 2018.

Mummery, A. F., *Escaladas en los Alpes*, Madrid, Desnivel, 2002.

Ochoa de Olza, Iñaki, *Bajo los cielos de Asia*, Barcelona, Saga, 2015.

Olasagasti, Ramón, César Llaguno y Felipe H. Navarro, *Andrés Espinosa. Solo y libre*, Bilbao, Sua, 2022.

Pérès, Marcel, *La cordée royale, Edouard Whymper et Michel Croz, le prince des guides*, Chamonix, Guérin, 2011.

Porter, John, *Un día como un tigre. Alex MacIntyre y el nacimiento del alpinismo ligero y rápido*, Madrid, Desnivel, 2017.

San Sebastián, Juanjo, *Cita con la cumbre. Una historia de amistad y tragedia en el K2*, Madrid, Desnivel, 2011.

Saussure, Horace Benedict de, *Premières ascensions au Mont-Blanc, 1774-1787*, París, La Découverte, 2005.

Scott, Doug, *El Ogro. Biografía de una montaña y la dramática historia de su primera ascensión*, Madrid, Desnivel, 2018.

Simpson, Joe, *Tocando el vacío*, Madrid, Desnivel, 2016.

—, *La vertiente oscura*, Madrid, Desnivel, 2017.

Smart, David, *Paul Preuss. Lord of the Abyss. Life and Death at the Birth of Free-climbing*, Victoria, Rocky Mountain, 2019.

Synnott, Mark, *El tercer polo. Misterio, obsesión y muerte en el Everest*, Madrid, Desnivel, 2022.

Tasker, Joe y Peter Boardman, *The Boardman Tasker Omnibus: Savage Arena, The Shining Mountain, Sacred Summits, Everest the Cruel Way*, Macclesfield, Bâton Wicks, 2012.

Terray, Lionel, *Los conquistadores de lo inútil*, Madrid, Desnivel, 2015.

Tremper, Bruce, *Avalanchas, nociones imprescindibles*, Huesca, Verticualidad, 2016.

Twight, Mark, *Besa o mata. Confesiones de un escalador en serie*, Madrid, Desnivel, 2017.

Venables, Stephen, *Encuentros con las montañas. Relatos sobre la resistencia humana en las paredes más desafiantes y misteriosas de la Tierra*, Barcelona, Blume, 2007.

Vennin, Thomas, *La dent du Piment. Balade épicée dans l'histoire de l'alpinisme*, París, Paulsen, 2019.

Weathers, Beck y Stephen G. Michaud, *Dado por muerto. Mi regreso a casa desde el Everest*, Madrid, Kailas, 2016.

Whymper, E., *Scrambles amongst the Alps*, Toronto, National Geographic Adventure Classics, 2002.

Páginas web

<www.desnivel.com>
<www.barrabes.com>
<www.montagnes-magazine.com>
<www.outsideonline.com>
<www.climbing.com>
<www.gripped.com>
<www.planetmountain.com>
<www.explorersweb.com>
<www.grimper.com>